LES
FASTES CRIMINELS
DE 1840.

TOME PREMIER.

PARIS, IMPRIMERIE DE POUSSIELGUE,
rue du Croissant, 12.

LES FASTES CRIMINELS

DE 1840.

LES PROCÈS

DE M. ...

ET DE

NAPOLÉON-LOUIS BONAPARTE.

A PARIS,

AU BUREAU DE L'ABBAYE, JOURNAL JUDICIAIRE,

1841

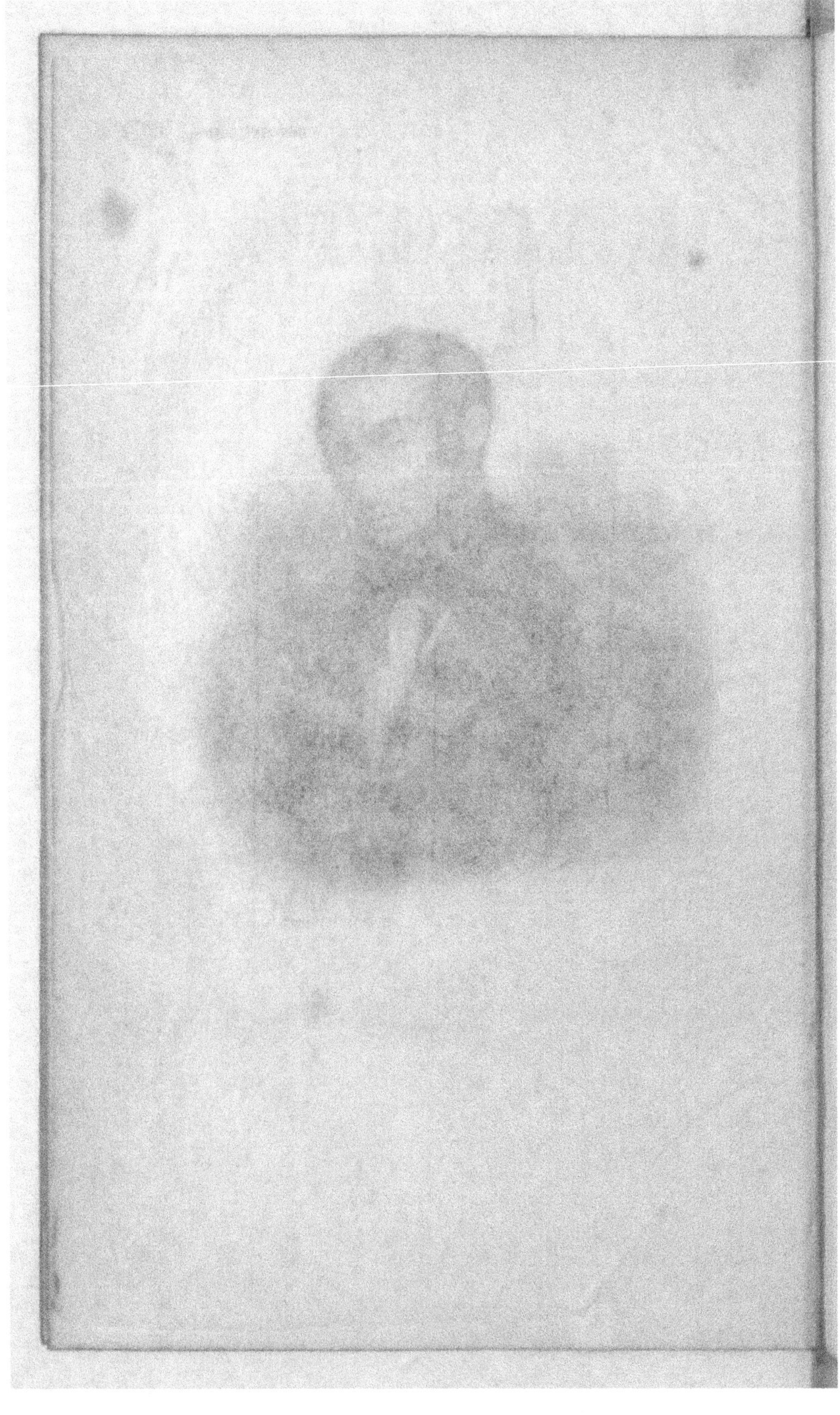

LES FASTES CRIMINELS

DE 1840.

LES PROCÈS

D'ÉLIÇABIDE

ET DU PRINCE

NAPOLÉON-LOUIS BONAPARTE.

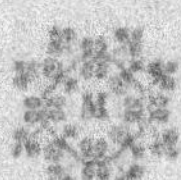

A PARIS,

AUX BUREAUX DE L'AUDIENCE, JOURNAL JUDICIAIRE,
rue Montmartre, 171.

1841

AVANT-PROPOS.

Les fastes criminéls de 1840 reproduisent les trois plus grands procès qui aient été soumis depuis vingt ans à la justice. Le crime intéressant, le crime horrible et le crime politique, telle est la trinité que nous offrons à nos lecteurs ; Marie Cappelle, Éliçabide et Louis Napoléon, bizarres personnifications des erreurs de la raison humaine, affligeant exemple de ce que peut produire l'exaltation sur des natures faibles et capables de céder au premier appel des passions.

En publiant ces documents, nous ne cherchons pas à aggraver la position des coupables, ni à faire entre eux de choquants rapprochements. Nous plaindrons le jeune prince que des

flatteurs ont entraîné dans de ridicules tentatives; nous donnerons un regret à cette intéres-
sante châtelaine du Glandier ! Et enfin en son-
geant à Éliçabide, ce meurtrier farouche, nous
repousserons toute incrimination nouvelle.....
Qui sait si l'homme n'apporte pas en naissant
ses mauvais penchants et le germe de ses crimes futurs ?...

Les philosophes, les penseurs, tous les esprits
sérieux qui cherchent dans les actions humaines
à interpréter les fautes et à en arrêter les progrès, liront avec intérêt ces drames palpitants
dont les dernières scènes sont encore présentes
à toutes les mémoires. En vain quelques so-
phistes ont prétendu que les narrations des crimes peuvent exercer une fâcheuse influence sur
les masses, nous avons encore trop bonne opinion des hommes pour croire que l'histoire des
forfaits et des tentatives d'insurrection puisse
exciter autre chose que l'horreur ou la pitié.

Les procès de madame Lafarge ont été ana-
lysés avec tous les soins que réclamait cette
mystérieuse affaire, désormais rangée parmi les
causes célèbres. Si des lacunes se font remar-

quer dans les chiffres d'ordre des témoins, si
les répliques de l'habile avocat-général **M.** De-
coux ont été en quelques endroits sensiblement
abrégées, c'est que d'une part certains témoignages étaient insignifiants, et que de l'autre
les faits avancés par le ministère public avaient
trouvé place dans l'acte d'accusation.

Dans le procès de l'assassin Éliçabide nous
avons inséré en entier les mémoires de ce grand
coupable, ce document bizarre qui excite à un
si haut point la surprise des médecins et des
phrénologistes. Nous avons également inséré
en entier la belle plaidoirie de Me Gergerès
père, ce vénérable doyen du barreau borde-
lais, celui qui en parlant même sur un malfai-
teur a trouvé le moyen d'exciter les sympathies
des juges et du public.

Quant au procès du prince Louis Napoléon,
en le reproduisant nous nous sommes abstenus
de tous commentaires. Citoyens amis de l'ordre,
nous respectons le pouvoir; historiens généreux, nous savons respecter le malheur.

P. MILLAUD,
Directeur du journal l'AUDIENCE.

PROCÈS

DE

L'ASSASSIN ÉLIÇABIDE,

ANCIEN SÉMINARISTE,

CONVAINCU D'AVOIR ASSASSINÉ A LA VILLETTE ET A BORDEAUX
MARIE ANIZAT ET SES DEUX ENFANTS.

COUR D'ASSISES DE BORDEAUX.

Audience du 9 septembre.

PRÉSIDENCE DE M. GAUVRY.

Une affluence considérable occupait dès huit heures les portes de la Cour d'assises, autour de laquelle M. le commissaire central avait groupé deux compagnies du 10ᵉ de ligne, ainsi que plusieurs escouades de sergents de ville et d'agents de police. Pour la première fois peut-être, et par une attention toute particulière de M. le président, des places étaient réservées à MM. les journalistes, et, malgré l'exiguité du prétoire, une table était disposée pour eux.

A neuf heures et demie les places réservées sont occupées par le public, principalement par des dames; les trois bancs des témoins, au nombre de trente-sept, sont garnis; les avocats en robe occupent le prétoire, et M. Gergerès père, nommé avocat d'office, est au banc de la défense.

Derrière la chaise des témoins, et sur le poêle, sont placées les nombreuses pièces de conviction, c'est-à-dire une malle, les effets ensanglantés des victimes, le sac de nuit du prévenu, et le marteau ainsi que le couteau qui ont servi à la consommation de cet épouvantable forfait.

La gendarmerie accompagne Eliçabide, qui prend place derrière son défenseur, M. Gergerès; tous les regards sont portés sur lui; il supporte cette épreuve avec un courage qui semble tenir de l'orgueil satisfait. Il est mis avec une sorte de recherche et même de coquetterie; il porte une redingote brune, cravate noire, col blanc rabattu; sa figure, qu'encadre un collier de barbe, est ronde, assez fraîche; avec une affectation souvent répétée, il promène ses doigts dans ses cheveux et semble sourire à la curiosité dont il est l'objet.

Vu la longueur des débats, M. le président fait tirer un treizième juré supplémentaire. Après avoir prévenu Eliçabide qu'il a le droit de récusation, ainsi que M. l'avocat-général, ce dernier en récuse trois, le défenseur du prévenu un seul.

Ces formalités terminées, M. le président ordonne au prévenu de se lever, et lui demande ses noms et prénoms.

L'accusé : Pierre-Vincent Eliçabide.

D. Votre âge? — R. Trente ans.

D. Votre profession? R. Instituteur à Paris.

D. Où êtes-vous né? — R. A Mauléon (Basses-Pyrénées).

M. le président rappelle à l'avocat du prévenu les devoirs que lui impose la majesté de la justice, et à MM. les jurés qu'ils ne doivent communiquer avec personne pendant tout le cours des débats.

Le greffier donne ensuite lecture de l'arrêt de renvoi et de l'acte d'accusation.

Maria Tressarieux, née à Moncayolle, arrondissement de Mauléon, département des Basses-Pyrénées, se maria, à l'âge de vingt ans, avec Pierre Anizat. Après avoir voyagé plusieurs années en Espagne, afin d'essayer de se créer quelque fortune par une vie active et laborieuse, ils passèrent en Algérie et se fixèrent à Oran, où ils établirent une hôtellerie.

Le 4 août 1833, Anizat fur tué à Mostaganem, en combattant contre les Arabes dans une sortie opérée pour repousser leurs attaques. Privée de son seul appui, Marie Anizat quitta l'Afrique pour retourner dans le département des Basses-Pyrénées, et vint résider à Pau. Son mari lui avait laissé deux enfants : Joseph Anizat, né le 16 avril 1829, et Mathilde Anizat, née le 18 juin 1831. Elle n'avait, pour subvenir à leur existence et les élever, que le produit du travail de ses mains; mais elle travailla avec tant d'ardeur et d'habileté, et se signala par tant d'ordre et d'économie qu'elle ne tarda pas à les mettre à l'abri du besoin.

La tendre sollicitude dont elle les environnait, la pureté de ses mœurs et sa douce piété, lui avaient depuis longtemps concilié l'estime et l'affection de toutes les personnes qui la connaissaient, et elle vivait heureuse et tranquille, lorsqu'elle eut le malheur de lier connaissance avec Pierre-Vincent Eliçabide.

Né dans la même contrée que Marie Anizat, Eliçabide avait successivement étudié dans les séminaires d'Oloron, de Bétharram et de Bayonne, pour entrer dans les ordres sacrés. Dominé par un orgueil excessif, passionné pour les idées systématiques, se considérant comme un homme d'une supériorité marquée et appelé à des destinées plus brillantes que celle que lui promettait l'état ecclésiastique, il avait fini par renoncer à une carrière pour laquelle il n'avait jamais eu qu'une vocation chancelante.

Après avoir passé plusieurs années dans diverses maisons de Bordeaux en qualité de précepteur particulier, Eliçabide avait cependant consenti, vers les derniers mois de 1837, à venir prendre la direction d'une école primaire , que l'un de ses anciens professeurs avait fondée à Lestelle, commune située à quelques lieues de Pau.

Marie Anizat plaça ses enfants dans cette école, et eut une entrevue avec Éliçabide ; plus tard celui-ci vint plusieurs fois la voir à Pau.

Peu satisfait de sa position, Éliçabide se montrait inquiet et soucieux. D'une sévérité excessive envers les élèves qui lui étaient confiés, il semblait se complaire à les maltraiter, et posait en principe que, pour donner une bonne direction aux enfants, il fallait agir avec une excessive rigueur.

Les fonctions d'instituteur primaire lui assuraient une existence honorable , mais elles lui paraissaient trop modestes pour qu'il se résignât longtemps à les exercer. Vers le mois d'octobre dernier il les abandonna tout à coup, et se rendit à Paris pour tenter les chances de la fortune. Il partit avec la présomptueuse conviction qu'elles ne manqueraient pas de lui être favorables, et qu'il verrait bientôt se réaliser toutes ses illusions.

En arrivant à Paris, Éliçabide alla prendre logement dans un hôtel garni tenu par un sieur Guignes, rue du Petit-Pont, et où demeurait un sieur Beslay, jeune étudiant qu'il avait connu à Bétharram. Plus tard, et dans les premiers jours du mois de mars, il quitta cet hôtel, et alla résider dans la rue Richelieu, conjointement avec ce jeune homme. Il apporta dans cet appartement un lit et quelques meubles qui lui furent prêtés par le sieur Guignes, dont le fils recevait de lui quelques leçons élémentaires.

Eliçabide s'était associé le sieur Beslay pour enseigner la langue française et le latin ; mais il avait fait de vains efforts pour se procurer des élèves, ses ressources s'étaient promptement épuisées, et il était tombé dans une gêne extrême. Il avait, il est vrai, composé un ouvrage ayant pour titre : *Histoire de la religion, racontée à des enfants*, et la publication de cet ouvrage pouvait lui assurer quelques bénéfices ; mais il ne trouvait pas d'éditeur. En vain avait-il cherché à intéresser quelques personnes à sa position, il n'en avait obtenu aucun secours, ou elles ne lui en avaient accordé que de trop légers pour l'aider à sortir de l'état malheureux où sa présomption l'avait plongé. Or, il n'avait rien à espérer de ses parents ; ils étaient à peu près dans l'indigence, et attendaient tout de lui.

Depuis son départ de Pau, Eliçabide entretenait une correspondance active avec Marie Anizat et lui faisait entrevoir qu'il avait l'intention de l'épouser. Loin de lui avouer qu'il n'avait trouvé à Paris que l'obscurité et la misère, il lui avait dit au contraire que tout souriait à ses vœux, et qu'il était sur le point de fonder, pour l'enseignement public, un établissement important. Il lui peignait sa situation sous les couleurs les plus séduisantes, et l'engageait à se rendre auprès de lui et à s'y faire précéder par son fils, en lui promettant de se charger de l'éducation de cet enfant.

Pour déterminer Marie Anizat à venir partager son sort, Eliçabide mettait en usage tout ce qui pouvait avoir le plus de puissance sur le cœur de cette femme; il lui parlait de son amour, de l'avenir de son fils et du bonheur de retourner un jour ensemble au pays natal pour y vivre dans l'aisance et le repos.

« Il faut que Marie me prouve qu'elle m'aime, lui écrivait-il le 16 janvier, il faut qu'elle vienne à Paris.

»Je désirerais d'abord que vous m'envoyassiez Joseph. En attendant que mon établissement soit fondé, je lui ferais fréquenter d'excellentes écoles; je serais son surveillant et son répétiteur. Il couchera avec moi, il mangera avec moi : je me charge de lui.

»Une fois Joseph ici, je vous trouverai mille superbes raisons pour vous établir à Paris; et vous y serez reçue dans nos bras, vous serez ma moitié, mon conseil, mon aide, et j'espère que sur nos vieux jours nous pourrons causer sans inquiétude du temps passé, au coin d'un bon feu, dans une petite maison de campagne entre Moncayolle et Gottein. »

Plus tard, et le 29 février, après lui avoir annoncé que le projet qu'il avait de fonder un pensionnat était à peu près réalisé, et qu'il s'établissait dans un des plus riches quartiers de la ville, il lui disait :

« Oh ! que j'aurais besoin de vous ici ! Mais vous voulez que je prenne patience. Eh bien ! donc, patience pour vous, méchante, et que Joseph arrive vite; il pourra m'être utile autant que moi à lui. »

Des sollicitations si pressantes triomphèrent de la répugnance que Marie Anizat éprouvait à se séparer de son fils. Elle réunit tous les effets qui pouvaient lui être nécessaires; après s'être fait remettre quelques fonds par les personnes qui lui procuraient habituellement du travail, et après avoir placé une somme de 100 francs dans une petite malle qu'il emportait, elle le confia à une demoiselle Lenoir qui allait passer un mois à Paris, et l'envoya à Eliçabide comme au protecteur le plus bienveillant, au guide le plus sûr et à l'ami le plus généreux que pût espérer son enfance.

Parti de Pau le 11 mars, Joseph Anizat arriva à Paris le 14 du même mois, vers trois ou quatre heures de l'après-midi. Le 10, Eliçabide avait encore écrit à la mère pour qu'elle n'hésitât plus à faire partir cet enfant et pour presser son départ.

Informé par Marie Anizat, d'après la recommandation qu'il lui en avait faite, du jour où il serait rendu à Paris, il était venu l'attendre dans la cour des messageries ; à sa vue, Eliçabide témoigna une satisfaction extrême ; il le prit dans ses bras et le combla de caresses. Quelques heures plus tard l'enfant naïf et confiant, que ces tendres démonstrations transportaient de joie, allait périr sous les coups de celui qui les lui prodiguait.

Au lieu d'amener le jeune Anizat à son logement, Eliçabide lui fit parcourir plusieurs quartiers de Paris, en lui laissant croire qu'il le conduisait chez lui ; puis il entra dans un restaurant, où ils dînèrent tous deux. Le repas terminé, il sortit seul, en recommandant au jeune Anizat de l'attendre pendant quelques instants, alla déposer à son domicile la malle de ce dernier, se munit d'un marteau, le cacha sous ses vêtements, et vint rejoindre l'enfant.

Avant de quitter avec lui le restaurant Eliçabide écrivit à Marie Anizat une lettre où il s'exprimait ainsi :

« Je viens de recevoir Joseph dans mes bras, après avoir couru d'un bureau de diligence à l'autre, ne sachant pas où il devait descendre.

» Il est arrivé en fort bonne santé : vous pouvez compter sur moi pour faire trouver le séjour de Paris agréable à Joseph. Pourquoi ne venez-vous pas vite vous-même, méchante que vous êtes? Nous avons besoin de vous comme de nos yeux : voyons si vous saurez vous dépêcher. Soyez aussi pressée qu'indiscrète, vous qui regardez dans mes lettres sans ma permission. J'attends que vous soyez ici pour vous punir de ces méchancetés. Adieu, Marie, ma bien-aimée, à vous pour toujours. »

Eliçabide fit tracer au bas de cette lettre par le jeune Anizat une apostille de plusieurs lignes.

« Ma chère maman, écrivait le jeune Anizat, d'après ses propres inspirations, ou peut-être même sous la dictée d'Eliçabide, je suis arrivé à Paris à quatre heures du soir; M. Eliçabide est venu me prendre; il m'embrassait, et je ne le reconnaissais pas à cause de sa barbe qui est longue sous le menton. Paris est bien beau, ma chère maman, je crois que je m'y plairai beaucoup. J'ai déjà vu le Palais-Royal et plusieurs belles rues en allant chez M. Eliçabide.

« Adieu, ma chère maman, je t'embrasse tendrement ainsi que ma bonne sœur Mathilde.

« Ton fils, JOSEPH. »

C'était le dernier témoignage de tendresse que la mère et la sœur de ce malheureux enfant recevaient de lui; l'adieu qu'il leur adressait était un éternel adieu.

Eliçabide jeta la lettre à la poste, erra encore à

l'aventure avec le jeune Anizat, et se dirigea vers la porte Saint-Martin, où ils prirent un omnibus qui les transporta à la Villette.

Vers huit heures et demie ou neuf heures, ils arrivent hors des barrières, et se trouvent bientôt dans un lieu éloigné de tout bruit et de toute habitation. Le jeune Anizat est obligé de s'arrêter; Eliçabide se saisit aussitôt du marteau dont il s'était armé, le frappe à la tête et le renverse; sourd à tout sentiment de pitié, il le frappe encore avec fureur, tire un couteau, lui coupe la gorge, traîne son cadavre à quelques pas, le pousse avec le pied dans la fange d'un égout, et regagne son domicile.

Dès la matinée du lendemain, le cadavre du jeune Anizat frappa les regards des passants; l'attentat que révélaient les blessures dont il était atteint inspira une profonde indignation et fit éprouver la plus douloureuse impression. D'actives investigations furent commencées pour connaître la victime et le meurtrier, et le cadavre fut embaumé pour rester exposé aux regards du public. La vérité ne devait apparaître que lorsque deux nouvelles victimes, la mère et la sœur du jeune Anizat, auraient à leur tour reçu la mort de la main d'Eliçabide dans un infâme guet-apens.

La demoiselle Lenoir pouvait, il est vrai, fournir à l'autorité des renseignements utiles; mais deux ou trois jours après le crime Eliçabide s'était présenté chez elle sous prétexte de lui rembourser neuf francs et quelques centimes qu'elle avait dépensés pour le jeune Anizat, en sus d'une somme de quarante francs qu'elle avait reçue de la mère de ce dernier pour les frais du voyage. Il lui avait donné l'assurance que l'enfant se portait bien, et qu'il serait venu la voir s'il n'eût été occupé de ses études. Cette demoiselle partit donc plus tard de Paris sans avoir conçu le moindre soupçon.

Eliçabide continua à écrire à Marie Anizat dans les termes les plus tendres, et la pressa plus vivement que jamais d'abandonner l'existence paisible qu'elle avait trouvée à Pau. Voici ce qu'on lit dans la première lettre qu'il lui adressa après l'attentat de la Villette :

« Venez donc vite, délicieuse menteuse. Faites vos paquets, et ne parlez qu'à aussi peu de monde que possible, parceque mes nobles parents, s'ils venaient à avoir connaissance des lettres que vous seriez obligée de montrer, pourraient se formaliser de ce que je me suis tant occupé d'une étrangère pendant que je les laisse souffrir. Lorsque tout sera terminé nous en parlerons bravement, et personne n'osera nous rien dire. Ainsi, vous toute à moi, et moi tout à vous, et que nous importe le reste du monde ! Laissez-moi là tous les prêtres de Pau, de Moncayolle et de Bétharram :

nous leur donnerons des nouvelles de la capitale. »

Pour attirer à lui cette femme simple et confiante, Eliçabide avait la force de l'entretenir de son fils, en employant les plus odieuses impostures pour faire taire les craintes qu'elle pouvait concevoir sur son sort; une douzaine de jours s'étaient à peine écoulés depuis que le jeune Anizat avait cessé d'exister, que la main qui avait répandu le sang de l'enfant traçait pour la mère les lignes suivantes :

« Joseph est très bien portant. Il est déjà tout fait aux belles choses de Paris, et paraît ne pas devoir s'y ennuyer du tout. Son écriture est belle; nous pourrons en faire d'abord un joli commis. Je suis content de son application et de sa conduite, quoique la tête soit un peu légère. »

Eliçabide finit par vaincre l'hésitation de Marie Anizat et la déterminer à partir, à l'aide de la mensongère assurance qu'il avait trouvé pour elle une place de femme de confiance dans une maison du faubourg Saint-Germain.

Dès qu'elle lui eut appris qu'elle se disposait à faire ses préparatifs de départ, il se hâta de lui écrire qu'il irait au-devant d'elle jusqu'à Bordeaux, en lui recommandant de se trouver le 6 mai dans cette ville, où il comptait arriver le même jour, et en la prévenant que son intention était de descendre dans un hôtel tenu par un sieur Meunier, dans la rue Courbin.

Dans cette dernière lettre, qui porte la date du 16 avril, Eliçabide lui parlait encore de son fils comme s'il eût été plein de vie et d'avenir.

« Joseph vous aurait écrit une ligne, lui disait-il ; mais bientôt il vous embrassera, ce qui vaudra beaucoup mieux. Je suis très content de lui ; il s'applique, il deviendra un homme. Je crois qu'il grandit et engraisse. Il connaît aujourd'hui mieux que moi le quartier. »

Il terminait par ces mots, où une infernale ironie semblait se mêler à tout ce que le langage de la tendresse a de plus affectueux et de plus doux :

« Adieu, ma toute chère Marie, plus de larmes, plus de tristesse. Si vous avez maigri, je vous annonce que vous engraisserez rapidement ; vous dormirez bien et longtemps, vous respirerez un bon air ; vous aurez de la bière à bon marché en été pour rafraîchir votre sang ; mais je vous conseille de compter encore bien plus que sur tout cela sur les caresses de celui qui est à vous seule pour la vie. »

Se conformant aux instructions qu'elle avait reçues, Marie Anizat arriva à Bordeaux au jour indiqué, accompagnée de Mathilde Anizat, sa fille, et se rendit à l'hôtel qui lui avait été désigné.

Eliçabide était parti le 3 de Paris, sans faire connaître la cause et le but de son voyage, et en manifestant l'intention de ne rester absent que fort peu de temps ; forcé de voyager par de petites voitures faute de fonds suffisants pour prendre la diligence, il n'arriva que le 7 à Bordeaux.

Prévoyant ce retard, et redoutant que Marie Anizat ne continuât sa route vers Paris, il avait écrit de Poitiers au sieur Meunier, pour qu'il l'engageât à l'attendre, et celui-ci s'était acquitté auprès d'elle de cette mission.

Une des sœurs d'Eliçabide servait en qualité de femme de chambre dans une maison de la commune d'Ivrac. Entièrement dépourvu d'argent, il la pria, par écrit, au moment d'entrer à Bordeaux, de venir lui porter quelques fonds, et lui donna rendez-vous à cet effet dans une auberge tenue par un sieur Lesquerro, dans la rue Margaux.

Le 8, après avoir reçu la visite de sa sœur, qui lui remit une somme de cent francs, fruit de ses économies, il se hâta d'aller prendre logement à l'hôtel du sieur Meunier. La journée parut se passer, pour Marie Anizat et pour lui, en intimes entretiens.

Dans la matinée du 9, ils se rendirent ensemble chez une nommée Anne Marmayou, que Marie Anizat avait connue à Pau et qu'elle avait voulu revoir, et ils se séparèrent ensuite pour le reste de la journée.

Sur les instances d'Eliçabide, Marie Anizat avait consenti à aller coucher à Ivrac chez la sœur de ce dernier, et à prendre le lendemain la diligence de Paris, à son passage près de cette commune.

En conséquence, vers huit heures ou huit heures et demie du soir, une voiture de place qu'Eliçabide avait retenue vint les prendre à leur hôtel, et les porta au lieu appelé l es Quatre-Pavillons.

Peu d'instants avant leur départ, une nommée Justine Casauran, ancienne amie de Marie Anizat qu'elle avait par hasard rencontrée sur la voie publique, était venue la visiter. Elle l'avait trouvée à table avec sa fille et Eliçabide, et avait assisté à leur dîner. Eliçabide avait montré la physionomie la plus ouverte et la plus riante, et avait égayé le repas par les récits les plus piquants. — L'expression de la plus vive satisfaction n'avait pas cessé de régner sur les traits de Marie Anizat. Elle avait fait connaître, avec l'orgueil d'une tendre mère, à Justine Casauran les termes de l'apostille que son fils avait mise au bas de la lettre qu'Eliçabide lui avait adressée au moment où il venait d'arriver auprès de lui; elle avait témoigné à ce dernier beaucoup de regret de ce qu'il eût appris au jeune Joseph qu'elle se rendait à Paris, l'ayant ainsi privée du plaisir de lui causer une douce surprise, et avait tressailli de bonheur à l'idée de le revoir et de l'embrasser. Vouée à la mort avec l'enfant qui lui restait, elle allait bientôt le rejoindre dans la tombe.

Avant la commune d'Ivrac et sur le territoire de la commune d'Artigues, il existe à gauche de la grande route, et à un quart d'heure de marche des *Quatre-Pavillons*, un chemin tortueux dominé de chaque côté par un tertre élevé ; quand on l'a parcouru jusqu'à cent ou cent cinquante mètres, on rencontre un bois taillis qui le borde du côté gauche sur une assez grande étendue. Derrière ce bois, et à trente ou quarante mètres du chemin, est un ruisseau qui descend jusqu'à la grande route, la traverse et coule parallèlement.

Après être descendu de voiture aux *Quatre-Pavillons*, Eliçabide fit suivre la grande route à Marie Anizat et à sa fille jusqu'au chemin dont il vient d'être parlé. Là il leur annonça qu'il fallait prendre ce chemin pour se rendre au domicile de sa sœur, et, par un ciel obscur et chargé de nuages, elles s'y engagèrent toutes deux avec lui.

Eliçabide avait à la main un sac de nuit, seul bagage qu'il eût emporté de Paris. Arrivé à la hauteur du bois situé sur l'un des bords du chemin, il s'arrête un instant, ouvre son sac de nuit, y prend un marteau, rejoint Marie Anizat et sa fille, qui l'avaient devancé de quelques pas, frappe tour à tour à la tête et à coups redoublés la mère et la fille avec cette arme terrible, les étend l'une et l'autre à ses pieds, les achève en leur coupant la gorge avec un couteau, puis va s'asseoir non loin de leurs cadavres, et y reste longtemps plongé dans une affreuse méditation.

Les précautions à prendre afin de pourvoir à sa sûreté préoccupent Eliçabide; il se lève, et mutile le visage de Marie Anizat de manière à le rendre méconnaissable; il déchire et arrache les vêtements des deux victimes; il prend dans ses bras le corps sanglant de Marie Anizat, traverse le bois qui borde le chemin, et le jette dans le ruisseau qui passe à côté; il enveloppe celui de la jeune Mathilde dans le châle de sa mère et l'enlève; chargé de cet épouvantable fardeau, il gagne la grande route, et va le précipiter dans le même ruisseau à près de neuf cents mètres de distance. Il transporte sur un point encore plus éloigné et cache sous un buisson les vêtements de l'enfant et de la mère, et, revenu sur le théâtre du crime, il fouille dans son sac de nuit, change de costume et attend le jour pour rentrer en ville.

Vers quatre heures et demie du matin Eliçabide s'était rendu près des *Quatre-Pavillons*, lorsque la diligence de Bergerac vint à passer. Il monta dans cette voiture, et alla descendre à Bordeaux dans une auberge tenue par un sieur Chaban, rue de la Douane. Eliçabide y apporta, avec son sac de nuit, le cabas de Marie Anizat, celui de sa fille et quelques parties de leurs vêtements. En arrivant dans cette auberge Eliçabide se fit servir à déjenner, et mangea avec calme et appétit. Il demanda du feu; on le conduisit dans un salon, où il en fut allumé. Au bout d'une heure quelqu'un entra dans cet appartement et l'y trouva endormi. Invité à se retirer dans une chambre qu'on lui avait fait préparer, il s'y rendit et se coucha.

Cependant quelques heures après le retour d'Eliçabide à Bordeaux, le cadavre mutilé de Marie Anizat fut aperçu dans le ruisseau où il gisait, et vers la fin de la journée on découvrit aussi celui de la jeune Mathilde. La nouvelle du double forfait qui jetait l'effroi dans la commune d'Artigues se répandit à Bordeaux; le sieur Chaban apprit que pour se rendre chez lui Eliçabide était monté en voiture près du lieu où le forfait avait reçu son exécution; il s'empressa d'en informer un commissaire de police, et dans la journée du 11 l'accusé fut arrêté au moment où il se disposait à quitter la maison de cet aubergiste et à retourner à Paris.

Bien qu'il existât des taches de sang sur les deux cabas dont il était nanti et à l'une des manches de sa chemise, Eliçabide ne fit d'abord aucun aveu ; mais quelques débris des vêtements de Marie Anizat ou de sa fille étaient restés sur le théâtre du crime, la note en avait été portée à Bordeaux, et on assura qu'Eliçabide avait dans les mains des objets d'une conformité parfaite. Toute dénégation devenant impossible, il traça sur une feuille de papier quelques lignes où il déclara que la femme et la jeune fille dont on avait trouvé les restes avaient péri sous ses coups, et fit connaître leur nom et le lieu où elles résidaient avant de venir à Bordeaux.

Conduit devant le magistrat instructeur, Eliçabide confessa qu'il était également l'auteur du meurtre du jeune Anizat, et ne tarda pas à reconnaître que les trois attentats dont il était accusé avaient été commis avec les horribles circonstances qui ont été indiquées.

Eliçabide avait d'abord affirmé qu'il n'avait frappé le jeune Anizat qu'avec une pierre, « qui, disait-il, semblait s'animer sous sa main, » et qu'il n'avait pas employé d'autre instrument de mort pour tuer la mère et la sœur de cet enfant ; mais il a plus tard avoué qu'il en avait imposé sur ce point, et qu'il avait fait usage du même marteau pour abattre les trois victimes. Ce marteau a été trouvé dans la fosse d'aisances de l'auberge du sieur Chaban, où il l'avait jeté avec le couteau à l'aide duquel il a coupé la gorge à Marie Anizat et à la jeune Mathilde. Quant au couteau dont il s'est servi à la Villette, il l'aurait jeté dans la Seine deux ou trois jours après l'attentat en traversant le Pont-Royal.

Obligé d'expliquer le motif qui l'avait porté à se baigner dans le sang d'une famille entière, Eliçabide a prétendu qu'à peine avait-il engagé Marie Anizat à lui envoyer son fils, il avait compris tout ce qu'il y avait d'imprudent et d'inconsidéré à appeler cet enfant auprès de lui, puisqu'il ne devait y trouver que de la misère; mais qu'il n'avait pu se résigner à revenir sur ce qu'il avait écrit et à dévoiler combien sa position était malheureuse; qu'un trouble affreux s'était emparé de ses esprits lorsqu'il avait vu arriver le jeune Anizat; que l'impossibilité où il était de pourvoir à sa subsistance l'avait déterminé à le frapper, et qu'après sa mort celle de Marie Anizat et de sa fille lui avait paru nécessaire pour cacher sa culpabilité.

Eliçabide a déclaré qu'il ne les avait appelées à Bordeaux et ne s'était rendu au devant d'elles que pour les tuer l'une et l'autre; que c'était dans ce dessein qu'il avait emporté dans son voyage le marteau dont il avait déjà fait un usage si terrible, et qu'il avait eu pour but, en choisissant les environs d'une ville éloignée de leur domicile et du sien pour leur arracher la vie, de se ménager les moyens d'assurer son impunité. Il a en outre révélé que, dans la journée du 9, il avait

consacré le temps qu'il n'avait point passé auprès de Marie Anizat à aller explorer les lieux où
dans la soirée la mère et la fille devaient toutes
deux périr.

L'accusé avait essayé, dans le principe, de soutenir qu'au moment où le jeune Anizat était arrivé à Paris il n'avait pas encore conçu la pensée
de lui donner la mort, et que cette pensée l'avait
tout à coup assailli ; mais dans un de ses derniers
interrogatoires il a été forcé de convenir qu'il
avait acheté plusieurs jours auparavant le marteau à l'aide duquel il l'a terrassé , avec le projet
de s'en servir pour se débarrasser de lui. Éliçabide est allé plus loin : il a dit que dans l'intention où il était de s'unir en mariage à Marie Anizat et de se consacrer à élever ses enfants, dès
l'instant où il avait perdu l'espoir de se créer une
position avantageuse pour la leur faire partager,
il avait résolu de les affranchir tous les trois par
le meurtre d'un avenir où ils ne devaient trouver
que malheur et déception.

En présence des résultats que l'information a
produits, il est hors de doute que l'accusé ne fait
que céder à l'évidence des preuves et à l'ascendant de la vérité, quand il déclare que les trois attentats ont été précédés d'une longue préméditation ; mais ce n'est évidemment que par une
atroce dérision ou par une révoltante hypocrisie
qu'il ose avancer qu'il n'a donné la mort à ses

victimes que par affection pour elles et dans leur seul intérêt, comme si personne avait le droit de disposer de l'existence d'autrui. On croirait davantage à sa parole s'il disait que, profondément blessé de ne pouvoir les couvrir d'une protection dont elles n'avaient pas besoin, irrité d'avoir vu s'évanouir toutes ses illusions et humilié de son impuissance, il est devenu bassement cruel, et les a rendues responsables des mécomptes de son ambition.

Il est toutefois plusieurs circonstances qui tendraient à établir qu'en attirant vers lui Marie Anizat et ses enfants, en les assassinant, il voulait s'approprier leur dépouilles, et se procurer ainsi quelques ressources.

Longtemps avant l'arrivée du jeune Anizat à Paris, l'état de gêne dans lequel Éliçabide était tombé était devenu tel qu'il avait tendu la main pour obtenir quelques secours. A son départ pour Bordeaux sa détresse était à son comble : il fut obligé, pour se mettre en route, d'emprunter une somme de quarante francs au sieur Beslay.

Or Éliçabide a toujours recommandé le secret à Marie Anizat sur ses sollicitations pour la déterminer à se rendre auprès de lui. Dans ses dernières lettres, et alors que dépourvu de tout il venait de s'établir dans l'appartement qu'il avait loué dans la rue Richelieu, il l'engageait à lui envoyer du linge de ménage, et lui prescrivait de lui fournir les renseignements nécessaires pour réclamer les objets qu'elle expédierait avant son départ de Pau.

En agissant ainsi l'accusé semblerait avoir trahi le projet de s'emparer de tout ce que pouvait posséder la famille, et si se projet a existé, il est certain qu'il l'aurait entièrement réalisé.

Eliçabide, en effet, a disposé dans son intérêt personnel de cent francs que contenait la malle du jeune Anizat; il s'est fait remettre par la mère de cet enfant, dans la première entrevue qu'il a eue avec elle, en arrivant à Bordeaux, une somme de cent quarante francs, dont elle s'était munie; au moment de son arrestation on l'a non seulement trouvé nanti de cette somme, ainsi que d'une partie des vêtements de Marie Anizat, de ceux de sa fille et de leurs cabas, mais encore de leurs bagues, de leurs boucles d'oreilles et de plusieurs objets en or ou en argent qu'elles portaient sur elles lorsqu'il les a frappées. Enfin il a été vérifié qu'avant de quitter l'hôtel du sieur Meunier il avait donné des ordres d'après lesquels une malle et une boîte qu'elles y laissaient, et où leurs vêtements étaient renfermés, devaient être expédiées sous son nom à Paris, et que quelques jours plus tard trois ballots que Marie Anizat avait mis au roulage, et qui contenaient leurs autres effets, devaient arriver à son adresse dans la même ville. Ainsi, après la mort de cette femme et de ses enfants, il s'est trouvé en possession de tout leur avoir.

Quels que soient, au surplus, et le sentiment qui a dirigé son bras et le but qu'il s'est proposé, rien ne saurait diminuer l'horreur qu'il inspire et la pitié qu'excite le sort des ses victimes. En vain Eliçabide se présente-t-il comme l'instrument d'une inexorable fatalité, et affecte-t-il d'avoir cédé à de funestes vertiges; il y a dans les trois assassinats qu'il a commis une série de faits qui s'enchaînent entre eux d'une manière trop logique et décèlent trop de réflection, de combinaison et de prévoyance pour qu'il puisse échapper à la vindicte publique, Si les forfaits dont il s'est souillé demeuraient impunis, ou s'il arrivait que le châtiment ne répondît pas à l'odieuse perfidie avec laquelle il les a préparés et à la froide férocité qui a présidé à leur exécution, la justice n'aurait plus qu'à briser son glaive, et il n'existerait plus de protection sur la terre contre la perversité des méchants.

En conséquence, Pierre-Vincent Eliçabide est accusé, 1° d'avoir, dans la soirée du 14 mars dernier, commis un homicide volontaire sur la personne de Joseph Anizat; 2° d'avoir, dans la soirée du 9 mai suivant, commis le même crime sur la personne de Marie Anizat et sur celle de Mathilde Anizat, avec cette circonstance que ces trois homicides ont eu lieu avec préméditation.

Après cette lecture, qui a duré près d'une heure, M. le président fait lever Eliçabide, et lui dit : Vous venez d'entendre les charges qui pèsent sur vous. Vous êtes accusé d'avoir, dans la nuit du 15 mars dernier, donné la mort à Joseph Anizat, et dans celle du 9 mai, d'avoir également donné la mort à Marie Anizat et sa fille ; ces trois crimes commis avec préméditation. Vous allez entendre les charges que M. l'avocat-général va développer contre vous.

Eliçabide, sans rien répondre, se rassied avec l'apparence de la plus complète tranquillité.

M. l'avocat-général, après un brillant exorde, décrit toutes les circonstances du triple assassinat ; il en fait ressortir les combinaisons et l'horreur.

Pendant cet exposé, et lorsque M. l'avocat-général retrace avec de douloureux accents le meurtre de ce pauvre enfant de La Villette, la figure d'Eliçabide se colore, ses doigts se contractent, et ses yeux prennent un air de férocité remarquable.

Lors des détails relatifs au double meurtre de Marie Anizat et de sa malheureuse fille, il s'essuie le front avec rapidité, s'agite sur un banc, et change souvent de couleur ; un sourire, qu'on prendrait pour une contraction nerveuse, se fait remarquer sur sa figure.

M. le président : Vous avez entendu les charges qui vous sont imputées?

L'accusé : Oui, M. le président.

D. Où avez-vous fait vos premières études ?

R. Au séminaire de Bétharram.

D. Jusqu'à quel point les avez-vous poussées ?

R. En philosophie.

D. Vous fûtes ensuite au séminaire de Bayonne; combien de temps y restâtes-vous ?

R. Deux ans.

D. Là, quelles furent vos études?

R. La théologie.

D. A quelle époque avez-vous renoncé à l'état ecclésiastique ?

R. Très peu de temps avant mon départ de Pau.

D. N'êtes-vous pas allé au séminaire du Passage ?

R. Oui, quelque temps.

D. Pour quel motif ?

R. Je n'étais pas certain de la vocation qui m'était destinée ; j'avais des transports dans la tête, ces transports échauffaient mon imagination, et les directeurs de cette maison devaient m'aider de leurs avis et de leur expérience.

D. Combien de temps restâtes-vous au Passage ?

R. De vingt à vingt-cinq jours.

D. Où êtes-vous revenu ?

R. A Bayonne.

D. De là où êtes-vous allé?

R. Chez M. Duroi, où j'avais l'éducation de deux enfants à faire ; j'ai ensuite été chez M. de Toulouse, à Puy-Barban, où deux enfants m'ont également été confiés.

D. Qui vous fit sortir de chez M. de Toulouse ?

R. J'avais une besogne difficile. L'un des enfants faisait fort peu de progrès ; j'étais convenu que je ne m'en chargerais qu'autant que je le menerais très durement, (se reprenant) j'entends de manière à obliger son imagination paresseuse à se réveiller : il en résulta une querelle avec M. de Toulouse, et je le quittai.

D. Lorsque vous allâtes à Bétharram connûtes-vous Joseph Anizat ?

R. Ce n'est que six mois après.

D. Demeurait-il dans la maison ?

R. Oui, il était pensionnaire.

D. Ne fut-il pas l'occasion de la connaissance que vous fites de sa mère ?

R. Oui, Marie se présenta chez le supérieur avec son enfant ; je la vis, elle me pria de lui servir de protecteur, et je présentai l'enfant à l'économe. Marie m'en remercia, et, pour reconnaître ce service, elle m'engagea, lorsque j'irais à Pau, à vouloir bien aller la voir et à lui porter des nouvelles de son fils.

D. C'est ce que vous fites ?

R. Oui, quatre fois en six mois, ensuite pendant les vacances.

Ici M. le président invite l'accusé à parler plus haut. Eliçabide, en souriant, fait observer à M. le président qu'il n'est pas doué d'un organe très sonore. Cet incident n'a pas de suite.

D. Vous avez habité Bordeaux?

R. Oui, j'y ai fait plusieurs éducations.

D. Combien êtes-vous resté chez Madame Vignon?

R. Deux ans.

D. Qu'êtes-vous devenu ensuite ?

R. Je suis retourné à Bétharram.

D. Qui vous y a appelé ?

R. M. le supérieur.

D. Pourquoi ?

R. Il me témoignait de l'intérêt, et voulait faire une dernière épreuve sur mon esprit afin de m'attacher irrévocablement à l'église ; mais déjà j'avais fait des études et des démarches pour être reçu instituteur primaire, et j'allais à Bétharram pour montrer à mon protecteur le brevet que je venais d'obtenir.

D. Portiez-vous encore l'habit ecclésiastique ?

R. Par les conseils du supérieur je l'avais quitté lorsque je vins prendre mon brevet d'instituteur à Bordeaux.

D. Vous portiez un tendre intérêt à Marie Anizat ?

R. Je crus reconnaître en elle des qualités que j'appréciais ; nous nous laissâmes aller à une inclination mutuelle ; après quelque temps elle ne put cacher l'amour qu'elle me portait. J'ai compris ce langage du cœur ; mais je voulais être aimé à ma guise.

D. Continuez les faits.

R. Il y avait entre elle et moi un engagement mutuel qui devait être caché à tout le monde. Elle savait aussi que je devais partir pour Paris.

D. Quel fut le motif de ce départ ?

R. Celui de me créer promptement des moyens d'existence.

D. Votre intention était-elle de vous unir avec Marie ?

R. Jamais, connaissant Marie, je n'aurais eu le courage de lui faire des propositions non honnêtes ; mais j'avais une idée (ici Eliçabide devient pour ainsi dire inintelligible : il s'essuie le front à plusieurs reprises, ses mains se contractent) ; toutes les fois que je pensais amour, je voulais dire mort (il appuie, en riant, sur le mot).

D. Votre correspondance a-t-elle été longue avec elle ?

R. Oui, mais il en manque au dossier ; j'ai cherché vainement ces lettres. M. l'avocat-général parle d'argent, de misère ; eh bien ! il y avait une communauté d'intérêt : elle a touché des fonds qui lui étaient particuliers et d'autres dont elle n'avait que le maniement.

D. Elle devait verser de l'argent à vos parents; s'en est-elle acquittée ?

R. Marie a dû en donner deux fois.

D. Votre projet de mariage et de départ étaient ignorés ?

R. Oui. Mes parents eux-mêmes n'avaient pas besoin de savoir ce que je voulais faire.

D. Votre correspondance recommande, en effet, le silence à Marie, par une lettre du 16 janvier.

R. Cette lettre ne lui disait pas de venir : elle lui donnait les moyens de me prouver que j'étais aimé ; il fallait qu'elle m'aimât comme je le lui prouvais de mon côté, à ma guise.

D. Pourquoi avez-vous fait venir l'enfant à Paris ?

R. Pour obliger Marie ; il avait tous les petits défauts de son âge, ce qui a fait que je tenais à l'en débarrasser. Joseph était difficile à gouverner; elle m'écrivait d'ailleurs que si cet enfant vivait près d'elle, elle ne serait pas heureuse.

D. Pourquoi l'avoir fait venir avant la mère ?

R. Alors j'avais un projet développé dans une circulaire que j'avais conçu la pensée de soumettre aux pères de famille sur l'éducation privée et sur l'éducation publique. J'avais besoin à cet effet d'un local propre, et je devais compter sur

des visites. Pour ouvrir la porte l'enfant était nécessaire.

D. Vous vouliez donc en faire un domestique?

R. Non.

D. Lorsque, le 7 janvier, vous écriviez à Marie
Anizat, aviez-vous le projet de faire périr l'enfant?

R. Du tout : le projet de cette mort m'est venu
par hasard : j'ai des jours de maladie noire ; mes
bonnes idées alors ne tardent pas à se décom-
poser : dans la moindre réussite je vois toujours
bonheur et avenir ; mais le moindre revers me
pousse à l'extrême, alors...

D. Vous ne répondez pas à ma question?

R. Au contraire, je me fais l'honneur de vous
dire que j'y réponds parfaitement. Toutes ces
idées de vie et de mort se succèdent par intervalles dans ma tête ; la mort de Joseph n'a été
arrêtée qu'au moment de son arrivée ; c'étaient
des divagations noires qui disparaissaient en
santé.

D. Vous avez indiqué au juge d'instruction un
propos qui, suivant vous, a développé cette idée
de meurtre?

B. Effectivement, un homme estimable, un
père de famille que je pourrais nommer au besoin, a fait naître cette mauvaise idée ; mais ces
méditations venaient et disparaissaient. N'étant
pas malade, je suis comme un autre homme ; mais
lorsque je le suis, non seulement j'assassinerais,

mais je ferais sauter la globe comme un marron cuit. (Mouvement dans l'auditoire.)

M. le président : Calmez-vous.

L'accusé : Un jour, par exemple, devant M. G. (*), je parlais des inconvénients du mariage ; il me dit, entre autres choses : Les inconvénients du mariage, bah ! quand on est embarrassé d'une femme on s'en débarrasse en la tuant, en lui coupant la gorge, et tout est fini. (Nouveau mouvement). Cette idée germa dans mon esprit ; c'est comme une étincelle qui embrasa mon état maladif : plus tard je me répentais.

D. Lorsque Joseph Anizat arriva à Paris vous fûtes le chercher à la diligence ?

R. Oui. Je voulus le conduire chez moi ; en chemin il me dit qu'il avait mangé beaucoup de fruit ; je lui fis prendre un peu de liqueur ; ce pauvre enfant était ému, le spectacle de Paris était nouveau pour lui ; nous regardions les enseignes et les boutiques, lorsque je sentis dans ma tête comme le *cric* d'un ressort ; il était heureux et merveilleusement disposé à mourir, et il est mort avec tous les accompagnements relatés dans vos actes.

D. Avant le crime où l'avez-vous laissé ?

R. Proche chez moi.

(*) Cette imputation horrible contre un homme d'honneur qui jouit de l'estime générale, a été accueillie avec indignation

D. Mais la caisse, où l'avez-vous déposée?

R. Elle était petite et légère; je l'emportai chez moi pendant que l'enfant m'attendait au Palais-Royal.

D. C'est alors seulement que vous avez été chercher le marteau ?

R. Oui.

D. Y avait-il longtemps que vous l'aviez acheté ?

R. Quelques jours seulement. Pour frapper il fallait une main sûre, la mienne était sûre alors…; mais dans mes jours de méditation noire je ne suis pas capable de m'opposer même au mal que ma raison réprouve.

D. Ainsi vous prétendez être victime de la fatalité?

R. La fatalité ! je n'y crois pas; mais je me connais, et je me suis dit cent fois : Mon pauvre garçon, depuis ton enfance tu en es là; j'aurais pu commettre ce meurtre à quinze ans.

D. Aviez-vous résolu le meurtre de la mère avant d'avoir commis celui de l'enfant?

R. Non, je n'avais pas d'idées sombres alors; j'aimais Marie autant que j'aimais Joseph avant sa mort.

D. Vous convenez cependant avoir attiré Marie à Paris pour la tuer ?

R. Oui, mais je la trompais par des espérances qui ne pouvaient se réaliser; je voulais la rendre parfaitement heureuse avant de lui ôter la vie.

D. Vous avez déclaré que ce qui vous avait décidé, c'était votre position.

R. C'était dans l'ordre des choses ; j'ai nié d'abord, parceque j'ai eu peur des malédictions publiques ; mais aujourd'hui je n'ai pas peur de vous découvrir le meurtre ; c'était la conséquence de mes méditations : j'avais d'autres projets, et je remercie la Providence de m'avoir arrêté. (Mouvement dans l'auditoire.)

D. Vous convenez enfin de les avoir tués ?

R. Sans doute, comme je vous l'ai dit. J'ai nié d'abord pour ne pas être maudit ; mais le juge d'instruction m'ayant fait comprendre qu'il y avait de la maladie dans une action pareille, j'ai tout avoué : j'avais envie de paraître moins assassin. S'il y a eu des variantes dans mes déclarations, c'est parceque je m'efforçais d'être moins horrible. Je parlais d'autant plus qu'il me montrait plus d'intérêt.

D. De quoi viviez-vous à Paris ?

R. De peu. Lorsque je charlatanisais, toutes les bourses s'ouvraient ; mais lorsque je venais au positif, plus rien ; cela explique pourquoi, voulant être vrai, j'ai emprunté quarante francs ; mais je savais me priver et ne pas demander, comme on l'a dit, l'aumône ; l'enfant, d'ailleurs, avait cent francs, et l'on vit longtemps avec cela.

D. Vous continuez à soutenir que vous n'avez pas fait venir le petit Anizat pour le tuer?

R. La détermination d'en finir avec l'enfant m'est venue dix minutes avant son arrivée. Comme philanthrope, et je le suis, j'avais eu occasion de faire une remarque : jeune encore, j'ai fait une chute très forte, je suis tombé sur la tête, qui s'est ouverte ; je suis resté longtemps sans rien sentir, sans éprouver de douleur. Alors j'ai cru que Joseph serait heureux de mourir de même.

D. Ainsi, pour vous, c'est un service que vous avez cru rendre?

R. Certainement; c'est mon idée fixe. Aussi je ne tiens pas à prolonger ma position; ce n'est pas moi qui empêche la justice des hommes d'être plus prompte.

D. L'accusation vous suppose d'autres mauvaises passions : Anizat avait cent francs, qu'en avez-vous fait?

R. (Riant.) Je m'en suis servi.

D. Lorsque Marie dut aller à Paris, pourquoi avoir fait venir ses malles d'abord? Vous lui disiez d'apporter du linge autant que possible. La lettre va être mise sous vos yeux.

(M. l'avocat-général lit cette lettre, où effectivement Eliçabide demande des serviettes, et ajoute : Plus de folies pour des chemises ; il termine en réclamant que le paquet de Joseph soit bien garni.)

M. le président : Vous voyez que vous engagiez Marie à vous envoyer des effets à votre usage.

L'accusé : Il était question d'établissement à former à Paris, et il fallait des effets pour le garnir.

D. N'est-ce pas vous qui avez mis à la diligence de Bordeaux la malle de Marie ? — Non ; c'est sur l'indication que j'ai donnée que les deux caisses ont été envoyées aux messageries ; j'ai fait seulement les adresses.

D. Avant la mort de Marie vous vous êtes fait remettre l'argent qu'elle portait ? — R. Il était à moi comme à elle.

D. Après la mort dans quel but avez-vous dépouillé le cadavre ? — R. Cela se devine ; pour qu'il ne fût pas reconnu.

D. Elle avait deux anneaux, vous n'en avez pris qu'un ? — R. Si j'y avais pensé, j'aurais pris les deux.

D. Et la boucle d'oreille, pourquoi l'avoir emportée ? — R. Ces objets se sont trouvés par hasard dans les effets ensanglantés : j'ai ramassé le tout sans faire de choix. Le fait est d'ailleurs que cette boucle d'oreille était en ma possession.

M. le président : L'accusation se refuse à croire à une hallucination qui vous pousse au meurtre ; elle prétend qu'il y a eu derrière ces crimes une idée de vol.

Eliçabide se rassied en disant : C'est votre système.

Le président donne l'ordre qu'on introduise le premier témoin.

Pendant ce long interrogatoire, que nous avons retracé avec le plus de clarté possible, Eliçabide a donné des marques d'une folie vraie ou feinte; c'est souvent en phrases saccadées et inintelligibles qu'il a répondu aux questions qui lui étaient adressées. Du reste, pas une larme, pas un regret, mais souvent des crispations nerveuses et un sourire forcé, qui lui-même était une crispation continuelle.

Edouard Lavialle, témoin à charge, propriétaire et maire d'Artigues : Le témoin déclare que, le 10 mai, se trouvant à la mairie, il fut prévenu qu'on avait découvert, dans le bois de Mme Lamarque, une mare de sang... Il se rendit de suite sur les lieux, entra dans le bois, et découvrit bientôt le cadavre de la malheureuse veuve Anizat... Il requit aussitôt le sieur Castillon, médecin à Artigues, de venir constater l'état des blessures, qui étaient horribles... Il trouva dans la main droite de la victime deux cheveux et un poil de favori... la pensée lui vint que la victime n'était peut-être pas la seule, et il pensa que les vêtements n'avaient pas dû être emportés; à cet effet, il fit des recherches actives avec un paysan, et, au moment où il regardait sous un pont, il crut apercevoir le doigt d'un cadavre!... Il sauta aussitôt dans l'estey, et y découvrit le corps de la malheureuse enfant ; il n'avait pas été défiguré avec autant de barbarie que celui de la mère. M. le maire fit ensuite porter les deux cadavres à l'église, et se rendit sur-le-champ à Bordeaux, où il fit sa déposition à l'autorité.

M. Castillon, médecin à Artigues, rapporte qu'il a été appelé par M. le maire pour constater les blessures faites aux deux cadavres des victimes d'Artigues.

M. Lavialle, maire d'Artigues, est rappelé.

D. N'avez-vous pas trouvé près du cadavre quelques petits objets ?

R. Oui, des socques, des perles en jais, une épingle à tête dorée en acier, fichée en terre, et une boucle d'oreille.

Ces divers objets sont représentés à l'accusé, qui les reconnaît. On lui met également sous les yeux deux chapelets, un couteau, et divers petits meubles de femme renfermés dans un panier : l'accusé les contemple d'un œil sec et avec la plus complète insensibilité.

M. Émile Dégranges, docteur-médecin, a été appelé pour accompagner le transport de justice qui a eu lieu dans la commune d'Artigues. Il a procédé, avec le docteur Gergerès, à l'autopsie des deux cadavres ; il a été ensuite appelé au parquet, où on lui a représenté un couteau et un marteau, en lui demandant s'il pensait que les blessures remarquées sur les deux cadavres pouvaient avoir été faites à l'aide de ces instruments ; il a répondu que telle était son opinion.

M. Dégranges fait ensuite connaître à la cour la nature des diverses blessures faites aux deux cadavres.

M. GERGERÈS, docteur-médecin, fait la même déposition que son confrère.

JEANNE CAUVIN, journalière à Artigues : Le 11 mai, elle a trouvé un paquet dans un coin du bois de M. Latour, près du chemin de Libourne ; elle était avec une de ses amies, et elles ont porté le paquet chez le maire, sans regarder ce qu'il renfermait.

PAULINE SALLÉ, âgée de 22 ans, résidant à Pau, était employée chez Marie Anizat en qualité d'apprentie : elle y est demeurée pendant un an. Eliçabide y est venu pendant ce temps-là trois ou quatre fois ; elle a accompagné Marie à la voiture, au moment de son départ pour Paris ; celle-ci lui a confié qu'elle allait à Paris pour se marier ; mais elle la pria de ne point en parler à Pau... Quand Eliçabide venait chez Marie, il était, dit le témoin, d'une extrême réserve. Pauline Sallé a connu le jeune Anizat, qu'elle représente comme un enfant peu dissipé, et d'ailleurs fort gentil.

MEUNIER, maître d'hôtel, rue Courbin : Le 6 mai au matin, une dame, accompagnée d'une jeune fille, arriva chez lui, et lui demanda si un jeune homme de Paris n'était pas arrivé ; elle demeura à l'hôtel pendant la journée, en le priant de la faire prévenir si le jeune homme qu'elle attendait arrivait. Le soir, le sieur Meunier reçut une lettre d'Eliçabide, timbrée de Poitiers, qui lui annonçait l'arrivée à son hôtel d'une dame et de son enfant, qu'il lui recommandait. 'Je montrai, continue ce témoin, la lettre à la veuve Anizat, qui en témoigna une grande joie. Le soir même Eliçabide arriva ; le lendemain ils sortirent ensemble, et soupèrent le soir vers huit heures et demie ; une voiture vint les prendre, et ils partirent à neuf heures. Depuis je n'ai rien su ; seulement j'ai été appelé à Artigues, où j'ai reconnu les deux cadavres.

A la suite de cette déposition, Eliçabide avoue qu'il avait été visiter le jour même les lieux où le crime a été commis. Cependant il prétend n'avoir pas été encore décidé à le commettre ; il n'y était pas, dit-il, poussé par l'état de sa crise habituelle.

D. Vous prétendez donc n'avoir pas votre libre arbitre ?

R. Oui, monsieur le président, je le crois ; c'est mon idée.

D. C'est vous qui aviez mis les adresses ; si ce n'est vous qui avez porté les malles, pourquoi les adressiez-vous à votre domicile ?

R. Pour les garder.

D. Mais vous vouliez bien vous attribuer les effets des victimes ; vous jouez en vain l'hallucination ?

L'accusé ne répond pas et se rassied ; bientôt il se ravise ; il demande à s'expliquer de nouveau, et affirme que c'est chez sa sœur qu'il allait, et que le lundi seulement il devait se rendre à Paris.

Marie Marmaillan, de Pau, dépose qu'il y a deux ans un missionnaire vint à Pau faire faire la première communion à plusieurs enfants : c'était Eliçabide !... Le témoin, qui le connaissait, y conduisit la veuve Anizat. Là Eliçabide apprit de Marie Anizat et son voyage en Espagne et son passage à Alger, et enfin la mort de son mari, assassiné par les Bédouins. L'accusé, touché de la position de cette femme, s'employa pour mettre le petit Joseph à Bétharram. De ce jour date la connaissance du prévenu et de Marie Anizat.

Le témoin connaissait cette veuve depuis dix ans ; elle affirme que c'était un modèle de vertu. Elle communiait tous les dimanches, et lors de son départ de Pau pour Paris, douze personnes allèrent conduire Marie et sa fille à la voiture. Dejà Eliçabide avait sollicité la main de Marie ; elle hésitait, mais ses amis l'y décidèrent. Le mariage devait se faire à Bordeaux, et le témoin y fut invité.

Interrogée pour savoir si elle connaissait la correspondance de l'accusé, Marie Marmaillan répond qu'elle vit une lettre où Eliçabide disait à Marie qu'il faisait à Paris l'éducation des enfants de l'ancien ministre M. Duchâtel, et qu'il avait 4,000 fr. d'appointements.

L'accusé dit qu'il y a trois erreurs capitales dans la déposition du témoin.

Mais, ajoute-t-il, en s'adressant au président, comme vous dites que je joue l'hallucination, je me tais.

M. l'avocat-général engage Eliçabide à s'expliquer.

Alors il déclare qu'il n'est pas exact qu'il dût épouser Marie sur la route. Quant aux autres inexactitudes, il n'y attache pas d'importance.

M. l'avocat-général : Que contenait le paquet envoyé par Marie à Paris?

Le témoin : Il y avait beaucoup de linge, des draps, des serviettes, quatre douzaines environ. Déjà Marie avait envoyé six chemises.

M. le président : Savez-vous si la veuve Anizat avait envoyé de l'argent à l'accusé?

Le témoin : Oui, 40 fr. environ, qu'elle a depuis touchés à Bayonne. Marie en partant était sans argent; le témoin lui a prêté 150 fr.

Eliçabide reconnaît l'exactitude de cette partie de la déposition.

Pierre Lesquère, aubergiste, rue Margaux, a

connu Eliçabide pour être venu loger le jeudi chez lui, à cinq heures du soir. Le lendemain la sœur de l'accusé est venue le voir ; ils sont sortis ensemble, et l'accusé n'est pas revenu.

M. le président demande à Eliçabide pourquoi il n'a pas été de suite dans l'hôtel où Marie l'attendait ?

L'accusé : Je n'ai pas voulu m'y présenter dans l'état de dénuement où j'étais : je ne pouvais aller retrouver Marie qu'après avoir reçu de l'argent de ma sœur.

D. Lors de votre départ de Paris aviez-vous la somme nécessaire à votre voyage ?

R. Oui ; on m'avait prêté de l'argent.

D. Pourquoi n'êtes-vous pas venu directement à Bordeaux, et par les grandes voitures ?

R. Parceque je n'avais pas assez d'argent pour cela ; en voyageant différemment il y avait économie pour moi.

JEANNE BOUCHER, demeurant rue Judaïque en ville, fait une déposition sans importance : deux fois la sœur d'Eliçabide a mis chez elle un sac de voyage, que l'accusé est venu prendre lors de ses voyages à Paris. Huit jours après le dernier dépôt le crime d'Artigues a été commis.

ANNE MARMAILLAN : Elle connaissait de Pau la veuve Anizat. Le jour du meurtre cette femme et sa fille ont été lui rendre une visite, rue Constantin. Le prévenu passait alors pour le cousin de Marie. Les effets de cette malheureuse et de sa fille sont mis sous les yeux du témoin, qui les reconnaît comme étant bien les mêmes que ceux portés par les victimes le jour de leur visite. Tous ces effets sont dégouttants de sang et de boue.

Justine Cazauran, femme de chambre à Bordeaux, dépose que, se trouvant le 7 mai sur l'Intendance, elle rencontra Marie Anizat qui lui donna son adresse rue Courbin; elle s'y rendit dans la matinée. Marie lui dit que l'individu avec lequel elle l'avait vue tenait une pension de garçons à Paris; qu'elle s'y rendait pour occuper une place de 600 francs; que ses enfants s'y trouveraient élevés; bref, qu'elle partait le soir même. Le témoin soupa avec Marie. Eliçabide arriva pendant le repas, se mit à table, mangea beaucoup; alors il venait de choisir le lieu où le meurtre allait être commis!...

L'accusé décline l'imputation d'un appétit excessif. Il avoue toutefois avoir été ce soir-là d'une gaîté extrême.

Jean Casse, cocher, est introduit. C'est lui qui, à neuf heures du soir, le samedi, est venu prendre, à l'hôtel des Deux-Rives, Eliçabide, Marie et sa fille; arrivé aux quatre chemins, le prévenu est descendu le premier; il a payé 6 fr. 50 c., et a poussé la présence d'esprit jusqu'à réclamer une paire de socques qui étaient dans la voiture. Il déclare ne rien savoir de plus.

M. le président demande au prévenu si les coups ont été portés aux victimes peu de temps après la descente de la voiture. Eliçabide répond que le crime a été commis peu d'instants après.

JEAN PAQUET, né à Pouillac, canton de Mauléon : Le 10 au matin, il a été pris, à quatre heures, près du petit Saint-Loubès, par Eliçabide, qui a monté dans sa voiture, et s'est fait conduire à Bordeaux : c'est lui qui a conseillé à l'accusé de descendre rue de la Douane. En reconduisant ses chevaux il apprit le crime commis la veille, et, soupçonnant qu'il avait le matin transporté l'auteur du forfait, il retourna chez l'aubergiste, à qui il fit part de sa découverte : ils se rendirent chez le commissaire de police, qui opéra l'arrestation du meurtrier. Eliçabide reconnaît que la déposition est exacte.

M. le président : Pourquoi descendre dans une auberge nouvelle et n'avoir pas retourné dans les endroits où vous aviez déjà logé ? Ne serait-ce pas pour n'être point découvert ?

R. Certainement.

M. le président : Pourquoi avoir dit que le petit cabas trouvé dans votre chambre n'était point à vous ?

R. J'ai fait une telle série de mensonges à M. le commissaire que j'ai pu commettre celui-là.

M. le président au témoin : L'accusé était-il troublé?

R. Oui, très troublé.

M. le président à Eliçabide : Pour quel motif avez-vous changé de costume? C'était pour ne pas être reconnu, sans doute?

Eliçabide : C'est probable.

Jacques Reclus est le conducteur de la diligence dans laquelle Eliçabide est monté ; il mit son bagage à côté de lui. Le prévenu voulait que Reclus le conduisît non à Bordeaux, mais à Angoulême. A l'arrivée sur la ligne de l'octroi, l'accusé craignait qu'on visitât les paquets où était le linge ensanglanté des victimes ; le conducteur le rassura, et effectivement ses paquets ne furent pas vérifiés.

Eliçabide, sur l'invitation de M. le président, déclare qu'il y a de graves erreurs dans cette déposition. D'abord, au lieu d'être triste, il était, dit-il, d'une joie immodérée. Les terreurs de la nuit étaient dissipées ; il ne fut pas effrayé de son arrivée à l'octroi.

Cette discussion se prolonge assez longtemps. Le conducteur prétend que l'accusé était inquiet, et Eliçabide, au contraire, dit qu'il était extraordinairement gai.

Victoire Lagarde, femme Lemarchand, 35 ans, rue de la Douane, n° 8 ; c'est la servante de l'hôtel où est descendu Eliçabide. Elle dit qu'il avait des effets qu'il a étendus devant le feu , et qu'il a déjeuné fort bien dans la cuisine ; elle a trouvé le prévenu dans l'après-midi couché et ayant le visage coloré. Eliçabide lui a dit qu'il s'était endormi sans ôter sa cravate , et que cela lui avait fait monter le sang à la tête ; il a demandé de l'eau et la clef des latrines , où il est monté seul pour y jeter le marteau et le couteau.

Eliçabide convient du fait.

M. le président lui demande pourquoi il avait dit d'abord que le crime avait été commis à l'aide d'une pierre ?

L'accusé , riant : C'était pour donner le change au juge d'instruction ; il n'était pas prudent de parler du marteau apporté de Paris ; je voulais adoucir l'odieux du crime ; il y a des moments où il me coûte de mentir , c'est dans un de ces moments-là que j'ai parlé du marteau.

M. l'avocat-général établit qu'il est impossible de trouver une pierre sur le lieu du crime.

Le maire d'Artigues constate le fait, et dit que celles trouvées l'ont été dans le ruisseau mis à sec, et qu'elles étaient verdâtres ; donc Eliçabide a fait un mensonge en disant que la pierre s'était animée dans sa main.

Le défenseur dit que cependant une pierre a été trouvée et mise sous le scellé.

M. ALPHONSE DE MAXIMI, commissaire de police : C'est ce magistrat qui a arrêté le meurtrier le

11 mai. Sur la déposition de l'aubergiste, il se rendit rue de la Douane, et demanda à l'accusé ses papiers, qu'il exhiba; voyant des bas de femme, il les présenta à Eliçabide, qui prétendit avoir le pied très petit; mais la découverte de bas d'enfant amena une perquisition dont le résultat fut l'arrestation du prévenu, que M. Maximi conduisit en fiacre à la mairie. Là feu M. Courège fit connaître à son confrère le meurtre d'Artigues, et M. Maximi, ne doutant plus que l'assassin était l'homme qu'il venait d'arrêter, le somma de tout avouer. L'accusé troublé vit que toute feinte était désormais inutile; c'est alors qu'il fit de lui-même et par écrit le détail des trois assassinats.

L'accusé croit la déposition du magistrat exacte, et dit n'avoir rien à alléguer contre.

L'audience est renvoyée au lendemain dix heures.

Audience du 10 septembre.

La foule, aux abords du tribunal, est encore plus compacte que la veille. Les mêmes dispositions, pour éviter l'encombrement, sont prises par l'autorité; aussi n'a-t-on aucun désordre à signaler; les dames sont en plus grand nombre qu'hier.

A dix heures dix minutes l'ordre est donné aux gendarmes d'introduire Eliçabide. Lors de son arrivée tout le monde se lève; les cris : *assis !* se font entendre, mais ils sont bientôt réprimés. L'accusé prend place sur le banc des prévenus ; il semble plus abattu que la veille ; il est vêtu de la même façon qu'hier. A peine assis, il se cache le front dans la main droite ; de temps à autre il jette les yeux sur l'assemblée.

A dix heures vingt minutes la cour entre en séance.

On procède à l'appel des membres du jury.

Avant l'introduction des témoins qui restent à entendre, Mᵉ Gergerès demande que, dans l'intérêt de la défense, les témoins soient interrogés sur les habitudes particulières et habituelles d'Eliçabide.

M. Martin Manodas, supérieur du séminaire de Bayonne, est introduit. Il dépose qu'il a connu l'accusé au petit séminaire d'Oloron, dont il était le directeur. Eliçabide y resta un an et demi ; il en sortit sans attendre la fin de l'année scolaire. Son air sombre a fait croire au témoin qu'il n'était pas fait pour l'état ecclésiastique. Nommé au séminaire de Bayonne, M. Manodas y retrouva l'accusé ; il déclare que sa conduite y fut parfaite ; seulement il reconnut en lui un grand fonds d'orgueil, un esprit à système, un cerveau qui s'était nourri des idées de M. de Lamennais. La plupart de ses idées étaient singulières ; par exemple, lors de son départ pour Paris, Eliçabide disait : « Si je reste dans l'état ecclésiastique, je revien-

drai chanoine ; si je me lance dans la jurispru-
dence , je reviendrai avocat-général. » Du reste,
le témoin déclare qu'il n'a jamais remarqué les
aberrations d'esprit dont l'accusé semble faire pa-
rade ; jamais il ne lui a connu d'idée fixe , mais
bien, dominant surtout, un grand excès d'orgueil.

A cette question de M. le président, s'il croit
qu'Eliçabide est forcé d'exécuter malgré lui certains actes, le témoin répond négativement.

M. le président à l'accusé : Avez-vous des observations à faire au témoin ?

R. Oui. Je désirerais que M. le supérieur se rap-
pelât que c'est à cause de mon voyage en Espagne que j'ai quitté le grand séminaire.

Le témoin ne se rappelle pas cette circonstance; il ne se rappelle que le départ pour Bordeaux.

M. le président: Les séminaristes vont-ils faire
des retraites au Passage?

R. Non.

M. le président : Eliçabide, vous avez déclaré
que vous étiez allé au Passage. Pourquoi?

R. Il existait en moi une exaltation concentrée
qui m'obligea d'aller en Espagne. C'est M. l'abbé
Maisonnave qui m'en a donné le conseil.

Un juré demande si l'accusé avait des goûts
sanguinaires, et s'il aimait de préférence à s'entretenir d'événements tragiques?

Le témoin répond, non.

M. JEAN ETCHEMEN, supérieur du séminaire de

Bayonne; il n'a rien à déposer que de très favorable à l'accusé. Il a vu Eliçabide en 1828 et autres années; il venait alors servir la messe à Gauthius, près Mauléon : il a donné à l'accusé des leçons de théologie, d'après la demande de ses parents; il lui reconnut alors la conception prompte, l'intelligence étendue; cependant Eliçabide se dégoûta bientôt. Alors le témoin le recommanda à Monseigneur pour des secours. L'accusé effectivement reçut en juillet une bourse de 350 francs, M. le supérieur n'a rien remarqué d'extraordinaire dans son caractère; son esprit ne lui a jamais paru faux.

Eliçabide, qui prend la parole, cherche à prouver au contraire qu'il a toujours eu des idées étranges.

Le témoin : Jamais.

M. JEAN-BAPTISTE MAISONNAVE, ecclésiastique du département de la Haute-Loire, a connu l'accusé au grand séminaire de Bayonne en 1830 et 1831. Le témoin y était professeur; il dénie ce qu'a dit Eliçabide, que c'est par ses conseils qu'il est allé en Espagne pour dissiper ses idées noires. Suivant lui, l'accusé avait le caractère sérieux, mais le jugement sain et l'intelligence remarquable; cela explique ses succès en théologie.

Une discussion sans portée s'élève entre Eliçabide et le témoin, relativement au voyage,

M. Maisonnave déclare ne se rappeler nullement les circonstances que l'accusé invoque.

M. Pierre Labarraque, économe du séminaire de Bayonne, dépose qu'il n'a jamais eu de grands rapports avec l'accusé ; il lui a remarqué toutefois un esprit sombre, et surtout extraordinairement orgueilleux. (Cette phrase fait sourire Eliçabide, qui finit par se plaindre du défaut de mémoire des témoins, et regrette les douze témoignages qu'il avait sollicités du ministère public.)

M. l'avocat-général fait observer à MM. les jurés que les témoins interrogés depuis l'ouverture de la séance sont ceux qui figurent sur la liste présentée par l'accusé, et que ce sont tous d'honorables ecclésiastiques.

Eliçabide se lève de nouveau. Il voulait, dit-il, celui qui lui prêtait des livres, ceux qui l'ont vu grandir, même les couturières de la maison.

M. le président lui répond qu'il était libre de les faire assigner, qu'il en avait le droit, et qu'il a eu tort de n'en pas user.

M. l'avocat-général prend de nouveau la parole : Je ne veux pas, dit-il, rester sous le poids des imputations de l'accusé. Il n'est pas dans les habitudes de la justice de prendre les témoins qui chargent les accusés, et de rejeter ceux qui leur viennent en aide. Ce que nous devons constater, c'est que la justice veut une conviction éclairée ; dans ce but rien n'a été négligé. Il termine en disant que les déclarations écrites des témoins réclamés seront lues.

M. l'avocat-général reprend ensuite la parole. Dans un réquisitoire chaleureux, il repousse ce système qui semble avoir pour but de mettre chaque grand coupable sous la protection d'une fatalité maladive. Il prend Eliçabide dès ses jeunes années jusqu'au jour du forfait, et prouve qu'un orgueil blessé, autant qu'un instinct sanguinaire, l'ont poussé à commettre l'un des plus horribles forfaits des temps modernes. Il demande, dans l'intérêt de la société, qu'on ne désarme pas la justice, et qu'un grand exemple soit donné. Son discours, écrit, est écouté avec le plus grand intérêt.

M. le docteur CANIHAC est introduit.

M. le président : M. le docteur, le jury désirerait savoir si, dans votre opinion, les actes préliminaires calculés avant un assassinat et les moyens employés par les assassins pour se soustraire à la justice sont compatibles avec la monomanie ?

M. Canihac : Je ne pourrai pas répondre d'une manière bien rigoureuse ; les actes sont souvent tellement cachés qu'il est difficile de les connaître tous ; généralement tout c te de monomanie doit être prompt, subit, spontané ; le monomane est supposé ne pas avoir la faculté de se souvenir de ce qu'il a fait. Si on raisonne avant, on n'est pas monomane. (Un murmure de contentement circule dans l'auditoire.)

Revenant sur la question, M. le défenseur ajoute : Confiant dans vos souvenirs et votre expérience, je vous prie de nous dire s'il n'y a pas des exemples fréquents qu'un monomane à idée fixe ait préparé de longue main un crime et essayé de se soustraire au châtiment ?

M. Canihac : Je ne le crois pas ; rien ne se rapprocherait plus d'un raisonnement rationnel. Si vous admettez une pareille monomanie, il serait alors presque impossible de distinguer le monomane du vrai coupable. Les médecins ne sont pas d'ailleurs d'accord sur ces questions difficiles ; je n'ai pas fait de longues études phrénologiques, mais j'apporte ici le fruit de ma longue expérience et de mes méditations : je crois difficilement à la bosse des temps modernes ; je ne crois pas aux prédestinations criminelles, irrésistibles, parcequ'on a le front plus ou moins étroit ou plus ou moins large. En me résumant, le monomane véritable ne raisonne ni avant ni après l'assassinat ; s'il raisonnait, il ne serait pas monomane.

(De nouveaux murmures d'approbation se font entendre.)

Après cette explication, présentée de la manière la plus nette et la plus précise, la cour suspend son audience pendant une demi-heure.

A trois heures l'audience est reprise, et la parole est donnée au défenseur de l'accusé.

M. Gergerès commence en ces termes :

Je viens à vous, messieurs les jurés, à vous, dépositaires fidèles des intérêts de la société, à vous que je vois armés de son glaive, et qui êtes encore sous les impressions des horribles détails qui ont été déroulés sous vos yeux.

Mais si la société, effrayée par une épouvantable catastrophe, vous crie de la venger, la loi à son tour, qui n'est que l'expression de sa volonté, vous avertit d'être justes.

Elle vous demande surtout de la réflexion et du calme ; c'est à votre honneur qu'elle confie ses garanties ; elle vous demande du courage, c'est à dire cette impassibilité sage qui ne se décide que d'après ses propres convictions, sans se laisser imposer par les passions de la multitude.

Elle veut que vous descendiez au fond de votre conscience, que vous l'interrogiez, que vous fassiez la part d'une vengeance légale, si elle est nécessaire, sans oublier que par pitié vous devez quelque chose à cette nature humaine, si belle dans ses créations, si bizarre dans ses œuvres, si inconcevable dans ses écarts.

Et moi, messieurs, j'ai aussi des devoirs à remplir. La défense d'un accusé, quel qu'il soit, n'est pas une vaine fiction de la loi.

C'est le plus bel hommage que la justice ait voulu obtenir.

Celle d'Eliçabide m'a été confiée par le magistrat. L'accusé a ratifié ce choix.

Je devais d'autant plus l'accepter que cet accusé, dépourvu de tout, n'avait que des pleurs à offrir. Cela suffisait pour que je me présentasse à cette barre, moins par confiance dans mes forces que comme le plus ancien et le représentant d'un ordre qui n'a jamais refusé son appui au malheur.

Toutefois, messieurs, je ne me suis dissimulé ni les sentiments d'horreur que j'avais à vaincre, ni la violence des passions que j'avais à calmer, ni les difficultés de ma position.

Je sais que j'ai à combattre une accusation terrible, qui a retenti dans toute la France, bouleversé toutes les idées, épouvanté la société, excité tous les genres de malédiction contre l'auteur de l'attentat.

Dois-je donc rester désarmé en présence de votre justice? Dois-je me taire, dans la crainte de soulever les passions dont l'exaltation n'a rien qui doive étonner?

Non, messieurs.

Votre justice... je viens l'implorer.

Les passions tumultueuses... ce n'est pas dans le prétoire de la justice que l'on peut avoir quelque chose à en redouter.

Je connais toute l'étendue et la sainteté de mes devoirs. Aussi ne craignez point, messieurs, que j'aie recours à des moyens que le bon sens désavoue et que la conscience repousse ; c'est à votre raison que je dois parler. Je veux que le langage que je vous tiendrai soit d'accord avec mes convictions personnelles. Je veux, en quelque sorte, m'associer à votre délibération.

Et vous qui, avides de fortes émotions, vous pressez dans cette enceinte, je vous adjure, au nom de l'humanité, au nom de la justice, de me prêter une bienveillante attention.

Avant peut-être que ma parole cesse de se faire entendre vous aurez des larmes à verser, des sensations pénibles à comprimer. Mais songez que vous êtes ici en présence des dépositaires de nos lois, et que nous devons nous en remettre à eux du soin de veiller à nos plus chers intérêts.

Au mois de mai dernier, un événement, tel que nos annales criminelles les plus sombres n'en offrent pas de semblables, vint effrayer notre cité.

Le cadavre d'une femme qui lui était étrangère fut trouvé horriblement mutilé dans la commune d'Artigues.

A quelques pas d'elle se trouvait un autre cadavre : c'était sa fille.

Eliçabide fut soupçonné et arrêté. Aux premières questions qui lui furent adressées, non seulement il avoua que c'était lui qui avait donné la mort à Marie Anizat et à la jeune Mathilde, mais il fit connaître encore au magistrat ce que tous les soins de la police de Paris n'avaient pu découvrir, que c'était lui qui avait frappé Joseph, enfant de dix ans, dont le corps était exposé à la Morgue.

La découverte de ces faits jeta la stupeur dans tous les esprits. Un cri d'indignation bien naturel s'éleva contre l'auteur de cet horrible attentat.

Chacun cherchait à connaître quel pouvait être l'infernal motif qui avait fait commettre le crime. On se perdait en conjectures.

Lorsque la défense d'Eliçabide me fut imposée, je cherchai, moi aussi, à découvrir le mobile qui avait armé sa main contre trois êtres inoffensifs.

Egorger deux enfants et leur mère !!! Oh ! que la passion qui a conduit à cette boucherie, me disais-je, a dû être forte et satanique !

Je parcourus la procédure avec une avide et déchirante curiosité.

Je ne vis ni intérêt, ni jalousie, ni vengeance, ni aucune de ces impulsions fougueuses qui portent au crime.

Cependant Joseph était tombé sous les coups d'Eliçabide... Mais il paraissait aimer cet enfant. C'était par ses soins, ses démarches, ses sollicitations, que Joseph avait été placé à moitié prix

dans une pension. Il avait été son protecteur, son
instituteur gratuit.

La mère!!! Mais tout me dit dans la procédure
qu'il avait eu pour elle l'affection la plus vive et la
plus désintéressée!

Mathilde!!! Mais quel désir de vengeance ou
de haine pouvait faire naître un enfant si jeune,
si intéressant et si doux!

Ces témoins sont des hommes honorables, les
uns des instituteurs qui se sont voués à l'éducation de la jeunesse, les autres des prêtres vieillis
dans le sacerdoce, et qui, pour tous les biens de
ce monde, ne voudraient ni mentir à leur conscience, ni trahir la vérité. Tous répondent au
magistrat qu'Éliçabide était d'une douceur remarquable, d'une conduite exemplaire; que dans
les colléges il était l'un des meilleurs élèves; que
dans la société il était affable, bon, généreux; que
surtout il était bon fils; qu'il avait pris à sa charge
les dettes de son père; et tous terminent leurs
dépositions par ces mots qui peignent leur étonnement : « Jamais il ne nous serait venu en pensée que ce jeune homme pût se porter à commettre les crimes dont on l'accuse. »

Tout devenait pour moi de plus en plus inconcevable. Plus j'avançais dans mes recherches, plus
je sentais la nécessité de maîtriser mes émotions,
et de connaître cette nature d'homme qui, après
trente ans de vertus si universellement attestées,

paraissait être tombé tout à coup au dessous des plus féroces et des plus lâches assassins.

Je me décidai alors à exiger d'Eliçabide l'histoire de sa vie; je voulus savoir de lui-même ce qu'il avait pu être au moment des faits qu'il avouait, ce qu'il était encore sous les verrous. Je le livrai à ses réflexions et à ses souvenirs.

Deux jours après j'eus le mémoire désiré.

Je ne vous dirai point, messieurs, l'impression qu'il a faite sur mon esprit. Vous en jugerez par celle qu'il fera sur le vôtre.

Rien n'y est caché, rien n'y est affaibli, rien n'y est dissimulé... Ah ! sans doute, ceux qui en entendront la lecture auront souvent à souffrir. Moi-même, qui avais besoin de tout savoir, combien de fois n'ai-je pas pris, repoussé et repris ces feuilles qui me peignaient la chute de l'homme écrite en caractères de sang!!!...

Revenu à moi, j'ai senti que dans une accusation de ce genre vous deviez juger Eliçabide par lui-même et non par ma parole.

Permettez-moi donc, messieurs, de mettre son mémoire sous vos yeux. J'ai cru n'y devoir rien changer. L'histoire pourra le recueillir, et ce ne sera pas la pièce la moins étonnante de ce drame lugubre.

MÉMOIRES D'ÉLIÇABIDE,

ÉCRIT PAR LUI-MÊME DANS LA PRISON DE BORDEAUX.

Je suis né à Mauléon (Basses-Pyrénées), en 1810, de Pierre Eliçabide et de Jeanne Borée.

Mon père a fait longtemps le commerce avec plus de probité que de bonheur. A mon instigation, ma famille s'était dépouillée, il y a quelques années, de tout ce que nous possédions, tant du côté paternel que du côté maternel, et depuis je m'étais imposé plus particulièrement le devoir (que du reste je remplissais depuis longtemps) d'être le soutien de mon père et de ma mère.

Dès ma plus tendre enfance des penchants vertueux, une raison précoce, un caractère sérieux, une grande aptitude pour les sciences, me firent destiner à l'état ecclésiastique, vocation la plus belle que l'on sache assigner dans nos contrées à un enfant bien né.

Une demoiselle pieuse, aujourd'hui supérieure d'un couvent de religieuses à N...., instruisit mes premières années, et cultiva dans mon cœur les premiers germes de la vertu.

Des mains de cette demoiselle je passai dans

celles de mon père, maître de pension à Mauléon, qui me donna des leçons de latinité jusqu'en cinquième.

Je n'avais pas huit ans que ma tête était déjà fatiguée par des lectures immodérées faites sans guide et sans discernement.

La pétulance et la vivacité qui m'étaient naturelles avaient fait place à une humeur austère, à une morne tristesse, à un grand besoin de solitude, à des manières quelquefois brusques, qui voilaient ma sensibilité et jusqu'à la tendre affection que je portais à mes parents. Je n'aimais que les idées et les conversations au dessus de mon âge.

L'étude de la religion avait pour moi un attrait tout particulier, et quoique les passions eussent été aussi précoces et aussi vives que la raison, ma conduite parut assez extraordinaire dans un enfant de mon âge pour me faire considérer par ceux qui me connaissaient comme un enfant privilégié.

Cependant ceux-là même qui m'entouraient de leur affection, de leurs soins et de leurs hommages ignoraient profondément que lorsque triste et silencieux j'évitais les jeux de mon enfance pour me livrer à mes rêveries solitaires, si dangereuses et plus tard si fatales pour moi, puisqu'elles ont amené la manie, ils ignoraient, dis-je, que je portais dans le secret de mon âme un

monde à moi, hors duquel je n'étais jamais heureux. Mes bons parents étaient trop préoccupés
et trop prévenus en ma faveur pour s'inquiéter
de moi quand je n'étais pas sous leurs yeux. Mon
maître me considérait comme un de ses meilleurs
élèves. Il ne pouvait pas juger de ce qu'il ignorait. D'ailleurs une fois rendu au commerce du
monde, on me voyait bon, honnête, obligeant.

Le besoin de l'isolement, je l'éprouvais de
jour en jour plus impérieux. Je m'ennuyais auprès des hommes : leur langage, leurs actions
me déplaisaient. Mes divagations, et le monde
imaginaire que je m'étais créé, étaient devenus
mon élément, et cependant mes pensées n'étaient
pas toujours riantes. J'avais onze ans, les premiers orages des passions se faisaient entendre ;
mes principes et mon amour-propre me faisaient
refouler avec violence des émotions dont je jouis-
sais. L'imagination remplissait malgré moi le vide
que la religion laissait dans mon cœur. Mon esprit s'en effrayait. Mécontent de la manière dont
je me tirais de ces luttes, je m'abandonnais aux
réflexions les plus pénibles. Je me persuadais
quelquefois que j'étais prédestiné à l'enfer. Je
rentrais à la maison taciturne et sombre, cherchant des distractions dans mes livres et mes devoirs; mais à qui aurais-je confié mes souffrances?
on se serait moqué de moi, et je ne l'aurais voulu
à aucun prix.

J'avais douze ans quand eut lieu à Mauléon
une mission durant laquelle ma tête se livrait
tout entière à un mouvement religieux, que provoquaient généralement ces exercices.

Les vérités effrayantes de la religion faisaient
sur moi une impression terrible; j'en avais perdu
le sommeil. On me dispense sans doute de rapporter les choses extravagantes dans lesquelles je
me jetai par esprit de pénitence.

A treize ans je fus confié, pour mes études,
aux soins de M. l'abbé Vidart, curé de la commune rurale de Gotein, dans laquelle étaient fixés
mes parents, sur un petit domaine appartenant
à ma mère. J'y fis ma première communion avec
les sentiments d'une ferveur exaltée, qui ne tarda
pas à faire place à l'abattement et aux embarras
d'esprit. Je revins à ma vie solitaire et à mon humeur noire.

A quatorze ans je fus au collège d'Oloron, alors
petit séminaire, en qualité d'externe. Ç'aurait dû
être un événement dans ma vie que ce départ de
la maison paternelle pour entrer dans un monde
nouveau; en rapport avec un grand nombre de
condisciples, placé sous les yeux de maîtres nombreux et expérimentés, la providence ne permit
pas qu'au milieu d'un tel concours de circonstances une seule voix amie m'ait jamais dit:
« Enfant, vous cachez des peines, ouvrez-moi
votre cœur. Je veux être votre ami. » Je dus faire

aux yeux du corps des professeurs, qui ne me voyaient qu'à distance l'effet d'un bourru inabordable, et cela s'explique. Mes manières gauches et embarrassées, mon costume peu élégant, mon air novice, m'avaient attiré dès ma première apparition au collège les railleries, les brocards des élèves. Assourdi par cet accueil, je me repliai sur moi-même, et bientôt on put me remarquer, taciturne, mélancolique, solitaire et souffrant. Je ne me plaignais de personne, je n'abordais jamais un professeur.

Un petit nombre de condisciples, dont mes succès m'avaient fait une petite cour, me semblaient savoir seuls que je n'étais ni un méchant ni un bourru, comme mes supérieurs semblaient le croire. Habituellement doux, obligeant, d'un commerce agréable, je tombai tout d'un coup, sans aucun motif apparent, dans des accès de tristesse et d'humeur noire. Je me plaignais de maux de tête; je gardai le lit plusieurs jours de suite, repoussant même ceux qui venaient s'informer de ma santé et m'offrir quelque nourriture. En sortant de ma chambre je cherchais quelque endroit écarté, où ma consolation était de me livrer à la lecture; puis parfois je reprenais ma gaîté, je causais avec volubilité; je sentais que mes bizarreries devaient me rendre ridicule, et j'employais toutes les ressources de ma raison à donner le change sur le détraquement de mon cerveau. Ce détraquement qui fatiguait mon cerveau, qui bouleversait mes idées, dont je sentais l'incohérence par intervalle, j'avais trouvé le moyen de le déguiser à tous les yeux sous l'apparence de souffrances physiques. Il est à remarquer que ceux qui me voyaient à distance et rarement me prenaient pour un esprit sombre, à idées noires, tandis que ceux qui me voyaient tous les jours ne pouvaient se défendre d'un certain attachement pour moi.

J'avais seize ans lorsque je revins à la maison paternelle, profondément découragé et dégoûté de tout, ayant fait un cours de rhétorique sous un maître de pension à Oloron ; j'avais formé le projet de renoncer aux études, à la carrière ecclésiastique, et d'aider mon père dans son commerce.

L'arrivée de l'un des ecclésiastiques les plus distingués du diocèse de Bayonne, qui fut nommé curé de notre commune, changea ma détermination. Dominé que j'étais toujours par le sentiment religieux, je donnais à penser, par la régularité de ma conduite et la singularité de mon genre de vie, toujours sérieux et retiré, que je devais être prêtre. Notre savant curé s'offrit à me donner des leçons de philosophie ; il a sollicité pour moi une bourse au séminaire ; je ne sus pas profiter de ses bontés quant aux leçons que je pouvais recevoir de lui ; mais par ses soins je pus me présenter au séminaire comme élève en philosophie.

L'année que je passai en cette qualité à Bétharram doit être comptée parmi les plus belles de ma vie. L'amitié de mon professeur, le commerce des jeunes gens édifiants et sensés, mon goût pour les abstractions philosophiques, tout contribuait à me rendre ce séjour agréable. On n'aurait pu soupçonner le mal qui avait ébranlé ma tête qu'à certaines distractions singulières, à de rares airs de tristesse, et à l'exaltation que je mettais dans quelques discussions. Ce dernier défaut n'est pas rare dans les séminaires ; du reste mon jugement paraissait droit et pénétrant, mon imagination ardente, mon cœur noble et sensible.

Je fus reçu l'année suivante au séminaire de Bayonne comme élève en théologie. Jamais peut-être un aspirant au sacerdoce n'a été animé d'un désir plus profond de se rendre digne de sa belle vocation que celui que j'éprouvais alors. Déjà, par la direction que mes idées avaient prises durant ma philosophie, je sentais fortement le besoin d'humilier ma raison devant Dieu. Emporté par l'exemple de piété fervente que j'avais sous les yeux, je donnai dans les théories et les pratiques d'une dévotion étroite, qui ne tarda pas à amener les embarras d'esprit ; je ne voyais partout que fautes et péchés.

Que de fois n'ai-je pas pleuré, en étudiant à

genoux dans ma chambre, de ne pouvoir pas
apprendre par cœur une leçon de théologie,
comme le professeur l'exigeait ! car pour moi
la volonté du professeur était la volonté divine.
Souvent je restais accablé sous le poids de mes
réflexions. Je ne voyais nul jour à opérer mon
salut ; il me sembla qu'une réprobation éternelle
m'attendait au bout de la carrière. Alors je deve-
nais sombre. Les idées les plus extravagantes me
traversaient la tête : mais une seule s'établissait
dominante et fixe ; j'y revenais sans cesse malgré
moi. Je restais souvent courbé sous son empire,
suspendu et hébété.

J'aurais dû remarquer et m'avouer plus tôt pour
mon bonheur que depuis cette fatale époque
toute préoccupation, même toute occupation
unique, amenait chez moi, plus ou moins pro-
chainement, l'exaltation de l'imagination ou le
dégoût de toutes choses ; deux états également
funestes.

Vers le milieu de ma seconde année de théologie, un des directeurs du séminaire, confident
des tortures morales que j'endurais, dut concevoir de sérieuses inquiétudes pour ma raison. Il
sollicita et obtint principalement la permission
de m'envoyer dans la maison des jésuites, au
Passage, en Espagne. Il pensa que l'habileté du
père de Bussi, en grande réputation pour la direction des esprits, saurait ramener le calme dans

le mien : il ne se trompa pas entièrement ; après deux ou trois semaines de séjour auprès du père de Bussi je revins à Bayonne calme, et j'y poursuivis mes études jusqu'à la fin de l'année.

Sur l'avis de ce directeur, dont l'expérience était connue, il fut décidé que je passerais quelques années dans le monde pour donner à ma tête le temps de se calmer par le contact des hommes.

A la suite d'une correspondance engagée à cette occasion, M. Hamon, supérieur du grand séminaire de Bordeaux, me procura une place de précepteur chez M. Duroy, à Humbarès. J'y passai deux ans me ressentant toujours de mon mal, qui se trahissait malgré tous mes soins à le cacher, et à attribuer à diverses circonstances du moment les variations, les bizarreries et les incohérences de ma conduite.

Je ne me les expliquais pas moi-même ; cependant tous les efforts de mon esprit tendaient à me les expliquer, et plus je recherchais les causes, plus je sentais augmenter ces bizarreries, ces travers et ces incohérences.

De chez M. Duroy j'entrai successivement chez M. de Thonlouse, à Puybarban, et chez M⁰ᵉ Bignon, à Gabarnac.

J'étais dans cette dernière maison en 1836. A cette époque, M. Ganison, mon ancien professeur en philosophie, qui ne m'avait jamais perdu de vue, m'engagea à revenir auprès de lui pour réfléchir encore à ma première vocation, et à l'aider à fonder une école.

Je me rendis à cette invitation après m'être muni d'un brevet de capacité, qui me fut délivré par l'académie de Bordeaux.

En 1839 je dirigeais un établissement d'enseignement primaire à Bétharram, sous le patronage de monsieur le supérieur de cette maison, mon ancien professeur de philosophie, lorsque je fis connaissance de *Marie Anizat*.

Elle me fut recommandée par un des ecclésiastiques de la maison, comme une femme estimable qui se soutenait péniblement par son travail avec deux enfants, depuis la mort de son mari.

Elle désirait faire entrer son fils dans notre maison, mais elle ne pouvait s'imposer que des sacrifices insuffisants. J'offris à l'ecclésiastique de donner gratuitement à l'enfant tous les soins qui dépendaient de moi, et après que j'eus entendu la pauvre mère me raconter en pleurant tout ce que l'avenir de son enfant lui inspirait d'inquiétude, je n'eus pas de repos que je n'eusse amené l'économe de la maison à recevoir l'enfant aux conditions que la mère offrait. Marie se retira heureuse, et cet acte de bienfaisance, auquel elle se montra extrêmement sensible, a emmené des suites qu'il n'était donné à personne de prévoir.

Mes rapports avec les parents d'enfants de divers points du département me rendaient avantageux d'avoir à Pau une personne sûre et pleine d'obligeance à laquelle je pusse faire adresser les paquets ou autres affaires. Marie s'était offerte avec empressement à me servir de son mieux dans ses sortes d'occasions. Elle me reprochait quelquefois de ne pas l'employer assez, et de ne pas l'aller voir toutes les fois que j'allais à Pau. Sa satisfaction paraissait extrême de me voir chez elle, et de pouvoir me faire accepter de prendre quelque chose, ce qui arrivait rarement le premier mois de notre connaissance.

A l'époque des vacances, où je pus la voir plus fréquemment et plus à loisir, j'appréciai mieux que je ne l'avais fait encore ses qualités, qui me la faisaient d'autant plus estimer qu'elles étaient telles que je les aurais désirées dans une compagne de ma vie. Je crus remarquer que de son côté il entrait d'autres sentiments que ceux de la reconnaissance dans le bonheur qu'elle pouvait éprouver auprès de moi.

Nous ne tardâmes pas à nous communiquer nos pensées les plus intimes; nous jurâmes de nous appartenir l'un à l'autre. Je jurai de plus que je serais le père de ses enfants.

Il fut convenu que je la précéderais de quelques mois à Paris, où elle-même me rejoindrait; que jusque-là nos engagements mutuels seraient un secret pour tout le monde.

En partant pour Paris je sacrifiais une position assez avantageuse aux besoins de mon esprit malade. Mes parents avaient vu mon éloignement avec regret ; j'étais dupe moi-même des espérances que je fondais sur les recommandations dont j'étais muni et sur la bonne volonté qui m'animaient.

Je fis partager à ma famille, à mes amis et à Marie l'illusion de ces espérances.

A Paris je fus quelques jours, comme tout étranger, tout occupé à visiter les monuments de la grande ville.

La vue des bibliothèques publiques me faisait palpiter de joie ; en me disant que tous ces livres pouvaient être à ma disposition j'oubliais tout, j'oubliais même qu'il fallait manger.

Cependant les lettres de recommandation dont j'étais porteur m'avaient valu quelques politesses, plus ou moins froides, qui me déconcertaient assez. Le désenchantement commençait ; mais trop fier et trop vain pour confier à qui que ce fût mes mécomptes, je remplissais toutes mes lettres des termes de la plus grande satisfaction et de plus belles espérances. Je m'étourdissais sur l'avenir, que je croyais encore pouvoir maîtriser à volonté. Je me livrais avec assez d'insouciance à l'étude et à l'observation des hommes et des choses, quoique mes méditations devinssent déjà un peu tristes.

Depuis que le commerce du monde et quelques études historiques m'avaient dévoilé les misères de l'humanité, que je n'avais que trop de pente à m'exagérer dans mes moments d'humeur mélancolique, j'avais cru faire un sublime effort de sagesse en changeant mes convictions religieuses, que je croyais trop rigides, pour une douce philosophie pleine d'indulgence et de compassion pour mes semblables, auxquels je pardonnais tout, hors l'égoïsme et la dureté.

A mesure que mes idées s'assombrissaient l'action d'une providence sur cette misérable terre devenait à mes yeux une moquerie; je ne voyais dans Paris, qui était pour moi un abrégé complet de ce monde, que des hommes condamnés à s'agiter : riches, pour courir après les jouissances ; pauvres, pour souffrir et mourir en cherchant le bonheur.

Une mort qui frappât, subite et imprévue, sans douleurs, au milieu des rêves de jouissances, me semblait le terme le plus heureux possible d'une telle vie d'étourdissement et de déception.

Il y a en moi un mélange singulier de pénétration d'esprit et de bonhomie, d'énergie et de faiblesse, de susceptibilité et d'indulgence. Je ne tardai pas à m'apercevoir que j'étais le dernier des hommes pour parvenir à quelque chose dans Paris.

Mauvais solliciteur, me déconcertant à un accueil froid , ne sachant pas charlataniser, ne voulant duper personne, je ne pouvais manquer de rester ignoré et délaissé. Les privations ne m'effrayaient pas; mais j'envisageais avec effroi une misère probable, tandis que je devais être le soutien de ma famille, l'appui et la providence de Marie et de ses enfants.

Mes faibles ressources s'étaient épuisées rapidement. L'avenir ne se présentait plus à moi que sous les couleurs les plus sombres. Je cachais avec soin mes peines et ma détresse prochaine aux yeux de tous ; rien ne paraissait troubler l'égalité de mon âme. Je compatissais à des souffrances encore plus dures que les miennes , que je cherchais à soulager du reste de mes ressources. Plus d'une fois je me suis attiré les plaisanteries de jeunes gens plus expérimentés que moi sur ma facilité et mon ardeur à soulager la misère des personnes que je connaissais peu.

Cependant tous mes efforts pour lutter contre les difficultés de ma position restaient infructueux. Mes soi-disant protecteurs étaient toujours désolés de n'avoir réussi en rien pour moi. Jamais je n'arrivais à propos pour la plus maigre place dans les divers bureaux de placement où je m'étais fait inscrire. Une partie de mes effets avaient pris le chemin du Mont-de-Piété. Le découragement me gagnait de plus en plus. Le sérieux me dominait malgré moi dans mes rapports extérieurs. De fréquents accès d'abattement et d'humeur sombre me faisaient m'enfermer dans ma chambre sans qu'aucune instance pût me faire résoudre à en sortir. Je mangeais du pain sec que j'arrosais d'eau de Seine. Ma tête s'affaiblissait, mon esprit ne formait aucun projet. Mais après mes courses infructueuses j'éprouvais je ne sais quel plaisir à visiter la Morgue, pendant que la vue des cadavres soulevait mon estomac.

Ne réussissant dans aucunes de mes démarches dans Paris, je me décidai à chercher un moyen d'existence hors de la capitale en utilisant mon brevet d'instituteur. Je vendis quelques effets pour me ménager des ressources pécuniaires, et je m'adressai à un des inspecteurs des écoles primaires du département de la Seine, qui n'eut ni appui ni conseil à me donner.

Rejeté dans Paris, je projetai un effort pour réunir un petit nombre d'enfants auxquels j'aurais consacré des soins particuliers. Je formulai un prospectus : mais les forces me manquèrent pour le répandre dans un public que je savais exploité de toutes les façons par le charlatanisme.

Au milieu de ces agitations et de la mélancolie qui les accompagnait, l'image de tout ce que j'avais de plus cher au monde, ma famille, Marie et ses enfants, condamnés à la douleur, aux privations, à la misère, fatiguaient mon imagination blessée. Mon âme était torturée. Une incessante

inquiétude pesait sur elle de tout son poids. J'é-
tais dans cette cruelle disposition d'esprit lorsqu'un jour, au milieu d'une conversation fort innocente et qui avait pour objet les déceptions de
la vie, l'une des personnes de la société s'écria :
« Bah ! avec un peu de raison on devrait se ré-
»jouir de voir la fin de ceux qu'on aime, si ces
»objets de nos affections doivent être voués au
»malheur. »

Je ne saurais dire l'effet produit sur moi par ces
paroles, ce fut la lueur d'une torche infernale.
Voir mourir ce que j'aimais fut une idée qui s'é-
tablit dès ce moment dans ma tête, avec toute la
puissance d'une idée fixe, à laquelle je réussissais
à peine à faire diversion par le travail et le commerce de la société. Cette idée me poursuivait
partout et toujours ; il y avait des moments où
j'éprouvais l'horrible impatience de la voir se réaliser. Ma tête s'exaltait de plus en plus. J'avais
pris le monde entier en horreur. Mes pensées
étaient des pensées d'extermination.

Toutefois j'essayai encore de faire un effort et
de conjurer le malheur qui me pressait.

Je portai le cri de ma détresse depuis le palais
jusqu'à la demeure de l'actrice. J'invoquai la
princesse, je suppliai le prélat. Je frappai chez le
banquier, je gémis auprès du grand écrivain sentimental. Je m'humiliai devant le prêtre, je sollicitai le ministre d'un culte étranger. Il se sem-

blé que c'était assez, et cependant j'allais avoir
faim !...

Puisque toutes mes démarches sont impuissan-
tes, essayons, me dis-je à moi-même, du charlatanisme : mon visage est serein, ma contenance
assurée. J'ai conçu un projet qui doit infailible-
ment amener d'heureux résultats. Chacun m'é-
coute et m'encourage.

Je publie un petit prospectus en forme de circulaire. Je déclare que je peux compter sur quelques enfants ; qu'on me fait des offres de service,
et alors je mentais. Il fallait essayer à tout prix.
Je loue un appartement rue Richelieu, et je hâte
l'arrivée du pauvre Joseph.

L'infortunée Marie écrivait de son côté qu'elle
séchait d'impatience et d'inquiétude ; que les
étrangers quittaient Pau en grand nombre, et
emportaient son travail le plus productif ; que les
tristes qualités de son fils la tourmentaient pour
l'avenir de cet enfant, qui la ferait mourir de chagrin si elle devait le garder longtemps auprès
d'elle, qu'elle passait les nuits dans l'insomnie et
dans les larmes. Je répondis à ces lettres naï-
ves et tendres selon qu'elles m'inspiraient. « Sois
» heureuse d'illusion et d'espérance, lui disais-je.
» Je ferai ton bonheur de quelque manière que ce
» soit. »

Le matin même du jour où j'allais prendre possession de mon appartement M. Basley, mon

compatriote, à la suite d'une altercation qu'il avait eue avec son maître d'hôtel, s'étant brusquement décidé à quitter la chambre qu'il occupait dans la même maison que moi, rue du Petit-Pont, 17, me demanda à partager mon lit pendant quelques jours; j'y consentis, sans laisser apercevoir en aucune manière que j'aurais désiré être seul. Une grande tristesse, de fortes distractions, une absence totale d'énergie, tous ces signes auraient pu trahir le secret de mon âme, absorbée par d'autres pensées que celles d'un déménagement.

Basley ignorait complétement mes rapports avec Marie. Quoique nous vécussions très unis, Basley et moi, nos caractères ne sympathisaient pas extrêmement, et sans manquer de sujets de conversation nous savions garder au fond de nos cœurs chacun ses pensées les plus intimes.

Cependant la gaîté folâtre des propos et des manières de Basley servaient beaucoup à m'arracher à mes réflexions. Mon front se déridait lorsque je l'entendais arriver; j'aimais à sortir avec lui, je topais à ses propositions; je fournissais mon ample contingent quand nous parlions science ou littérature.

La déplorable préoccupation sous l'empire de laquelle je rentrais aussitôt que j'étais rendu à moi-même n'était pas une disposition suffisante au meurtre. Il y manquait un mouvement d'impulsion étrange, indéfinissable, irrésistible, comme j'en ai éprouvé dans différentes circonstances de ma vie. On va le voir par ce qui suit :

J'avais cru sérieusement que je réussirais auprès des hommes si je pouvais intriguer et payer d'impudence; mais mon talent n'était pas d'intriguer et de spéculer. Le succès de mon dernier projet, qui paraissait offrir des chances, dépendait en grande partie des dispositions de M. P..., que j'avais sans doute trop négligé. Lorsque je lui annonçai, d'un air satisfait, que j'avais trouvé à disposer toutes choses d'une manière très convenable, M. P... parut froid, embarrassé, tergiversant : ma dernière illusion était détruite. Je n'avais pas faim toutefois. La bourse de toutes mes connaissances s'était ouverte pour moi. Basley m'avait proposé de fournir à nos frais communs. Désormais tout m'était indifférent. J'approuvais toutes ses propositions; j'affichai une grande insouciance; je ne redoutais aucunement l'avenir.

J'étais tristement occupé à donner une leçon à un jeune et intéressant enfant, lorsque le concierge me remit une lettre m'annonçant l'arrivée de Joseph par la diligence; du jour même cette nouvelle me bouleversa, comme si je n'avais pas dû m'y attendre : ma tête s'exalta. Joseph arrive ! Pauvre enfant, quel sera ton avenir? J'ai promis d'être ton père, ton instituteur, ton guide

dans le sentier de la vie.... La vie.... mais à ton
âge on me la prédisait belle et heureuse. J'étais
sage; de tendres et de nombreux parents dans l'aisance veillaient sur moi. Plus tard une bonne
éducation me mettait en droit de demander à la
société qu'elle ne brisât pas aveuglément ma chétive existence..... Il est vrai que ma tête est malade. Mais cette tête malade n'est-ce pas tout ton
appui? Pauvre enfant! Eh bien! tu mourras avant
de t'être sali au contact d'une société qui te flé-
trirait peut-être après t'avoir forcé à te déshono-
rer. Tu seras la première des victimes que ma
main doit immoler. Moi... tuer!... oui; mais où
en trouver la force?

Un horrible tremblement s'empare de tous mes
membres; je ne peux plus réunir mes idées, ma
tête tombe sur ma poitrine, je me jette sur mon
lit tout hébété. Après quelques minutes j'étais
profondément endormi.

Il me restait à peine le temps de courir aux
bureaux de la diligence lorsque je revins de l'é-
puisement extrême dans lequel m'avait jeté l'agitation que je viens de décrire. J'avais mué d'existence, si je peux m'exprimer ainsi; ce qui m'est
toujours arrivé après les grandes crises. Je ne
m'occupais plus de question de vie ou de mort;
je courus chercher l'enfant, que je serrai tendrement dans mes bras, et je remerciai mademoiselle Henriette avec toute la politesse dont je fus

capable des soins qu'elle lui avait donnés durant le voyage.

Joseph, que j'accablai de questions, me répondit avec un petit air souffrant, et me dit qu'ayant mangé du fruit dans la voiture, il avait un mal d'estomac. Je me hâtai de dégager la petite caisse de ses effets et de faire prendre à l'enfant un petit verre de liqueur, qui le soulagea. Jugeant qu'un peu d'exercice lui ferait du bien, je le fis promener longtemps, à sa grande satisfaction. Le pauvre enfant était tout yeux. Je m'oubliai avec lui à regarder mille objets auxquels je n'avais jamais fait attention, lorsque tout à coup on eût dit qu'un nuage errait sur ma tête... Joseph est heureux, il faut qu'il meure! Ce n'était plus un débat, c'était un besoin calme autant qu'impérieux. Rien désormais ne pouvait lui éviter la mort. « Je l'au- »rais tué au milieu de la rue plutôt qu'il ne m'eût »échappé. »

Nous nous dirigeâmes vers le Palais-Royal. Je laissai l'enfant à un des passages qui y aboutissent, en lui recommandant de m'y attendre sans s'écarter. Je dépose sa petite caisse dans ma malle et j'y prends le marteau. « Où mourra Jo- »seph? Je n'en sais rien! Nous sortirons de Pa- »ris, et le reste à la volonté du sort. »

Pendant que l'enfant dînait avec appétit, j'écrivis à Marie pour lui donner avis de l'arrivée de son enfant; Joseph m'ayant dit que sa mère lui avait recommandé de lui écrire dans ma lettre, il traça quelques mots après que j'eus fini.

« Au sortir du restaurant nous nous acheminâmes vers les boulevards, moi dans la pensée de prendre un omnibus qui nous menât à une des barrières de Paris. La voiture qui s'offrit à nous la première fut l'omnibus qui fait le service de Pantin par correspondance; après avoir marché jusqu'à la barrière de la Petite-Villette depuis le bureau de la correspondance parceque la voiture se faisait trop attendre, nous nous étions arrêtés à l'embranchement d'un petit chemin aux dernières maisons de la Petite-Villette pour attendre la voiture de Pantin, lorsque l'enfant demanda à satisfaire un besoin. Ce me fut une commotion électrique... *Ce sera ici même! Dieu le veut!*

« Nous nous engageons dans le petit chemin rasant les maisons. Un sentier nous mène dans une pièce de terre. L'enfant satisfaisant son besoin tombe frappé d'un coup de marteau qu'il n'a pas vu venir. Il ne donne plus le moindre signe de vie. A la vue du cadavre immobile de Joseph je crus rêver. Je le soulevai; je lui parlai... *Mort... mort! Ah qu'il ne revienne pas à la vie, le pauvre enfant!* et je le frappai sur les tempes; et cherchant un autre instrument de mort pour assurer la cessation de la vie, je saisis mon couteau de poche d'une main crispée et je coupai la gorge du cadavre.

Je voulus fuir en voyant le sang couler avec violence; mes forces m'abandonnèrent et je tombai à quelques pas de ma victime. La providence ne permit pas qu'aux portes de Paris, à huit heures et demie du soir, à dix pas d'un chemin vicinal, dans un lieu ouvert aux regards de tous côtés, par un clair de lune, il se soit trouvé un être témoin de cette scène affreuse.

Lorsque je me relevai le cadavre était froid. Un tremblement convulsif agitait tous mes membres. Je roulai le corps de Joseph dans un petit fossé qui se trouvait à côté du lieu du meurtre, et je me dirigeai rapidement vers le centre de Paris. A dix heures j'étais dans mon lit, étouffé par une odeur de sang et dans un anéantissement total de mes facultés.

Par une coïncidence singulière Basley ne parut pas de plusieurs jours au logement de la rue Richelieu. J'eus le temps de revenir de l'étourdissement où m'avaient jeté les événements accomplis. Ce fut le moindre de mes soucis que les démarches auxquelles allait se livrer la justice; les instruments du meurtre avaient été machinalement rapportés chez moi, ainsi que le manteau de l'enfant, et je les conservais avec ses effets dans une malle que j'ouvrais rarement; le couteau seul, que je trouvai dans la poche de mon paletot la première fois que je sortis pour me promener, fut jeté dans la Seine par un mouvement d'horreur.

Toutes mes pensées se portaient vers Marie ; les douloureuses images qui m'obsédaient en pensant à elle ne faisaient que dénaturer de plus en plus mes idées et mes sensations.

Déchiré au fond de l'âme, impassible à l'extérieur, le désespoir plein de calme et d'ironie dont je me nourrissais était devenu de la sérénité. Plus je me perdais dans mes méditations et moins je comprenais les hommes dans les affections de la vie. De la même main dont j'aimais à répandre les bienfaits lorsqu'il m'était donné de le faire, je caressais le marteau comme l'instrument qui d'un seul coup donnait la mort non sentie et non prévue.

Mais Marie !!! j'ai promis de la rendre heureuse.... Joseph.... j'avais promis d'être son père.... Mathilde.... je l'ai adoptée pour mon enfant.... Et puis, sans moi ma mère pleurerait inconsolable.... mon pauvre père dans quelques jours trainerait peut-être la besace de l'indigence.... Non.... j'aurai le temps de les tuer tous....

Ces raisonnements étaient les miens ; aussi mes actes s'appellent-ils *les assassinats de la Villette et d'Artigues.*

Joseph était mort depuis deux jours. Je devais aller régler le compte des frais de voyage avec la personne qui l'avait accompagné à Paris. Je me rendis chez elle ; je me montrai poli, mais pressé de me retirer. Mlle Henriette me demanda des nouvelles de l'enfant ; je lui répondis qu'il était fort bien.

Les lettres de Marie arrivaient fréquentes ; elles parlaient peu de Joseph, mais elles supposaient que les réponses parleraient de lui. Les réponses parlaient en effet de Joseph comme s'il eût existé.

Chère et pauvre Marie ! ! ! le bonheur n'est qu'une imagination... Sois heureuse d'ignorance et d'espoir ; figure-toi toutes les félicités d'une terre promise qui t'attend... et chaque lettre de Marie m'inspirait une réponse de calme, de bonheur et de vérité.

Avant mon départ pour Paris, obligé par devoir à répartir aux enfants l'instruction morale et religieuse, je me plaisais à la leur présenter sous forme d'histoire de la religion. Ce mode d'instruction était fort goûté des enfants. À Paris j'aimais à faire diversion à la tristesse qui m'obsédait en jetant sur le papier quelques-unes de ces leçons, sous la forme même dans laquelle je les avais données pendant quelque temps. Je n'y attachais aucune importance. Depuis la mort de Joseph je m'attachais opiniâtrément à ce travail, qui me parut devenir un ouvrage plein d'intérêt et très propre à servir à l'instruction morale et religieuse des enfants.

En traçant des lignes qui contrastaient si fort

avec ma situation, plus d'une fois mon imagination ardente m'a transporté aux jours de mes fortes croyances ; me plaçant sous le point de vue catholique, qui m'était si familier, je m'attachais à rendre mon manuscrit digne de l'approbation du clergé, afin qu'il eût entrée dans les maisons d'éducation et dans les écoles. Je m'étais figuré qu'avec le produit de la vente de mon manuscrit, revêtu de l'approbation nécessaire, je me ménagerais les moyens de payer mes dettes ; je rêvai même un instant un avenir d'auteur. Mes plans étaient modestes, quoiqu'ils me ménageassent le bonheur d'oublier quelquefois présent, passé et avenir au milieu des bouquins des bibliothèques.

Ces heureuses distractions cessaient avec le travail et faisaient place aux préoccupations habituelles, plus puissantes encore lorsque le cerveau était épuisé par les fatigues.

Marie m'avait écrit que le terme du loyer de son appartement expirait au 15 mai, que ses préparatifs de départ se faisaient de manière à être rendue à Paris vers cette époque ; que, désirant cacher le véritable motif de ce départ, il lui fallait une lettre qu'elle pût montrer à tout le monde, une lettre qui lui annonçât une place de lingère dans une grande maison. lui offrant les plus grands avantages pour elle et ses enfants. La lettre désirée fut écrite et accompagnée d'une autre plus intime.

La nature se tordait impuissante sous le fanatisme qui me dominait ; j'écrivis encore à Marie que j'irais au devant d'elle jusqu'à Bordeaux , et pour que cette détermination ne l'étonnât pas je lui dis qu'il me fallait aller prendre à Angoulême deux jeunes enfants dont on voulait me confier l'instruction ; que la distance d'Angoulême à Bordeaux étant peu considérable , et le désir de voir ma sœur m'appelant dans cette ville, mes affaires s'accordaient avec mon amour pour aller la recueillir à la descente de la diligence de Pau ; que, dans le cas où contre ma volonté je ne me trouverais pas à la descente de sa voiture , notre rendez-vous commun serait à un hôtel que je lui désignai.

Retardé dans ma route , j'écrivis de Poitiers pour rassurer Marie et lui annoncer que je serais rendu peu de temps après elle. Ce retard l'avait attristée ; elle pleurait et paraissait avoir beaucoup pleuré lorsque j'entrai dans sa chambre. Je restai stupéfait à cette vue, de grosses larmes s'échappèrent de mes yeux.

Sans prononcer un seul mot je m'emparai des mains de Marie et les pressai fortement sur ma poitrine ; mon imagination subjugée par la sensation du moment me fit oublier tous les projets formés ; je ne songeai plus qu'aux moyens de la rendre à sa gaieté : la plus vive satisfaction eut bientôt succédé aux peines. Les plus tendres ca-

resses avaient fait oublier la tristesse de l'accueil.
Nous n'avions pas encore épuisé toutes les distractions que pouvait nous offrir Bordeaux que
j'étais revenu à toutes mes pensées de mort en la
voyant heureuse, et en pensant qu'à cet instant de
bonheur succéderaient des années d'infortune.

J'étais en proie à toute l'horreur de mes réflexions lorsqu'il me vint en pensée de lui tout
avouer. Cette résolution semblait me soulager
d'un poids énorme qui m'oppressait malgré l'exaltation de mes idées. Penser !... je ne pensais plus...
j'cherchais des distractions par les courses...
mes membres agissaient... mais ma tête tourbillon-
nait dans un chaos de pensées... j'étais et je n'é-
tais pas.

Je quittai Marie le samedi soir sous le prétexte
d'une affaire en ville qui demandait le reste de
la journée, et je me disposai à tout préparer pour
l'explication décisive, qui devait avoir lieu en nous
rendant auprès de ma sœur, qui m'attendait pour
la nuit.

Après avoir fait le choix du lieu que je croyais
propre au dénouement attendu, j'arrêtai une
voiture qui devait venir prendre trois personnes
à huit heures et demie du soir pour les porter
sur la route, à une distance donnée et assez près
du lieu précédemment choisi.

Tout s'exécutait ; mais j'étais loin d'avoir l'é-
nergie froide qui m'animait lors de la mort de

Joseph. Rentré à l'hôtel vers les six heures du soir, je trouvai Marie en compagnie d'une personne. Ne mangeant presque rien depuis plusieurs jours, je témoignai avoir un grand appétit, mais je pris très peu de choses.

En revanche, et autant que de confus souvenirs peuvent me le rappeler, je parlai beaucoup et avec volubilité et chaleur. Je me donnai beaucoup de mouvement pour préparer le départ; à neuf heures la voiture roulait, nous emportant, Marie, l'enfant et moi sur la route de Libourne. Je passais de l'espoir à la crainte, de la crainte à l'espoir; je ne pouvais maîtriser le tremblement qui me saisissait par intervalle; j'étouffais. Je voulais me rappeler les paroles préparées pour Marie... mémoire et jugement, tout m'avait abandonné. Marie, inquiète de mes souffrances et du silence qui les accompagnait, recevait pour toute réponse : « Ce n'est rien; c'est un mal d'estomac qui passe déjà. »

La voiture renvoyée, nous marchâmes quelques minutes pour arriver à l'embranchement du chemin auquel nous devions nous détourner. Mes genoux fléchissaient, l'air manquait à mes poumons : il m'était impossible d'unir deux idées. J'allais défaillir sous la violence de mes émotions, lorsqu'arrivé à la petite place que j'avais choisie pour le lieu de l'explication, je m'arrêtai... un transport indicible agita ma tête, mes membres frémirent... je devais être effrayant!.. Je m'avançai vers Marie, armé du marteau... je frappai. Je la vis tomber... et au moment où le fer s'échappait de mes mains un cri de l'enfant me rendit à mon transport. Je frappai encore, je ne sais dans quel ordre; mais le silence de mort qui régnait autour de moi fut accompagné des mêmes errements qui devaient prévenir le retour de la vie chez Joseph.

Stupide et hébété, j'allai m'accroupir à quelques pas de mes victimes. Je n'éprouvais aucun besoin de m'éloigner de ce théâtre d'horreur. La pluie qui tombait en abondance, accompagnée d'un grand vent, m'avait percé sans que je m'en aperçusse, lorsque les aboiements d'un chien me firent bondir sur la place. Des terreurs, comme les hommes ne m'en ont jamais inspiré, s'emparèrent de moi. La pluie me brûlait, le vent me maudissait. Mon parapluie même me paraissait un spectre. Il me semblait que la nature entière parlait de mes meurtres, que les cadavres se dressaient pour m'accuser. Pour la première fois seulement j'eus peur de Dieu. . . . .

. . . .

Je n'ai qu'un souvenir confus de tout le reste. J'ai mis assez de franchise dans mes aveux pour qu'on ne croie pas que je veuille taire des circonstances qui n'ajouteraient rien à l'horreur de mes actes.

Tout ce dont je peux me rappeler, c'est que le jour commençait à poindre que je ne m'étais pas encore débarrassé des effets appartenant à Marie et à Mathilde. J'en fis un paquet que j'allai jeter à une assez grande distance dans les broussailles. Mes terreurs semblaient se dissiper avec les ombres de la nuit, sans que le désordre de mes idées fût moindre. Je m'acheminai vers Bordeaux, sans m'inquiéter de l'effet que devait produire la possession d'une foule d'objets de femme que j'avais ramassés.

Les événements de la nuit n'avaient pas laissé dans mon cerveau plus de traces que n'en eût laissé un rêve.

Dans l'état de surexcitation nerveuse où je me trouvais, j'éprouvais un extrême besoin de rire et de parler. J'avais faim, j'avais froid. Je montai dans une voiture qui se rendait à Bordeaux; j'accablai le conducteur de questions sur ses services, sur ses bénéfices. Arrivé à l'auberge, je demandai gaiement à déjeuner. Il me semble que je mangeai avec appétit. Je plaisantai avec l'hôtesse et la servante. Je demandai du feu pour faire sécher des effets mouillés. Je m'assoupis devant le feu. Au sortir de cet assoupissement j'éprouvai une prostration totale de mes forces. Je renonçai au projet que j'avais conçu de quitter Bordeaux immédiatement, et je demandai un lit. En défaisant les paquets que je traînais, je trouvai le marteau et le couteau que je jetai dans les fosses d'aisance, et puis, par un singulier contraste, j'éparpillai dans la chambre divers objets ensanglantés, et notamment le bonnet que Marie portait en mourant et que j'avais à la poche en arrivant à la mairie. Je passai environ vingt-quatre heures sur mon lit, sans éprouver d'autre sentiment qu'un vague indéfinissable dans lequel je n'avais mémoire de rien au monde. M'adressait-on la parole, je sortais comme d'un somnambulisme pour répondre, puis je rentrais dans mon absorption.

Le matin du second jour je n'éprouvai plus qu'une forte agitation nerveuse, qui se trahissait par le tremblement de mes membres.

Lorsque je fus arrêté l'idée ne me vint pas de disputer ma tête à la justice.

L'image de mes parents déshonorés fut la seule chose qui m'émut profondément. Je demandai une plume. Je fis par écrit des révélations que je n'aurais pas eu la force de faire de vive voix. Les premières lignes que j'écrivis furent celle-ci :

« Je ne demande aucune grâce. Ma mort sera bien » méritée. Que l'on sauve, s'il est possible, mon » pauvre père, ma pauvre mère, du désespoir que » leur causeront mes horribles égarements ! »

M. Gergerès, après cette lecture, s'exprime en ces termes :

« Je vous l'avoue, Messieurs les jurés, ces dernières lignes tracées de la main d'Eliçabide : « Je ne demande aucune grâce, ma mort sera bien méritée, » relèvent mon courage. Il me semble entendre une voix intérieure qui me crie : Fouille dans la conscience de cet homme, pénètre dans ses pensées ; informe-toi des malheurs de sa famille ; remonte jusqu'à la source du sang qui coule dans ses artères ; interroge ceux qui l'ont connu, et confie-toi à la justice des hommes.

» Mais ce repentir, si énergiquement exprimé par ces mots : « Ma mort sera bien méritée, » suffira-t-il à la justice de la terre ? Non, Messieurs, je le reconnais ; mais ne vous hâtez pas, avant de m'avoir entendu, de ravir à la triste humanité cette consolante idée, qu'il peut exister un abîme entre Eliçabide et un assassin.

» D'abord, étudions l'homme ; voyons ce qu'il était avant ces meurtres dont il vous raconte lui-même tous les détails.

» Ici encore, Messieurs, ce n'est pas ma parole que je dois faire entendre. Écoutons celle de ces témoins que l'accusation elle-même a appelés.

» Le premier témoin, le sieur Robert, entendu dans l'instruction, s'exprime en ces termes (je copie) :

» Lorsqu'Eliçabide faisait ses études au collége
» d'Oloron, il logea chez moi deux ans. Pendant

» cet intervalle, je n'ai eu qu'à me louer de sa
» conduite. Il avait alors un caractère doux. Il
» était studieux, et il accomplissait, en un mot,
» tous ses devoirs d'une manière édifiante. Je
» n'ai jamais remarqué dans ses habitudes aucun
» penchant pour le mal. Il était bon, doux, affa-
» ble, et ses sentiments religieux ne laissaient rien
» à désirer. »

» Antoine (Louis), avocat, juge suppléant au tribunal civil d'Oloron, raconte que lorsqu'il faisait
ses études au collège d'Oloron, Eliçabide y faisait
également les siennes, et il ajoute :

« A cette époque, le caractère d'Eliçabide était
» doux, sociable, et il était loin d'annoncer la di-
» rection funeste que plus tard il a prise. Il était
» bon élève, et, autant que je peux me le rappe-
» ler, sa conduite était régulière, et il se faisait
» remarquer par ses sentiments religieux. »

» Michel Garigoix, prêtre, supérieur de la maison de Bétharram :

« Eliçabide a fait sa philosophie sous moi, en
» 1829, au séminaire de Bétharram, où je profes-
» sais depuis trois ans. Pendant cette année, je
» n'ai rien remarqué dans le caractère d'Eliçabide.
» C'était le meilleur élève. Il se conduisait fort
» bien envers moi et ses condisciples. Après avoir
» fait sa philosophie, il se rendit au séminaire de
» Bayonne, et j'ai appris, par ouï dire, qu'il s'y
» était encore très bien conduit, qu'il avait tou-

» jours continué d'être un des meilleurs élèves.
» Il se rendit ensuite à Bordeaux, où il a passé
» quatre ou cinq ans en qualité de précepteur
» particulier. Ayant appris qu'il était dans une in-
» décision continuelle pour prendre un état, et
» m'étant décidé à établir une école primaire à
» Bétharram, je l'appelai près de moi pour ouvrir
» cette école et la lui confier. Eliçabide s'y rendit:
» il a dirigé cette école pendant deux ans, et jus-
» qu'au mois d'octobre dernier. Pendant tout ce
» temps, et notamment la première année, je n'ai
» eu qu'à me louer du sieur Eliçabide. »

» Antoine Olivier, prêtre, desservant la commune
de Clarac :

« J'ai connu Eliçabide dans l'année scolaire
» de 1828 à 1829. Nous étions à Bétharram où
» nous faisions la philosophie. C'était l'élève le
» plus distingué de la classe. J'eus des relations
» intimes avec lui pendant toute cette année, et
» je reconnus en lui des sentiments de piété et
» même de bonté.

» Quant à son caractère, je remarquai seule-
» ment qu'il était porté parfois à la réflexion,
» et malgré cela il était agréable dans la conver-
» sation.

» Je ne me suis jamais aperçu qu'il y eût quel-
» que chose à redire dans sa conduite à l'égard
» de ses supérieurs ni de ses condisciples; et de la
» manière dont j'avais connu Eliçabide, je n'au-

» rais jamais cru qu'il eût été capable de com-
» mettre un crime aussi atroce que celui dont il
» est accusé. »

» Jean Majouroux, instituteur à Bordeaux.

« En mai 1837, Eliçabide me fut présenté par
» M. Ract-Madoux, afin de lui donner des leçons
» de calcul et de belle écriture. Je lui en donnai
» effectivement jusqu'aux premiers jours de sep-
» tembre, époque à laquelle il passa ses premiers
» examens pour le grade d'instituteur primaire.

» Eliçabide était doué d'une grande intelli-
» gence. Il était opiniàtre au travail, d'une hu-
» meur douce, d'une politesse exquise, d'un ca-
» ractère assez égal. J'eus occasion de remarquer
» qu'il était doué d'un grand amour-propre; que
» la controverse le rendait irascible. Il tenait
» beaucoup à faire valoir son opinion. Eliçabide
» était d'un commerce agréable; et pendant le
» temps que je l'ai connu, il m'a semblé posséder
» ces qualités qui rendent l'homme digne d'es-
» time et d'amitié. Il me parut aussi très obligeant.
» J'eus occasion de remarquer que lorsqu'il se
» trouvait avec des dames son langage, ordinai-
» rement aimable, le devenait davantage.

» Eliçabide avait un cœur excellent, et il était
» plein de générosité. Jamais un pauvre ne s'a-
» dressait à lui inutilement; il avait toujours un
» petit secours à offrir aux malheureux. Quand Eli-
» çabide me quitta pour aller à Bétharram, il vou-

7

« lut m'offrir le prix des leçons que je lui avais
» données, et que je refusai. Je le regardais
» comme un ami bien digne de toute mon affec-
» tion. Il insista avec tant de force que je crus de-
» voir, pour ne pas le blesser, accepter une cin-
» quantaine de francs qu'il m'offrit. Eliçabide
» portait alors la soutane. »

» Guillaume Lasserre, professeur :

« Pendant qu'Elicabide faisait l'éducation du
» jeune Bignon, et en novembre 1836, autant
» que je puis me le rappeler, il se présenta chez
» moi pour que je lui donnasse des leçons de ma-
» thématiques principalement; je lui continuai
» ces leçons pendant un mois. J'ai continué en-
» suite à le voir, jusqu'au moment de son départ
» pour Bétharram. Dans mes rapports avec lui je
» l'ai toujours trouvé bon, doux, bienfaisant et
» très délicat. »

» Etienne Mondenard, employé au bureau des
finances à la Mairie :

« J'ai fait la connaissance d'Elicabide pendant
» qu'il était professeur chez la dame Bignon. J'ai
» continué à le voir jusqu'à son départ pour Bé-
» tharram. Je l'ai toujours trouvé dans le com-
» merce infiniment agréable ; il était doux, bon,
» et d'une complaisance extrême, et je n'ai jamais
» remarqué chez lui ni exaltation d'idées, ni ori-
» ginalité dans le caractère. »

» Tels sont, Messieurs les jurés, les témoignages qui se trouvent écrits dans la procédure.

» Ne croyez pas cependant qu'en les plaçant sous vos yeux j'aie pour objet de jeter la moralité de l'accusé dans l'un des bassins de la balance que la justice vous a confiée.

» Si le triple meurtre qui a été commis l'a été avec une volonté libre, dégagée de toute influence physique ou morale, loin de moi l'idée de vouloir en affaiblir l'horreur par des considérations qui ne sauraient en atténuer la gravité ! je préférerais garder un morne silence.

» Il faut donc rechercher, et rechercher de bonne foi, si le fait dont l'existence est avouée est le résultat d'une volonté placée dans une situation normale. Et d'abord, je conçois jusqu'à un certain point un assassinat commis pour satisfaire une passion quelconque.

La soif de l'or, le désir ardent de se venger d'un outrage, un sentiment de jalousie porté jusqu'à la rage peuvent y conduire. Et encore la raison nous avertit-elle que, pour l'admettre même dans ces cas, il faut supposer que celui qui se rend coupable a dans le caractère un degré de perversité qu'il est bien difficile de voiler à tous les regards dans le cours de toute une vie.

» Mais ce que je ne conçois pas, ce que je ne concevrai jamais, ce sont deux enfants de neuf et dix ans froidement égorgés, mutilés, ainsi que leur mère, par l'individu qui les protégea et les aima, sans qu'on puisse donner à ces actes une explication tant soit peu raisonnable.

» Ce que personne ne concevra surtout, c'est que l'auteur de pareils attentats soit celui à qui des hommes honorables et religieux accordent de la douceur, de la bonté, un caractère affable, un penchant à faire le bien, et le même que le pauvre n'invoquait jamais en vain, le même dont tous les procédés étaient marqués au coin de la délicatesse, et qui, jusqu'au moment fatal, n'avait pas un seul instant démenti la bonne opinion que l'on avait conçue de lui.

» Le problème reste donc toujours insoluble ; et cependant il faut en trouver la solution : car les meurtres existent, et l'accusé s'en avoue l'auteur, sans chercher à en déguiser les circonstances les plus aggravantes.

» Ici encore nous sommes obligés de recourir aux témoignages recueillis par le magistrat, et aux documents que la procédure nous fournit.

» Je lis dans cette procédure une foule de dépositions qu'il importe de vous faire connaître ; et quant aux conséquences qu'il faudra en déduire, des autorités, bien autrement imposantes que ma parole, vous les signaleront.

» Je n'ai pas sans doute, Messieurs, besoin de vous prévenir que je citerai toujours avec la plus scrupuleuse exactitude, et que je ne me permettrai pas d'ajouter un seul mot au langage des témoins.

M. Lassalle, prêtre, professeur au collége d'Oloron, nous a peint ainsi l'accusé :

« Pendant l'année scolaire de 1825 à 1826, Eli-
» çabide se trouvait, comme moi, au collége d'O-
» loron. Nous ne suivions pas la même classe; mais
» j'avais cependant eu lieu de le remarquer, en
» raison des succès qu'il obtenait dans les com-
» positions. Je m'étais entretenu quelquefois avec
» lui. Son caractère était sombre et taciturne. Il
» n'avait pas l'air de tenir aux succès qu'il était
» sûr d'obtenir; il négligeait même quelquefois
» de concourir avec les autres élèves pour les
» compositions générales. Plus tard nous nous
» retrouvâmes au séminaire de Bétharram, et sui-
» vîmes ensemble le cours de philosophie. Pen-
» dant cet intervalle je fus quelquefois réuni à
» lui avec les autres élèves. Il s'irritait à la plus
» légère contrariété; et alors il me sembla que la
» bizarrerie de son caractère avait augmenté.
« Lorsqu'il conversait avec ses camarades, il fal-
» lait toujours aller au devant de lui; et si de notre
» côté nous n'avions pas été les premiers à lui
» adresser la parole, il serait resté seul et isolé,
» comme il en avait l'habitude. Postérieurement
» nous nous retrouvâmes au séminaire de Ba-
» yonne, et, dans cette localité comme à Béthar-
» ram, je fus à même d'observer que son humeur

» s'était assombrie davantage..... J'ajoute enfin,
» que pendant tout le temps que j'ai été avec Eli-
» çabide il a toujours eu une conduite régulière,
» et qu'il pratiquait d'une manière exacte les
» principes de la religion. »

» M. Blez, prêtre, desservant la commune d'Oges,
s'exprime en ces termes :

» En 1826, pendant que je professais la classe
» de quatrième au collége d'Oloron, Eliçabide
» suivait mon cours. Il était assez bon élève;
» mais il ne suivait pas exactement ma classe. Je
» m'en plaignis plusieurs fois. Il me fut toujours
» répondu que les douleurs qu'il éprouvait à la
» tête étaient la cause de son absence.

» Eliçabide n'avait pas les goûts d'un enfant de
» son âge. Il aimait à être seul, et à éviter ainsi
» tout contact avec ses condisciples. Il aimait avec
» passion la lecture, et il se plaisait surtout à mé-
» diter sur des matières abstraites. Son caractère
» n'était ni méchant, ni cruel. La seule chose que
» je dus, à plusieurs reprises, lui reprocher, ce
» fut sa manière de vivre tout à fait différente de
» celle des autres élèves. Lorsque je me plaignais
» à lui de ses habitudes d'isolement, il répondait
» toujours d'une manière vague et insignifiante.
» Il était distingué parmi ses camarades, et j'avais
» remarqué que la rectitude de son jugement an-
» nonçait d'heureuses dispositions. Sa conduite

» fut toujours régulière, et ses principes religieux
» assez satisfaisants. »

» M. Théodore Manaudas, chanoine supérieur
du séminaire de Bayonne, fait la déposition suivante :

» Attaché au petit séminaire d'Oloron en qua-
» lité de directeur, j'y connus en 1824, 1825 ou
» 1826 le nommé Eliçabide, qui y entra vers cette
» époque en qualité d'élève. Il y resta, je crois,
» deux ans, pendant lesquels il fit sa quatrième
» et sa troisième. J'ai toujours été frappé singu-
» lièrement du caractère taciturne et sombre de
» ce jeune homme, qui semblait sans cesse cou-
» ver des idées noires. »

» M. Labarraque, économe du séminaire de Bayonne, s'exprime de la manière suivante :

» Pendant les deux années qu'Eliçabide a pas-
» sées au séminaire de Bayonne, j'ai eu peu de
» rapports avec lui, parcequ'ayant une bourse
» du gouvernement, il n'était pas comme les au-
» tres élèves obligé de venir à moi pour ce qui
» concernait l'administration de la maison. J'ai
» cependant observé chez cet individu une grande
» propension à l'isolement; toujours retiré et
» silencieux, il ne sortait de sa taciturnité que
» pour développer des idées systématiques, qu'il
» paraissait défendre avec chaleur. Le fond de
» son caractère était l'orgueil. Il paraissait fort
» entier dans ses opinions; et lorsque, discutant

» avec ses maîtres il était obligé de céder à leur
» autorité, il paraissait se renfermer plutôt dans
» sa supériorité que déférer à leurs arguments.
» Je dois dire cependant que cette manière d'être
» était simplement le résultat de sa singularité,
» et qu'il n'a jamais eu pour nous de procédés
» inconvenants. Son esprit de système était poussé
» si loin que je le vis avec grand plaisir se décider
» à quitter le séminaire. »

» La déposition de M. Casabonne, prêtre, desservant la commune de Thèze, n'est pas moins
remarquable. Elle est ainsi conçue :

« J'ai connu le nommé Eliçabide. J'ai été son
» condisciple pendant deux ans au collége d'Olo-
» ron. Nous suivions les mêmes classes. Eliçabide
» étant un des plus forts, je me réunissais quel-
» quefois à lui pour faire mes devoirs. J'ai été en-
» suite son condisciple pendant quelque temps
» au séminaire de Bayonne.

» Pendant le temps que j'ai vu Eliçabide, j'ai
» remarqué qu'il avait un caractère extraordi-
» naire, et qu'il était très distrait. Il lui arrivait
» souvent de ne pas prendre part aux récréations.
» Il restait dans son appartement, se promenait
» dans sa chambre, paraissait livré à de sérieuses
» réflexions. J'ai été témoin une fois d'une distrac-
» tion assez forte. Eliçabide était pieux. Malgré
» cela, se rendant une fois à la messe, ainsi que
» cela avait lieu tous les jours, au lieu de prendre

» son livre de piété il prit un Virgile, qu'il lut pen-
» dant la messe ; et lorqu'on lui en fit l'observa-
» tion en sortant il répondit avec un étonnement
» bien marqué qu'il était surpris d'avoir eu une
» pareille distraction, qu'il ne s'en était nullement
» aperçu. Il lui arrivait souvent de ne se rendre
» en classe que lorsqu'elle était commencée : c'é-
» tait le seul élève à qui cela arrivât. Eliçabide
» s'est toujours bien conduit envers ses camarades
» et ses supérieurs. Il se faisait seulement remar-
» quer par l'amour qu'il avait pour la retraite et
» la solitude ; mais rien n'annonçait qu'il dût en
» venir à l'extrémité à laquelle il s'est porté. »

Pierre Pasteur, professeur au collége d'Oloron,
dépose :

« J'ai connu Eliçabide dans deux circonstances :
» nous avons d'abord suivi la même classe au col-
» lége d'Oleron l'année 1825 à 1826. J'étais pen-
» sionnaire, et il était externe. Malgré cela je le
» voyais et j'avais même des relations avec lui ;
» j'avais remarqué qu'il avait un goût très pro-
» noncé pour la lecture, qu'il se plaignait assez
» souvent de souffrir de la tête ; et par suite il lui
» arrivait de manquer quelquefois les classes sous
» ce prétexte. C'est le seul reproche que ses su-
» périeurs eussent à lui faire ; car autrement sa
» conduite n'offrait rien qui en méritât. Il se
» conduisait également fort bien à l'égard de ses
» condisciples. Je dois dire cependant que dans

« les promenades, il lui arrivait souvent de se te-
» nir à l'écart, se livrant à la lecture au lieu de
» prendre part aux amusements, c'est tout ce que
» j'ai remarqué dans Eliçabide pendant cette an-
» née. Je l'ai revu ensuite au séminaire de Ba-
» yonne. Je ne remarquai point que son caractère
» eût changé. Il se conduisait également bien
» avec ses supérieurs et ses condisciples. Il partit
» pour Bordeaux, et je ne l'ai plus revu. Je n'au-
» rais jamais cru qu'il se fût porté à commettre
» un crime aussi atroce que celui dont il est ac-
» cusé. »

» Après cette déposition je remarque celle de
M. Léon Maisonabe, ancien directeur du grand
séminaire de Bayonne.

» J'aime à recueillir de la bouche de ces respectables ecclésiastiques, tout ce qui peut m'amener à connaître l'état moral de l'accusé aux épo-
ques plus ou moins rapprochées des événements.

» Voici en quels termes s'explique M. Maisonabe :

« J'ai connu Eliçabide en 1830 ou 1831 et 1832,
» époque à laquelle j'étais directeur du grand sé-
» minaire de Bayonne. Depuis cette époque j'ai
» dû oublier plusieurs circonstances qui le con-
» cernent. Voici ce que je peux dire, après avoir
» recueilli mes souvenirs.

» Eliçabide était habituellement grave et sé-
» rieux; quelquefois il paraissait mélancolique.

» Il me semblait même que son caractère présen-
» tait quelque chose d'un peu singulier. Telle
» est l'impression qui m'en reste. Je crois avoir
» formé ce jugement sur l'ensemble de sa con-
» duite, sur des faits en apparence indifférents,
» mais qui, soit isolés, soit réunis, suffisent
» le plus souvent pour dévoiler le caractère. Ces
» faits et d'autres plus saillants, s'il y en a eu, ont
» échappé à ma mémoire.

» Les facultés intellectuelles d'Eliçabide m'ont
» paru bonnes : il avait l'esprit droit, le jugement
» sain ; les succès qu'il obtenait dans ses études
» théologiques en sont la preuve. Il se peut que
» je lui aie conseillé de consulter M. de Bussy,
» alors employé dans le collège français, établi
» au Passage, en Espagne ; je n'en ai aucun sou-
» venir, et j'ignore s'il l'a consulté en effet.

» La conduite d'Eliçabide, au grand séminaire
» de Bayonne, parut toujours régulière ; il se dé-
» cida lui-même à quitter cette maison avant d'ê-
» tre pourvu aux ordres sacrés. J'ignore si dès
» lors il renonçait à poursuivre la carrière ecclé-
» siastique, ou s'il avait seulement l'intention de
» suspendre ses études. J'écrivis alors à un ecclé-
» siastique respectable du diocèse de Bordeaux,
» afin d'obtenir pour le jeune Eliçabide un em-
» ploi qui, en lui procurant une existence hon-
» nête, lui fournît le moyen d'acquitter quelques
» dettes contractées par son père, et qu'il avait

» prises à sa charge par un sentiment généreux
» d'amour filial. Grâce à l'intervention du digne
» prêtre (M. Hamon, supérieur du grand sémi-
» naire de Bordeaux, à qui je m'étais adressé),
» Eliçabide fut appelé à Bordeaux pour remplir
» les fonctions de précepteur dans je ne sais
» quelle famille de cette ville ou des environs. »

» Enfin, Messieurs les jurés, je terminerai cette
partie de la cause par la déclaration de M. Henri
de Tholouse, qui nous dit :

» Pendant qu'Eliçabide est resté chez moi
» comme précepteur de mon fils, ce qui embrasse
» une période de dix mois, je n'ai eu aucun re-
» proche à lui adresser ; il a toujours rempli avec
» exactitude ses devoirs d'instituteur. J'ai remar-
» qué quelquefois en lui des moments de tristesse.
» Un jour qu'il me paraissait plus triste qu'à l'or-
» dinaire, je lui demandai la cause de son cha-
» grin ; il me répondit qu'il avait des vertiges.
» Eliçabide étudiait plus particulièrement l'his-
» toire ecclésiastique. »

» Lorsque je réunis toutes les circonstances
que je viens de relever, et que je les soumets à
une froide analyse, des doutes s'élèvent dans mon
esprit, et je ne suis pas sans l'espérance de vous
les faire partager.

» Je vous ai promis, Messieurs, de discuter de
bonne foi, de bannir de la défense tout ce qui est

argutie, en un mot de ne parler qu'à votre conscience et à votre raison.

» Mais pour que vous et moi puissions avoir cette impartialité et ce calme de l'esprit si nécessaires lorsqu'il s'agit de prononcer une peine qui ne laisse après elle aucune réparation possible, il faut se dégager de toute prévention, soit qu'elle vienne de nous-mêmes, soit qu'elle vienne du dehors.

» Assurément le plus épouvantable des événements est venu jeter l'effroi dans tous les esprits.

» Au souvenir de cet enfant de dix ans dont le cadavre mutilé et abandonné près du canal de la Villette, de cet enfant, la joie et l'espérance de sa mère ;

» A l'aspect de cette veuve, qui, souriant à l'idée d'aller revoir son fils, tombe frappée à côté de sa fille, que ne sauvent même pas sa candeur et sa faiblesse;

» A la vue de ces trois cadavres épars que la mort seule a réunis, qui pourrait s'étonner de ces cris de malédiction échappés de tous les cœurs, de toutes les bouches?

» Ah! si je pouvais croire qu'un pareil attentat fût l'effet d'une volonté libre, on ne me verrait point disputer à la justice la tête de l'assassin. Je ne prostituerai point à la fin de ma carrière le noble ministère de ma profession.

» Mais non... Pour l'honneur de l'humanité, ne précipitons pas notre jugement! Ne croyons pas encore!

» Gardons-nous surtout, Messieurs les jurés, de former nos convictions sur ce que nous avons pu entendre hors de ce prétoire.

» Toutes les fois qu'un grand crime a effrayé la société, les esprits s'agitent; des cris de vengeance se font entendre; tous les cœurs se ferment à la pitié; on accuse la lenteur des supplices; le torrent de l'opinion entraîne tout, et malheureusement nous ne sommes que trop portés à le suivre!

» Ainsi sont les hommes, mais ainsi ne doit pas être la justice. Le sage attend dans le recueillement et le silence que la vérité ait éclairé sa raison. Membre de la société, il s'effraie sans doute pour elle et comme elle; mais si ce crime qui épouvante inspire une indicible horreur, le sage réfléchit et se dit à lui-même: « Est-il donc impossible que le malheureux qui l'a commis ne soit pas plus digne de pitié que du supplice? faut-il faire tomber sa tête parceque sa tête seule l'aura perdu en faussant son jugement? faudra-t-il le priver de la vie parceque la nature l'aura privé de la raison.

» Les maladies de l'esprit, comme celles du corps, sont le secret de la nature. Nous en connaissons les effets; nous ne pouvons en pénétrer les causes. Et c'est peut-être cette ignorance profonde des mystères de la création qui a porté des philosophes graves à désirer que nous n'eussions dans nos codes que des peines temporaires.

» Ici je dois m'arrêter... La loi me trace une ligne que je ne dois pas franchir.

» Encore une fois, et avant d'entrer dans la discussion, je dois le proclamer : les actes d'Eliçabide m'inspirent une invincible horreur.

» Mais moi, à qui le magistrat a confié le soin de la défense, dois-je cacher ma tête dans le replis de ma robe, et m'envelopper de silence? dois-je tromper le vœu de la loi en laissant l'accusé sous le poids de ses actes ?

» J'interroge sa vie, non pour y trouver des circonstances atténuantes, mais pour me les expliquer à moi même.

» Je cherche les motifs qui ont pu conduire sa main, non pour sonder la profondeur des plaies, mais pour découvrir le mobile qui a pu armer et pousser cette main.

» Je veux pénétrer dans ce cerveau, temple de la pensée..... mais ici Dieu m'arrête et me dit, comme à l'océan : « Tu n'iras pas plus loin, incline-toi devant ma puissance ; ne cherche pas à connaître le mystère de mes œuvre. »

» Si nous interrogeons la vie d'Eliçabide, qu'y voyons-nous? tout ce que le plus tendre des pères pourrait désirer de trouver dans un fils qu'il chérirait.

« Modèle de douceur et de bonté envers ses maîtres et ses condisciples ; constamment l'un des premiers dans ses classes ; offert pour exemple à tous ses camarades ; compatissant à toutes les infortunes ; s'imposant des privations pour soulager le pauvre ; prenant à sa charge les dettes de son père, et se dépouillant du peu qu'il possédait pour les acquitter.

« Ce n'est pas moi, Messieurs, qui vous le présente avec cette auréole de vertu.

» C'est M. Robert, propriétaire à Oloron ; c'est un juge au tribunal de la même ville.

» C'est le supérieur du collége de Bétharram.

» C'est le curé de la commune de Clarac.

» C'est le curé de la commune d'Oges ; c'est l'économe du séminaire de Bayonne.

» C'est le curé desservant de la commune de Thèze ; c'est un des professeurs du collége d'Oloron.

» Actuellement nous sommes forcément conduits à penser que, plus les actes reprochés à Eliçabide seront hors de la nature, plus il nous sera impossible d'admettre qu'ils sont l'effet d'une volonté libre.

» Toutefois je reconnais que cette volonté aurait pu être déterminée par une de ces passions ardentes qui n'excusent jamais le crime, parcequ'elles sont elles-mêmes un désordre du cœur, que les lois divines punissent, et qui échappent à la répression des lois humaines.

» Mais encore faut-il trouver un mobile quelconque qui ait poussé à l'action; car supposer un triple assassinat sans passion, sans intérêt, c'est le supposer sans volonté; ce n'est plus alors qu'un acte de démence.

» Quelle raison pouvait avoir Eliçabide de tuer ce pauvre petit Joseph à peine âgé de dix ans? L'enfance intéresse toujours: elle ne peut inspirer ni haine, ni crainte, ni vengeance.

» Lui, Eliçabide, toujours si bon, si doux, si compatissant, si charitable, tuer cet enfant qui ne lui a rien fait, qui ne pouvait rien lui faire, et le tuer, le mutiler froidement, avec toute la plénitude de sa raison!.. non, cela est impossible.

» Il l'aimait, cet enfant... il avait obtenu pour lui, à force de sollicitations, qu'on le reçût au collége de Bétharram à moitié prix de la pension ordinaire. Il s'était constitué son répétiteur, et son répétiteur gratuit.

» J'ai ouï dire dans le public, et l'accusation l'a donné à entendre, qu'Eliçabide n'avait appelé cet enfant à Paris que par un sentiment d'orgueil; qu'il avait voulu faire croire à la mère qu'il était dans un état d'aisance, et que, voyant son mensonge sur le point d'être dévoilé, l'amour-propre avait armé sa main d'un fer homicide.

» Est-ce donc ainsi, grand Dieu ! que l'on peut expliquer le meurtre d'un enfant.

» L'orgueil ! mais ne sait-on pas que ce sentiment n'est autre chose que l'opinion vraie ou fausse que l'on a de son propre mérite ; que plus on a d'orgueil, plus on évite de se dégrader. L'orgueil a pu produire plus d'une action d'éclat presque aussi énergique que le vrai courage ; il a pu faire affronter la mort sur le champ de bataille, mais jamais il n'a enfanté un lâche assassinat.

» Et d'ailleurs, si la présence de cet enfant à Paris pouvait humilier l'amour-propre d'Eliçabide, quel besoin avait-il de l'y appeler ? pourquoi pressait-il son arrivée ? pourquoi aurait-il écrit à la mère, le 16 janvier 1840 : « Il faut que
» Marie me prouve qu'elle m'aime ; il faut qu'elle
» vienne à Paris. Je désirerais d'abord que vous
» m'envoyassiez Joseph. En attendant que mon
» établissement soit fondé je lui ferai fréquenter d'excellentes écoles ; je serai son surveillant et son répétiteur ; il couchera avec moi,
» je me charge de lui. »

» Sa volonté était libre alors ; rien n'était changé le 16 janvier dans ses sentiments d'affection pour Joseph ; il était encore pour lui ce qu'il avait été au collège de Bétharram.

» Et d'ailleurs encore, si cet enfant à Paris eût dû être pour Eliçabide un embarras tel qu'il

eût fait germer dans son esprit l'horrible pensée
de lui donner la mort, il était bien plus simple,
plus naturel et moins périlleux de dire à la demoiselle Lenoir, qui l'avait amené, qu'il ne pouvait pas le recevoir. Mille prétextes se seraient
offerts pour colorer ce refus.

» Peut-on mieux s'expliquer la mort de Marie
Anizat et de sa fille ?

» On se l'expliquera sans doute, si l'on peut
indiquer le motif pour lequel Eliçabide, qui était
à Paris, à deux cents lieues de Joseph, aura conçu
le projet d'appeler cet enfant auprès de lui pour
le priver de la vie.

» On se l'expliquera si l'on peut se rendre
compte de l'intérêt que pouvait avoir Eliçabide à
égorger toute une famille.

» Et quelle famille encore ! un enfant de dix
ans qu'il avait chéri, qu'il avait protégé, dont il
avait soigné la première éducation.

» Une femme qu'il aimait, à qui il n'avait pas
le plus petit reproche à faire, à qui il écrivait des
lettres brûlantes de tendresse.

» Une toute jeune fille protégée par ses grâces
enfantines, par sa faiblesse et sa douceur.

» Tous ont été frappés, ont été précipités dans
la tombe : quelle est la main qui leur a donné la
mort ?

» Est-ce celle d'un monstre qui dans ses premières années aura manifesté des penchants vicieux ?

» Non, Eliçabide, enfant, se fit remarquer par ceux qui dirigèrent ses premières études comme possédant les plus rares qualités du cœur.

» Parvenu à l'âge viril, il se fit aimer par sa bonté et par sa douceur.

» Cet homme avait-il des inclinations cruelles ? bien loin de là. Ceux qui l'ont connu nous disent qu'il était charitable ; que l'infortune ne l'implorait jamais en vain.

» Avait-il donné quelque chagrin à sa famille ? car c'est toujours sous le toit paternel et près de son berceau que commencent à se développer les vices du cœur.

» Non encore. Jamais il ne donna aux auteurs de ses jours que des sujets de satisfaction.

» Sa piété filiale éclata surtout lorsque son vieux père ayant éprouvé quelque perte dans son commerce, on vit son fils prendre ses dettes à sa charge, et les acquitter peu à peu au moyen des plus dures privations.

» Qu'on m'explique actuellement comment il a pu se faire que tout à coup, sans suivre aucune de ces gradations de l'esprit humain, sans motif, sans intérêt, Eliçabide ait pu assassiner et Joseph, et Mathilde, et leur mère.

» Ici l'opinion publique se soulève, et ne voyant dans les actes que ce qui en constitue le matériel elle s'irrite de mes paroles, et va peut-être jusqu'à les accuser.

» O vous à qui je pardonne un sentiment d'horreur que j'ai partagé, mais qui devez à la justice un respectueux silence, daignez m'écouter quelques instants encore !

» Je vais sonder une plaie profonde, et cette plaie est celle de l'humanité. Il le faut bien cependant : car si je n'arrache pas à la nature le secret de ses écarts tout ici restera inexplicable, incompréhensible ; je ne saurais assez le répéter.

» Par un renversement de toutes les idées reçues nous verrons succéder le plus horrible des forfaits à trente années d'une vertu austère.

» Nous verrons trois victimes immolées sans aucun mobile impulsif.

» Nous en serons réduits à nous demander : Pourquoi tant de sang versé ? et notre conscience attendra vainement la réponse.

» Nous sommes donc forcés de rechercher encore, et cette investigation ne paraîtra pas indiscrète lorsqu'on saura que le magistrat qui a instruit cette procédure avec tant de soin a senti la nécessité de s'y livrer.

» Lui aussi a paru fortement préoccupé de ce défaut d'intérêt et de motifs dans la perpétration d'un crime dont les circonstances bouleversaient toutes les imaginations.

» Il a appelé plusieurs témoins, il a adressé des

commissions rogatoires aux magistrats d'Oloron, de Bayonne, de Bétharram, de Gotein, lieu de naissance de l'accusé; et dans l'intérêt de la justice et du prévenu il a cherché à connaître l'état mental de ce dernier.

» Voici l'analyse exacte et fidèle des informations qui ont été prises :

» Il a été constaté que la grand'mère d'Eliçabide était morte dans un état de démence complet, suite d'une dévotion trop exaltée;

» Qu'on avait été obligé de l'attacher dans son lit; que plus d'une fois elle avait brisé ses liens, échappé à la surveillance de son mari, et avait été trouvée tantôt sous un aqueduc mourante de faim, tantôt dans d'autres lieux écartés, et qu'elle avait terminé sa carrière dans cet état d'idiotisme qui est la suite ordinaire de la folie.

» Vous vous rappelez aussi, Messieurs, le langage tenu par ces respectables ecclésiastiques, ces directeurs de séminaires, ces supérieurs de colléges, qui ont eu quelques rapports avec l'accusé.

» Ils vous ont dit :

» Eliçabide était bon, mais il était sombre, habituellement triste. Il recherchait l'isolement.

» Il était le premier dans ses classes; mais il était taciturne, et on avait eu fréquemment occasion de remarquer en lui une bizarrerie de caractère.

» Dans l'intervalle de 1825, époque à laquelle il étudiait à Bétharram, à 1830, qu'il entra au séminaire de Bayonne, son caractère s'était assombri.

» Il était passionné pour les sciences abstraites, se livrait à la lecture, et surtout à celle des livres de théologie, tandis que ses condisciples se délassaient pendant les heures de récréation.

» Il avait un cœur excellent, était plein de générosité (nous a dit le curé de Clarac); mais il s'était nourri des principes de Grotius et des paradoxes de M. de Lamennais, ce qui le conduisait souvent à soutenir avec opiniâtreté de faux systèmes.

» Il avait de fréquents succès dans ses classes, et cependant il manquait souvent de s'y rendre, tourmenté qu'il était par de fréquents maux de tête.

» Lorsque M. Tholouse l'interrogeait sur les motifs de sa tristesse, le malheureux répondait qu'il avait des vertiges.

» Ce n'est pas moi, Messieurs, qui ai créé toutes ces particularités; elles se trouvent racontées à chaque page de la procédure.

» Si donc nous voulons être justes, il faut que nous reconnaissions que l'accusé pouvait fort bien ne pas être dans un état parfaitement normal.

» Et si à côté de cette tendance héréditaire, de cette taciturnité, de ces bizarreries de caractère, de cet amour pour l'isolement, de ces lectures passionnées de livres mystiques, nous plaçons un triple meurtre dont les causes restent impénétrables, il faudra bien que nous fassions de nouveaux efforts pour découvrir le mystère qui a amené et couvert de pareils actes.

»Je ne me dissimule pas, Messieurs, toutes les difficultés qu'oppose à l'adoption de ces idées l'incrédulité publique.

»Cependant ce n'est que depuis que les lumières ont jeté un vif éclat, que les études ont pris un essor plus élevé, qu'on est parvenu, à force de méditations et de recherches, à suivre la nature dans ses œuvres, dans ses caprices, et qu'on a pu apprécier les effets et les causes.

« Autrefois on brûlait comme coupable de sortilége des malheureux que l'on aurait dû envoyer dans un hospice d'aliénés. On exorcisait de prétendus possédés, qu'il eût été plus sage de calmer et de guérir.

»Le mot de monomanie est de création nouvelle, mais ses effets ne le sont pas.

»De tous les temps la nature a eu des aberrations; de tous les temps ce que nous appelons notre esprit, notre imagination, notre âme, a eu ses maladies comme la matière qui les enveloppe.

»Est-ce bien à nous, pauvres humains, à pénétrer les secrets de notre organisation, et à vouloir calculer les innombrables variations des affections cérébrales?

» Ecoutons la parole des maîtres de l'art, de ceux qui ont consacré toute leur vie à étudier l'homme dans son état physique et moral.

» Parmi ces hommes, il en est deux surtout, MM. Pinel et Esquirol, qui ont acquis une grande célébrité.

» Tous les deux ont fait une étude spéciale de la raison humaine, tous les deux, placés dans ces hospices destinés à recevoir les aliénés, ont suivi avec une religieuse attention toutes les variations, toutes les gradations du désordre mental, depuis la plus légère vésanie jusqu'à la fureur.

» M. Esquirol, dans ses *Observations sur la mélancolie homicide*, s'exprime ainsi, tome 2, page 803 : « Les mélancoliques dont nous venons de parler sont entraînés par un délire partiel, par une idée fixe, par l'exaltation de leur sensibilité, par l'égarement des passions, par l'erreur du jugement. Tous ont un motif connu et avoué. Ils obéissent à une impulsion réfléchie, et même avec préméditation. Il en est qui ont pris des précautions pour accomplir leur désir......... Un très petit nombre a cherché à fuir et à se cacher, ayant la conscience qu'ils commettaient ou avaient commis une mauvaise action. Quelques autres se réjouissent, sont calmes et satisfaits après l'acte le plus atroce, principalement ceux qui ont obéi à un sentiment religieux.

« Ils ne sont jamais déraisonnables (tome 1ᵉʳ, page 421), même dans la sphère des idées qui caractérisent leur délire. Ils partent d'une idée fausse, d'un principe faux; mais tous leurs raisonnements, toutes leurs déductions, sont conformes à la plus sévère logique.

« Pour ce qui est étranger à leur idée fixe, ils sont comme tout le monde, apprécient très bien les choses, jugent très bien des personnes et des faits, raisonnent tout aussi juste qu'avant d'être malades. Le caractère, les habitudes, la manière de vivre du mélancolique ont changé parceque le délire altère les rapports naturels entre le moi et le monde extérieur.

« J'ai déjà dit, continue le même auteur, tome 2, page 49, que ces malheureux ne déraisonnent point, que leurs idées conservent leur liaison naturelle; que leurs raisonnements sont logiques; que leurs discours sont suivis, souvent vifs et spirituels. Mais les actions de ces malades sont contraires à leurs affections, à leurs intérêts, aux usages sociaux; elles sont déraisonnables en ce sens qu'elles sont en opposition avec leurs habitudes et celles des personnes avec lesquelles ils vivent. Quelque désordonnées que soient leurs actions, ils ont toujours des motifs plus ou moins plausibles de se justifier, en sorte qu'on peut dire d'eux que ce sont des fous raisonnables.

« Dans cette monomanie homicide raisonnante, les malades qui étaient bons, francs, généreux sont devenus acariâtres, dissimulés, méchants. Ils étaient affectueux et tendres pour leurs parents, ils sont mécontents, disent du mal de ceux qu'ils aimaient, et les fuient. Ils étaient économes, ils sont prodigues ; leurs actions étaient régulières, elles sont inconsidérées, aventurières et même répréhensibles. Leur conduite était coordonnée à leur état et à leur situation sociale ; elle est irrégulière et en désaccord avec leur position et leur fortune ; toujours des motifs les déterminent. Par leur maintien, par leur discours, ces malades en imposent aux personnes qui ne les connaissaient point avant leur maladie, ou qui ne les voient que momentanément, tant ils savent se contenir et se dissimuler.

« Dominés par une passion portée jusqu'au délire, ils jouissent d'ailleurs de leur raison. Quelques motifs, plus ou moins plausibles à leur sens, les déterminent ; ils choisissent pour leurs victimes les objets les plus chers à leur cœur. Ils commettent l'homicide avec calme et tranquillité, du moins en apparence. Après l'avoir commis ils ne sont ni émus ni inquiets ; ils sont plus calmes après l'avoir commis qu'avant ; quelquefois ils paraissent contents.

« Il arrive souvent (c'est toujours M. Esquirol qui parle, tome 2, page 793) que l'altération mentale qui porte à l'homicide ne présente aucune altération appréciable de l'intelligence ou des affections. Les malades sont entraînés par un instinct aveugle, en quelque sorte indéfinissable, qui porte à tuer.

Poussés par une impulsion réfléchie et motivée, ils sont soigneux quelquefois de prendre des précautions pour assurer leurs coups et même pour en dérober les preuves. »

Il serait difficile, Messieurs, de trouver une doctrine plus précise et plus nette, et remarquons que l'homme qui s'exprime ainsi a fait une étude toute spéciale des aberrations de l'esprit humain.

» Mais, me dira-t-on, un pareil système peut offrir des dangers et assurer l'impunité.

» Ces craintes, messieurs les jurés, sont chimériques, et le même médecin s'est chargé de les dissiper.

» Il pose d'abord l'objection en ces termes :

« Cet état de l'homme est impossible, a-t-on dit : votre monomanie est une supposition ; c'est une ressource moderne et commode, tantôt pour sauver des coupables et les soustraire à la sévérité des lois, tantôt pour priver arbitrairement un citoyen de sa liberté. Tout homme qui a la conscience de son être peut résister à ses penchants,

surtout lorsque ses penchants sont affreux et rè-
voltent tous les sentiments. Il doit puiser des motifs de résistance dans la religion, dans les devoirs sociaux, dans la crainte du châtiment; s'il
ne triomphe pas, il est coupable. L'homme ne
peut perdre son libre arbitre que par l'égarement
de la raison; or, selon vous, ces malades sont
raisonnables.

« A cela je répondrai : Si l'intelligence peut être
pervertie ou abolie; s'il en est de même pour la
sensibilité morale, pourquoi la volonté, ce complément de l'être intellectuel et moral, ne serait-
elle pas pervertie ou anéantie? Est-ce que la volonté, comme l'entendement et les affections, n'é-
prouvent pas des vicissitudes suivant mille circonstances de la vie? Est-ce que l'enfant et le vieil-
lard ont la même force de volonté que l'adulte?
Est-ce que toute maladie n'affaiblit pas l'énergie
de la volonté? Est-ce que les passions n'amollis-
sent pas ou n'exaltent pas la volonté? Est-ce que
l'éducation et mille autres influences ne modi-
fient pas l'exercice de la volonté. S'il en est ainsi
pourquoi la volonté ne serait-elle pas soumise à
des troubles, à des perturbations, à des débilités
maladives, quelque incompréhensible que cet
état soit pour nous. Comprenons-nous mieux les
maladies qui ont pour caractère la perversion de
l'intelligence ou celle de la sensibilité morale? »

« A la suite de ces réflexions, M. Esquirol en ajoute d'autres qui sont éclatantes de vérité.

« Chez les malades dont nous parlons, dit-il, (tome 2, page 837), le désir de tuer est une idée exclusive, tantôt fixe, tantôt intermittente, dont ils ne peuvent pas plus se débarrasser que les aliénés ne peuvent se défaire des idées qui les dominent.

» Non seulement les individus dont nous parlons ont entre eux la plus grande ressemblance, et présentent les caractères de la monomanie, mais encore ils diffèrent essentiellement des criminels avec lesquels on les a confondus, et dont ils ont subi la peine.

» Les mélancoliques homicides sont isolés, sans complices qui puissent les exciter par leurs conseils ou leurs exemples. Les criminels, au contraire, ont des camarades d'immoralité, de débauche, et ont ordinairement des complices.

» Le criminel a toujours un motif : le meurtre n'est pour lui qu'un moyen pour satisfaire une passion plus ou moins criminelle, parceque toujours l'homicide du criminel est compliqué d'un acte coupable. Le contraire a lieu dans la monomanie homicide.

» Le criminel choisit ses victimes parmi les personnes qui peuvent faire obstacles à ses desseins, ou qui pourraient déposer contre lui.

» Le plus souvent le monomaniaque choisit ses victimes parmi les objets qui lui sont les plus chers. Une mère tue son enfant, et non l'enfant de l'étrangère. Un mari veut tuer sa femme avec laquelle il a vécu dans la plus douce harmonie pendant vingt ans. Une fille veut tuer la mère qu'elle adore. Cette horrible préférence s'observe chez tous ces malades. N'est-elle pas une preuve évidente que ni la raison, ni le sensiment, ni la volonté n'ont dirigé le choix de la victime, et que par conséquent il y a eu perturbation des facultés qui président à leur détermination. »

» Si à ces raisonnements fondés sur l'expérience on veut ajouter les exemples, on en trouverait de bien saillants dans les ouvrages destinés à traiter cette matière.

» Je n'en citerai qu'un petit nombre :

» Le 8 juin 1819, M. C..... (t. 2, p. 799), avoué au tribunal de......, était depuis la veille arrivé de voyage. Il était dans son cabinet, lorsqu'un de ses beaux-frères, âgé de douze ans, s'y présenta. M .C..... le prend, comme pour jouer, par les cheveux, et le conduit en jouant vers son bureau. Là il renvoie cet enfant, et laisse échapper ces mots : « Il n'en vaut pas la peine. »

» Le troisième jour, sous prétexte de vérifier sa cave, il y descend accompagné de sa femme. Quelques instants après, la belle-sœur de sa femme, âgée de vingt ans, ne voyant plus remonter son beau-frère et sa femme, descend dans la cave.

» Personne ne remonte. On s'inquiète, on y des-

cend; on voit les deux femmes égorgées, et M.C...
retranché dans un coin de la cave, et un rasoir à
quelques pas de lui. On s'en saisit. Une procédure s'instruit. Une détention à Charenton en fut
le résultat.

» Autre exemple :

» Un chimiste distingué (Esquirol, t. 2, p. 808),
poète aimable, d'un caractère naturellement doux
et sociable, vint dans une maison de santé du
faubourg Saint-Germain. Tourmenté du désir de
tuer, il se prosternait au pied des autels, et implorait la divinité de le délivrer d'un penchant si
atroce, et de l'origine duquel il n'a jamais pu se
rendre compte. Lorsque ce malade sentait que sa
volonté allait fléchir sous l'empire de ce penchant,
il accourait vers le chef de l'établissement, et se
faisait lier avec un ruban les pouces l'un contre
l'autre. Cette frêle ligature suffisait pour calmer
ce malheureux, qui cependant a fini par exercer
une tentative d'homicide sur un de ses gardiens.

» Troisième exemple :

» M. N...., âgé de vingt et un ans, d'une taille
élevée, maigre, d'une constitution nerveuse, a toujours eu le caractère sombre, bourru. Il avait perdu son père à quatorze ans. A dix-huit ans sa
tristesse augmenta. Il fuyait les jeunes gens de
son âge, vivait isolé, travaillait avec assiduité dans
un magasin. Rien dans ses discours, dans sa conduite n'annonçait d'altération mentale.

Mais il déclarait qu'il sentait une forte impulsion qui le portait au meurtre, et qu'il était des instants où il aurait plaisir à répandre le sang de sa sœur, à poignarder sa mère. On lui fait sentir toute l'horreur de ses désirs, et les peines qui attendent ceux qui les satisfont ; il répond froidement : « Alors je ne suis plus le maître de ma volonté. »

» Plus d'une fois, quelques minutes après avoir embrassé sa mère, il devient rouge ; son œil est brillant, et il s'écrie : « Ma mère, sauvez-vous ! je » vais vous égorger. » Bientôt après il se calme, verse quelques larmes et s'éloigne. Un jour, il rencontre dans les rues un militaire suisse, saute sur son sabre, veut l'arracher de vive force pour égorger ce militaire, qu'il ne connaît pas. Un autre jour il attire sa mère dans la cave, et veut la tuer avec une bouteille.

» Depuis six mois que ce jeune homme est dominé par cette horrible impulsion, il dort peu, souffre de la tête, ne veut voir personne, est insensible au chagrin de sa famille ; mais il n'offre nulle apparence de délire dans ses discours.

» Conduit à Charenton, ce jeune homme (raisonnable sur tout le reste) raconte avec le plus grand sang-froid qu'il a été cinq ou six fois sur le point de tuer sa mère et sa sœur ; qu'au surplus il n'a aucun motif pour leur en vouloir.

Soumis à un traitement, il est devenu peu à

peu plus docile, plus communicatif; il recherche la distraction, voit sa mère et sa sœur, et réclame sa sortie en assurant qu'il n'a plus d'idées sinistres.

» Après dix-huit mois d'isolement, il est rendu à sa famille ; il témoigne pour elle le plus vif attachement; il travaille dans le commerce avec activité et intelligence, et rien, depuis onze ans, n'a troublé sa raison et ses affections. »

» Toutes ces observations ont été recueillies par M. Esquirol, et je me suis contenté de les copier dans son ouvrage.

» Un vigneron, dit Pinel, tue ses enfants; mais il les tue pour qu'ils ne soient pas damnés. Et pourquoi cela ? parceque son affection mentale a posé un faux principe ; que sur ce faux principe il a basé un jugement, d'après lequel il raisonne juste, quoique les conséquences en soient erronées.

» Il faut en dire autant de ce fanatique dont parle encore Pinel, qui imagina de purifier sa famille, qu'il idolâtrait, par le baptême de sang : qui commença par égorger ses enfants, et qui allait faire subir le même sort à sa femme, si elle ne s'y fût soustraite par la fuite.

Tous ces exemples, sans doute, sont affligeants, mais est-ce une raison pour les repousser, pour ne pas profiter des leçons qu'ils nous donnent, pour ne pas écouter les avis de l'expérience?

» Je le demande à votre conscience, à votre raison, et je dirai à chacun de vous :

« Jurés ! vous avez devant vous un accusé qui vous livre sa tête ; il ne vous a dissimulé aucun de ses actes ; il a écrit pour vous l'histoire entière de sa vie. Il vous a dit : « Je ne demande aucune grâce ; j'ai mérité la mort ; prononcez. »

» Mais moi, moi à qui la loi a dit : « Défends » cette tête qu'il livre à ses juges, tâche de découvrir la vérité, vois si une volonté libre a présidé à ses actes, je dois obéir à ses injonctions ; je le dois au magistrat qui me les a transmises en me nommant d'office.

» Je l'ai dit vingt fois dans cette cause ; tout y est horrible, et c'est cette horreur qui me semble écarter la criminalité. Cette criminalité existera hideuse et révoltante si l'accusé a agi avec l'intention libre de commettre un triple assassinat.

» Cette criminalité disparaîtra s'il a été poussé à ces actes par cette sorte de vésanie dont parlent Esquirol et Pinel.

» Il ne sera pas plus coupable que ce fils qui voulait tuer sa mère, que ce père qui égorgeait ses enfants, que cet avoué qui égorgeait sa femme et sa belle-sœur ; tous, dominés par les effets d'une aliénation mentale, ont posé de faux principes et ont tiré de fausses conséquences. L'un a tué ses enfants parceque, dans sa pensée, il les préservait des peines éternelles ; Eliçabide a tué des objets qu'il chérissait parcequ'il les a cru voués au malheur.

» Les hommes raisonnables se révoltent à cette idée, et pourquoi? Précisément parcequ'ils sont raisonnables.

» Quoi de plus absurde, en effet, pour quiconque jouit de sa raison, que d'imaginer que l'on peut donner la mort à quelqu'un pour le soustraire à l'infortune!

» Mais si cette raison est altérée dans son essence, et a conçu cette fausse idée, elle poussera au meurtre par suite d'une conséquence rationnelle en soi, mais fausse comme le principe dont elle émane.

» Cet homme dont parle M. Pinel, qui tue ses enfants parcequ'il croit les purifier dans un baptême de sang, commettait un meurtre horrible. Le crime existait matériellement; mais dans l'intention viciée de commettre un meurtre il croyait faire une action louable.

» Hors de la sphère de cette idée, le malheureux conservait toute sa raison, jugeait sainement des hommes et des choses, et ne donnait aucun signe d'où l'on pût inférer que son imagination était malade.

» On l'envoya à Charenton pour tâcher de le guérir. L'humanité aurait gémi de l'envoyer à l'échafaud.

» La seule chose, MM. les jurés, que vous aurez

à peser dans votre sagesse, sera donc d'examiner
si vous pouvez concilier les actes de ce drame lugubre avec cette raison éclairée qui seule peut
constituer le crime.

» C'est ici surtout que vous aurez besoin de vous
garantir contre toute prévention. Il vous faudra,
je le sens, faire un effort sur vous-mêmes. Il faudra vous tenir en garde contre ces premières impressions que vous avez pu recevoir de l'opinion
publique, toujours trop précipitée dans ses juge-
ments, toujours trop portée à l'exaltation.

» Songez aux sanglantes conséquences du ver-
dict que vous avez à rendre ; songez à vous-mêmes : car quelle torture serait comparable à celle
que vous éprouveriez si vous basiez une condamnation sur une opinion douteuse.

» Dès mes premières paroles je vous ai dit comment je comprenais mes devoirs.

» Placé entre Eliçabide et la société, tous mes
efforts n'ont tendu qu'à éclairer votre justice. La
défense du premier ne devait pas être la violation des droits de la seconde.

» Aussi ne me suis-je appuyé que sur des faits,
et je n'ai altéré ni le langage des témoins, ni les
autorités que j'ai citées. Quelles sont les impressions qui me sont restées de ces affligeants débats ?

» Comme vous, comme tous ceux qui m'enten-
dent, j'ai reculé d'épouvante en présence de ces

deux enfants et de cette mère, dont les cadavres ont été si horriblement mutilés.

» On a nommé le meurtrier, et à l'instant le nom d'Eliçabide est devenu pour moi un objet d'horreur.

» Voilà mes premières impressions.

» Plus tard j'ai lu le Mémoire de ce malheureux. A la lecture de cette phrase, qui peint si bien son état convulsif après le dernier de ses actes : « La pluie me brûlait, le vent me maudissait, mon parapluie même me paraissait un spectre. Il me semblait que la nature entière parlait de mes meurtres, que les cadavres se dressaient pour m'accuser. Pour la première fois depuis longtemps j'eus peur de Dieu ! »

» A la lecture, dis-je, de cette peinture si vraie de l'homme déchu, j'ai voulu tout approfondir.

» J'ai évoqué l'ombre de son aïeule. J'ai cru entendre un cri maternel ; mais ce cri était celui de la démence.

» Pauvre femme ! ta raison aussi fut perdue, et tu as transmis à ton fils ce funeste héritage.

» Ce fils cependant fut bon, généreux, charitable, et jusqu'à l'âge de trente ans il fut l'orgueil et l'espoir de sa famille.

» Mais aussi pourquoi le laissa-t-on se livrer à des lectures immodérées ?

» Pourquoi ne calma-t-on pas sa passion pour les livres mystiques ?

» Pourquoi ne rassura-t-on pas son imagination, déjà trop exaltée, contre l'éternité des peines auxquelles il se croyait voué? Pourquoi, à côté du mot *enfer* n'écrivit-on pas ces deux mots si consolants : *Miséricorde divine?*

» Ah! si l'on eût cherché à guérir cette tête toujours souffrante, ces vertiges dont il se plaignait;

» Si encore le sort, souvent si cruel dans ses caprices, ne l'eût pas affligé des malheurs de son père, que sa piété filiale chercha à alléger;

» Si enfin, lors de son séjour à Paris, un seul de ces protecteurs sur lesquels il croyait pouvoir compter lui eût tendu une main secourable, et si on ne l'eût pas placé dans cette position qu'il peint si énergiquement dans son Mémoire, lorsqu'il dit : « Je portai le cri de ma détresse depuis » le palais jusqu'à la demeure de l'actrice. J'in- » voquai la princesse; je suppliai le prélat; je » frappai chez le banquier; je gémis auprès du » grand écrivain sentimental; je m'humiliai de- » vant le prêtre; je sollicitai le ministre d'un culte » étranger......... Il me sembla que c'était assez, » et cependant j'allais avoir faim! »

» Ah! si toutes ces causes ne se fussent pas réunies pour porter un dernier coup à ce cerveau déjà frappé d'une lésion organique et héréditaire, jamais Eliçabide n'eût froidement égorgé l'enfant qu'il avait appelé auprès de lui dans ses moments d'illusion et d'espérance; la mère qu'il idolâtrait, la jeune Mathilde qu'il avait depuis longtemps adoptée.

» Et pourquoi eût-il donné la mort à ces trois objets de ses affections? Pourquoi eût-il mutilé leurs cadavres ?

» Lui seul nous l'explique, et cette explication est le complément de ces aberrations mentales; car le malheur s'était appesanti sur sa tête; il souffrait, ce monde était pour lui l'enfer du Dante; et dans son délire il croyait ouvrir les portes de l'éternité à ceux qu'il aimait; il croyait leur donner le bonheur.

» Et que me parle-t-on actuellement de vol?

» La petite malle de Joseph avait été portée chez Eliçabide à l'instant de son entrée à Paris.

» En arrivant à Bordeaux, Marie Anizat lui avait remis la mince et très mince somme qu'elle possédait.

» Les objets épars sur le lieu de l'affreuse scène avaient été machinalement réunis par lui ; et dans la supposition d'un crime réfléchi, je ne saurais m'expliquer cette possession que l'intérêt du meurtrier devait écarter avec le plus grand soin.

» Et l'on appellerait cela un vol suivi de meurtre!.....

» Laissons, laissons à l'écart ces hors-d'œuvre, qui ne peuvent rien ajouter, rien ôter à la teinte sombre du tableau.

» Magistrats,

» J'ai rempli la tâche que vous m'aviez imposée; je le devais aux exigences de mon ministère ; je le devais surtout à vous, dont j'ai toujours tâché de mériter l'estime.

» J'ai fait tout ce qu'il était en mon pouvoir de faire pour justifier le choix dont vous m'avez honoré; car pour l'avocat, l'honneur se trouve dans l'accomplissement d'un devoir qui n'attend d'autre récompense que celle de l'avoir rempli.

» C'est ainsi que l'ont toujours entendu les membres de ce barreau. Ces traditions se sont perpétuées d'âge en âge, et elles se propageront encore.

» Et vous, M. l'avocat-général, les charges de l'accusation vous ont présenté des avantages bien propres à décourager celui qui devait les combattre.

» La puissance de votre parole a ajouté aux difficultés que j'avais à vaincre, et c'est sous ce dernier rapport surtout qu'entre nous la lutte n'était pas égale.

» Et vous, MM. les jurés, vous touchez au moment de remplir le plus austère et le plus sacré des devoirs. Vous allez être rendus à toute votre omnipotence. La société et l'accusé vous contemplent avec la même anxiété et la même espérance.

» Vous n'avez pas seulement à vous occuper du

fait matériel; nul doute, nulle incertitude ne peuvent s'élever à cet égard dans vos esprits.

» Toutes vos pensées et toutes vos réflexions doivent se porter sur la moralité de ce fait; c'est à dire sur la question de savoir si la volonté de l'accusé a été libre et éclairée; si ses actes sont ou ne sont pas le produit d'une imagination trompée, d'un faux jugement, d'un dérangement mental plus ou moins intense. Vous vous rappellerez, j'en suis sûr, les nombreux exemples des aberrations humaines, recueillis par ces hommes célèbres et consciencieux qui consacrent leur vie entière à en suivre le développement.

Rien ne vous gêne dans l'appréciation des circonstances morales; si elles ont agi sur l'accusé d'une manière directe et forte, la culpabilité disparaît. Si elles n'ont agi que faiblement, alors ce ne seront plus que des circonstances atténuantes sur lesquelles vous auriez à vous prononcer.

» Permettez-moi, Messieurs, de vous présenter à cet égard quelques réflexions sur la sagesse de nos lois.

» Lorsqu'elles ont livré au jury l'appréciation des circonstances atténuantes, elles ont fait un acte de souveraine justice et de haute prévoyance.

» Elles ont senti que les actions des hommes pouvaient se modifier à l'infini.

» Elles ne pouvaient pas faire de catégories, parce

qu'il était impossible de classer toutes les variations de l'esprit humain.

» Tel fait, qui, pris naturellement, aura au premier aspect toutes les apparences d'un crime emportant la peine capitale, sera loin cependant de
la mériter, si l'on se pénètre des influences diverses qui peuvent agir sur son auteur.

» Le plus souvent les esprits superficiels ne jugent que les actes apparents, sans tenir aucun
compte des écarts de notre raison, parcequ'ils
n'en connaissent pas le mécanisme.

» Tel était le vice que l'on pouvait reprocher à
notre ancienne législation criminelle.

» Mais qui pourrait mesurer la distance qui existe
entre une organisation parfaite et une organisation viciée.

» La première aura une volonté régulière et sage,
tandis que la seconde n'en aura qu'une entièrement désordonnée.

» Le législateur a prévu toutes ces difficultés, et
c'est par ce motif qu'il a livré à la conscience du
jury l'appréciation des circonstances atténuantes.
Vous pouvez les prendre partout, sans devoir à qui
que ce soit au monde compte de votre opinion.
Votre conscience est le véritable sanctuaire de la
justice. Tout peut servir d'élément à vos convictions.

» Les vertus de l'accusé avant d'avoir commis
l'acte qui le conduit devant vous, le défaut absolu

d'intérêt qu'il avait à le commettre, ses aveux, son organisation particulière, les écarts de sa raison viciée jusqu'à la source du sang qui lui a transmis la vie, l'incohérente atrocité du crime (car plus le crime sera atroce, plus il s'éloignera d'une volonté raisonnante), tout, jusqu'au sourire sardonique et convulsif du malheureux qui vous jette sa tête, est dans le domaine de votre appréciation.

» Sans doute, comme vous l'a dit M. l'avocat-général, la société ne peut pas briser son glaive et rester sans défense. Qu'elle conserve ce glaive; qu'elle désarme son ennemi; qu'elle le mette dans l'impossibilité de nuire : elle en a le droit et les moyens; mais qu'elle laisse à Dieu le droit de disposer de ce que lui seul pouvait donner à l'homme en le créant.

» Faisons aussi, Messieurs, la part du siècle où nous vivons; nos lumières se sont étendues, cela est vrai ; mais les imaginations se sont exaltées : chacun semble vouloir se frayer une route nouvelle; de là le dévergondage de notre esprit et de nos œuvres, de là cette ambition délirante, de là ces systèmes qui ont bouleversé toutes les têtes. Le philosophisme a voulu substituer ses idées métaphysiques aux croyances de nos pères : tout est devenu problème, et tout est resté sans espérance et sans consolation.

» Les débats touchent à leur terme: un magistrat impartial et juste va les résumer. Conservez toute l'indépendance de vos opinions jusqu'au moment où, livré à vous-mêmes, vous aurez à répondre devant Dieu et devant les hommes de vos convictions personnelles. »

Après la brillante plaidoierie de M° Gergerès, le président demande à l'accusé s'il n'a rien à ajouter à sa défense.

Eliçabide fait de la tête un signe négatif.

M. le président, dans un brillant exposé, résume les moyens de l'accusation et de la défense, et engage le jury à se souvenir qu'il représente les intérêts de la société justement alarmée ?

Le jury, après une longue délibération, rentre en séance, et son chef, la tête découverte, la main placée sur le cœur, prononce ces graves et terribles paroles ?

«Oui, à la majorité absolue, l'accusé Eliçabide est coupable d'homicide volontaire avec préméditation. »

La Cour, faisant application de la loi, *condamne Eliçabide à la peine de mort.*

Ce grand coupable a entendu sans émotion son arrêt. « *Allons, mon pauvre cou*, a-t-il dit en passant la main sous sa cravatte, *c'est toi qui paieras tout.* »

ELIÇABIDE APRÈS SA CONDAMNATION.

Rentré dans sa prison, il y a trouvé un ecclésiastique du diocèse de Bordeaux, M. l'abbé Gé-

rard, qui l'a exhorté à tourner ses regards vers
Dieu, qui pardonne au repentir. « M. l'abbé, a
dit Eliçabide, ma mort sera un exemple pour la
société. Sera-t-il fructueux ? J'en doute. Les exemples ne m'ont pas manqué, et cependant la fatalité l'emporta. Je me souviens d'une naïve fable
de Florian que j'ai récitée au collège de Mauléon ;
cette allégorie est une bien touchante leçon ; elle
s'est reproduite souvent à mon esprit, et elle n'a
pu me tenir en garde contre le crime. Ecoutez-
là, et vous verrez quel étrange rapport il existe
entre le personnage de l'apologue et moi. »

LE CHIEN COUPABLE.

Mon frère,, sais-tu la nouvelle ?
Mouflar, le bon Mouflar, de nos chiens le modèle,
Si redouté des loups, si soumis au berger,
Mouflar vient, dit-on, de manger
Le petit agneau noir, puis *la brebis sa mère*,
Et puis sur le berger s'est jeté furieux.
—Serait-il vrai ? —Très vrai, mon frère.
—A qui donc se fier ? grands Dieux !
C'est ainsi que parlaient deux moutons dans la plaine,
Et la nouvelle était certaine.
Mouflar, sur le fait même pris,
N'attendait plus que le supplice ;
Et le fermier voulait qu'une prompte justice
Effrayât les chiens du pays.
La procédure en un jour est finie.
Mille témoins pour un déposent l'attentat ;
Récolés, confrontés, aucun d'eux ne varie,
Mouflar est convaincu *du triple assassinat ;*

Mouflar recevra donc deux balles dans la tête
    Sur le lieu même du délit.
      A son supplice qui s'apprête
      Toute la ferme se rendit.
Les agneaux, de Mouflar demandèrent la grâce ;
Elle fut refusée. On leur fit prendre place :
      Les chiens se rangèrent près d'eux,
Tristes, humiliés, morne, l'oreille basse,
Plaignant, sans l'excuser, leur frère malheureux.
Tout le monde attendait dans un profond silence.
Mouflar paraît bientôt conduit par deux pasteurs.
Il arrive, et levant au ciel ses yeux en pleurs,
      Il harangue ainsi l'assistance :
O vous qu'en ce moment je n'ose et je ne puis
Nommer comme autrefois mes frères, mes amis,
      Témoins de mon heure dernière,
Voyez où peut conduire un coupable désir !
De la vertu quinze ans j'ai suivi la carrière ;
      Un faux pas m'en a fait sortir.
Apprenez mes forfaits. Au lever de l'aurore,
Seul auprès du grand bois je gardais le troupeau ;
      Un loup vient, emporte un agneau,
      Et tout en fuyant le dévore.
Je cours, j'atteins le loup, qui, laissant son festin,
      Vient m'attaquer : je le terrasse,
      Et je l'étrangle sur la place.
C'était bien jusque-là : mais pressé par la faim
De l'agneau dévoré je regarde le reste ;
J'hésite, je balance... A la fin cependant
      J'y porte une coupable dent :
Voilà de mes malheurs l'origine funeste.
      La brebis vient dans cet instant,
      Elle jette des cris de mère...
La tête m'a tourné, j'ai craint que la brebis
Ne m'accusât d'avoir *assassiné son fils,*

Et pour la forcer à se taire
Je l'égorge dans ma colère.
Le berger accourait armé de son bâton.
N'espérant plus aucun pardon,
Je me jette sur lui : mais bientôt on m'enchaîne,
Et me voici prêt à subir
De mes crimes la juste peine.
Apprenez tous du moins en me voyant mourir
Que la plus légère injustice
Aux forfaits les plus grands peut conduire d'abord,
Et que dans le chemin du vice
On est au fond du précipice
Dès qu'on met un pied sur le bord.

« Que pensez-vous de mon sort, a demandé dernièrement Eliçabide à son défenseur ; n'est-il pas bien désespéré?... — Je crois, a répondu M⁰ Gergerès père, que les motifs de cassation sont très sérieux. — Au fait, à ajouté le condamné, si je meurs, ce ne sera qu'une anticipation..... il faut toujours finir par là... Seulement ce qui me semble une cruauté légale tout à fait inutile, c'est de supplicier un homme en public, devant une foule de curieux qui insulte à ses derniers moments... Au moyen âge on était plus humain, peu de personnes assistaient aux supplices de la question... »

Eliçabide paraît du reste résigné et calme ; il a une longue chaîne aux pieds, mais ses mains sont libres. Le perruquier de la prison étant venu le raser il y a quelques jours, lui demanda : « Vous

fais-je mal?... — Qu'importe, a répondu Eliçabide, ne faut-il pas que je m'y habitue?...»

Il a demandé des livres, et on n'a pas cru devoir les lui refuser... Il lit *le dernier Jour d'un
Condamné*, de M. Victor Hugo, et il a fait rechercher *le Lendemain du dernier Jour d'un Condamné*,
brochure qui a eu un grand succès à Paris il y
a onze ans. « Ah ! monsieur, a-t-il dit à une
personne de la prison, si M. Hugo était condamné à mort, quel beau livre *d'impressions* Il
ferait!... »

Il raisonne sur son état avec un sang-froid remarquable. «Le jury a reconnu que je n'étais pas
aliéné, dit-il, mais n'est-il pas possible d'être aliéné
par intervalles, et l'aliénation a-t-elle besoin d'ê-
tre chronique ou perpétuelle pour être véritable?
L'esprit n'a-t-il pas ses heures d'égarement comme
le corps ses moments de maladie?... Que diraient
les médecins si, ouvrant mon crâne après ma
mort, ils y trouvaient des symptômes de désor-
ganisation?... Auraient-ils le courage de l'a-
vouer?...—Vous croyez-vous fou? lui a demandé
un gardien.— Je ne puis apprécier mon propre
état... Tout ce qui s'est passé est un rêve pénible
dont je n'ai pas encore l'explication... Cependant
je me rappelle une circonstance qui m'est reve-
nue depuis peu à la mémoire. Pendant mon séjour à Paris, j'obtins un jour de M. le docteur
Esquirol la faveur de visiter son bel établissement

de Charenton-le-Pont. Comme je sortais de la cour, après avoir visité les salles des aliénés inoffensifs, j'entendis un infirmier dire à un malade qui se promenait avec lui, en me montrant : *Voilà un gibier qui nous reviendra !...* »

Le condamné est tranquille, poli, affectueux, même envers les personnes qu'il voit... Son défaut dominant paraît être un orgueil excessif. Il n'éprouve de tristesse réelle que lorsqu'il parle de sa famille : Pauvres victimes !... dit-il alors tout bas.

<hr>

COUR DE CASSATION (chambre criminelle).

(Présidence de M. le comte de Bastard.)

AUDIENCE DU 8 OCTOBRE.

A l'ouverture de l'audience, M⁰ Victor Augier, avocat du condamné, se lève.

« Messieurs, dit-il, je ne viens point ici provoquer par une critique de la procédure un acquittement qui laisserait la société sans vengeance, la morale publique sans satisfaction ; je ne viens point vous dire : Renvoyez Eliçabide devant une autre Cour d'assises, afin qu'il ait une chance nouvelle de recouvrer sa liberté, son indépendance, son droit de citoyen... Loin de moi cette idée. Je veux, comme l'a voulu le jury, que le meurtre soit puni, que les mains qui se sont plongées dans le sang soient enchaînées pour toute la vie; mais je veux aussi, en sauvant cette existence chétive, lui donner les moyens d'expier par un long repentir les horribles errements de sa conduite passée. »

Abordant la discussion de la procédure, Me Victor Augier soutient d'abord qu'il y a motif de cassation :

1° En ce que l'ordonnance du président de la Cour royale qui adjoint à la Cour d'assises un conseiller supplémentaire, n'a pas été notifiée à l'accusé, ni lue en audience publique ;

2° En ce qu'un témoin qui a prêté serment en cette qualité n'a pas renouvelé ce serment en déposant comme expert ;

3° En ce qu'un juré supplémentaire a fait partie du jury sans que l'absence du juré titulaire qu'il remplaçait ait été constatée.

Enfin le dernier moyen était tiré de ce qu'un témoin, privé du bras droit, n'avait pas levé le bras gauche en prêtant serment.

Malgré l'habile plaidoirie du défenseur la Cour a décidé :

1° Que l'ordonnance d'un président de Cour royale, qui adjoint à la Cour d'assises un conseiller supplémentaire, ne devait pas rigoureusement être notifiée à l'accusé et lue en audience publique.

2° Qu'un témoin privé du bras droit n'est pas obligé de lever le bras gauche pour prêter serment.

3° Qu'un témoin, ayant prêté serment en cette qualité, n'est pas tenu de prêter serment de nouveau s'il est consulté sur l'état mental de l'accusé.

4° Qu'un des juges supplémentaires peut faire partie du jury de jugement sans qu'il soit besoin de constater l'absence du juré qu'il remplace, pourvu toutefois que le procès-verbal ne mentionne la présence que de trente jurés.

En conséquence, la Cour a rejeté le pourvoi d'Eliçabide.

EXÉCUTION D'ÉLIÇABIDE.

Des mesures sévères avaient été prises par l'autorité pour que le jour de l'exécution ne fût point connu d'avance. On a voulu mettre un frein à la scandaleuse curiosité qui attire toujours la foule aux exécutions des grands criminels. L'échafaud fut donc construit pendant la nuit; mais toutes les précautions furent insuffisantes. A peine les premières poutres étaient-elles posées que la place d'Aquitaine fut garnie de curieux; on évalue leur nombre à trente ou quarante mille.

A six heures, une heure avant l'instant fatal, le greffier se rendit dans la prison pour signifier au condamné le rejet de son pourvoi en cassation.

Eliçabide dormait, et l'on fut obligé de le pousser à plusieurs reprises pour le tirer de son sommeil. A peine eut-il ouvert les yeux qu'il devina, à l'aspect inaccoutumé du greffier près de son lit, qu'il s'agissait pour lui d'une question de vie ou de mort; il écouta avec assez de calme l'annonce du rejet de son pourvoi; il était préoccupé d'une autre idée.

L'orgueil, qui a dirigé toutes les actions de sa vie, et que du reste il a reconnu lui-même faire la base de son caractère, l'empêchait d'adresser une question directe. Néanmoins, l'appréhension l'emportant, il demanda avec une indifférence affectée : *Et..... est-ce pour aujourd'hui?*

Il avait lu d'avance la réponse sur le visage du greffier; il fit de violents efforts pour conserver son calme pendant qu'on le débarrassait de ses fers... Durant cette opération il répéta plusieurs fois : *C'est aujourd'hui que tombent toutes mes chaînes..... Je ne me plains pas ; seulement j'aurais désiré être prévenu d'avance.* M. l'abbé Promis a été introduit en ce moment, et Eliçacide, à qui l'on venait d'apprendre que les scellés avaient été posés sur ses mémoires, lui a recommandé de les revoir. Je vous autorise, a-t-il dit, à y faire tous les changements que vous jugerez nécessaires pour qu'ils puissent paraître.

De là il s'est rendu à la chapelle, où il a pieusement écouté les exhortations du digne aumônier, et il en est sorti tout à fait calme, et, trempant l'extrémité de ses doigts dans le bénitier, il fit dévotement le signe de la croix et se livra aux exécuteurs.

C'était le moment que le condamné redoutait le plus sans doute ; mais il trouva dans sa vanité des forces pour le supporter : « Laissez-moi, dit-il celui qui voulait lui ôter son habit, je veux pour la dernière fois l'ôter moi-même.... » Et il aida les exécuteurs dans tous les préparatifs de la toilette. Son courage ne se démentit point.... La seule plainte qui se soit échappée de sa bouche est celle-ci : Tout ceci est bien long !....

Cependant les violents efforts qu'il faisait pour soutenir ce rôle commençaient à l'épuiser, et un léger frisson agitait par moments tout son corps d'un tremblement convulsif ; il a redemandé alors l'abbé Promis, et il est sorti de la prison. Ici la forfanterie a repris le dessus, et à peine Eliçabide eut-il jeté les yeux sur les nombreux spectateurs de son supplice, que son assurance tout entière lui revint, et sauf une pâleur livide et continuelle, et un mouvement de tête qu'il fit en apercevant l'échafaud, il ne donna plus aucun signe de faiblesse.... Il regardait de tous côtés, communiquait ses réflexions à son confesseur, enfin il avait toute l'attitude d'un homme qui veut s'étourdir...

il était là sous le regard de trente mille personnes, il ne voulait pas faiblir. Comme son confesseur lui parlait des souffrances du Christ, il a répondu !.... *Le Christ était bon, et on le maudissait; moi je suis mauvais, et l'on ne me maudit pas !*

« Pourtant, a-t-il ajouté un instant après, je suis fait comme tous les autres hommes. » M. l'abbé Promis chercha à le rappeler à des sentiments religieux, Eliçabide lui a répondu avec une voix résignée : « Dans quelques instants je ne penserai plus du tout ! »

Le trajet a duré plus d'un quart d'heure, tant la foule était compacte. Arrivé au pied de l'échafaud, Eliçabide a demandé tout à coup en désignant des yeux les assistants : « Est-ce que tous ces gens-là ne sont pas plus méchants que moi? » Grave question que nous donnons à méditer aux amateurs d'exécutions. Eliçabide a franchi seul et d'un pas ferme les marches de l'échafaud. Une fois sur la planche fatale, il a demandé qu'on rompît un de ses liens qui le gênait; et moins d'une demi-minute après la tête était séparée du tronc. On a remarqué que pas une parole de commisération n'a été prononcée dans la foule; nous pouvons citer une conversation assez naïve tenue sur la place et qu'un témoin nous a communiquée.

« J'ai eu aussi un amant, disait une femme, mais il ne m'a pas tuée comme cela.

« — Pardieu, reprit un homme vêtu d'une blouse, si tous les amants faisaient comme celui-là, vous ne seriez pas ici tant de femmes à regarder. »

Le cadavre d'Eliçabide a été jeté dans la fosse des suppliciés, sa tête seule a été réservée pour les études anatomiques.

PROCÈS

DU PRINCE

NAPOLÉON-LOUIS BONAPARTE,

CONDAMNÉ A UNE DÉTENTION PERPÉTUELLE

PAR LA COUR DES PAIRS,

POUR CRIME DE COMPLOT CONTRE LA SURETÉ DE L'ÉTAT.

CONSPIRATION

NAPOLÉONIENNE.

PIECES OFFICIELLES.

DÉPÊCHES TÉLÉGRAPHIQUES.

Boulogne, 6 août, à huit heures et demie du matin.

Le sous-préfet à M. le ministre de l'intérieur.

« Louis Bonaparte vient de faire une tentative sur Boulogne; il est poursuivi, et déjà plusieurs des siens sont arrêtés. »

Boulogne, 6 août, 9 heures trois quarts.

Le sous-préfet, à M. le ministre de l'intérieur.

« Louis Bonaparte est arrêté. Il vient d'être transféré au château, où il sera bien gardé.

» La conduite de la population, de la garde nationale et de la troupe de ligne a été admirable. »

Rapport du sous-préfet de Boulogne

AU MINISTRE DE L'INTÉRIEUR,

« Boulogne, 6 août 1840.

» Monsieur le ministre,

» Les mesures de toutes sortes que j'ai dû prendre dans le cours de la journée ne m'ont permis de recueillir encore que des détails bien incomplets sur les circonstances qui ont précédé, accompagné et suivi l'échauffourée de ce matin, et l'arrestation de Louis Bonaparte. Je vais essayer cependant de vous en tracer un court récit.

» Louis Bonaparte et sa suite paraissent avoir été débarqués ce matin vers trois ou quatre heures à Wimereux, petite anse distante d'une lieue de la ville de Boulogne, par le paquebot anglais *City of Edimbourg*, qui est ensuite venu mouiller en rade de Boulogne. Ils se sont d'abord emparés d'un poste de douaniers, qu'ils ont contraints de les guider vers la ville. Dans le trajet ils se sont arrêtés à boire, et sont arrivés à la caserne militaire vers cinq heures ; là, aidés par un lieutenant au 42ᵉ, ils se sont efforcés d'entraîner les soldats qui, à la voix de leur brave et dévoué capitaine commandant, ont tous persisté dans la ligne du devoir.

» Au moment où ce capitaine cherchait à pénétrer au milieu de ses soldats, et à les haranguer, Louis Bonaparte a dirigé sur lui un pistolet dont la balle, détournée, a frappé un grenadier au cou ; on craint beaucoup pour ses jours.

» Repoussé de la caserne, Louis Bonaparte et une trentaine d'hommes, officiers et soldats qui l'accompagnaient, ont voulu parcourir la ville, répandant des proclamations et de l'argent ; ils se sont dirigés vers la

Haute-Ville, et c'est au moment où ils allaient arriver
à la sous-préfecture, qu'averti depuis quelques instants,
et déjà revêtu de mon uniforme, je me suis avancé seul
à leur rencontre, et je les ai sommés, au nom du roi,
de se séparer et d'abattre leur drapeau, en m'adressant
d'ailleurs à ceux que je croyais des militaires égarés :
un instant ils se sont arrêtés, mais Louis Bonaparte a
crié de me repousser, et j'ai été atteint à la poitrine
d'un coup de pied du drapeau ; je suis descendu alors
au poste de la ville, autour duquel se sont successivement ralliés les gardes nationaux appelés par le rappel
et par les interpellations que je leur ai adressées en
parcourant les rues principales.

» Bientôt la réunion devint assez nombreuse pour
qu'il fût possible de songer à les poursuivre ; et, me
plaçant à la tête de la garde nationale, commandée par
son colonel M. Sansot, et d'un détachement de vingt
hommes de ligne, je marchai sur la Colonne, où les
insurgés s'étaient portés, après avoir tenté vainement
d'entrer dans la Haute-Ville, dont j'avais, dès le principe, ordonné de fermer les portes.

» A la vue de notre colonne, qui marchait aux cris
répétés de vive le roi, ils se sont enfuis laissant dans
nos mains leur drapeau et celui qui le portait. Nous
n'avions plus dès lors affaire qu'à des fuyards, et après
m'être entendu avec le colonel de la garde nationale
pour les attaquer sur le point où ils étaient débarqués,
je suis rentré en ville avec ce drapeau, pour y organiser
de nouveaux détachements, assurer l'ordre, pourvoir
à tout.

» Pendant ma courte absence, la douane s'était réunie, la garde nationale était en armes, la population
tout entière l'excitait encore par son enthousiasme.
Le maire, de son côté, n'était pas demeuré inactif ; par
ses ordres, le capitaine du port, aidé par la douane,
s'emparait du paquebot et le faisait entrer dans le port ;

lui-même montait à cheval et dirigeait les divers détachements de la garde nationale. Bientôt cernés, poursuivis de toutes parts, Louis Bonaparte et ses séides
devenaient prisonniers, et on les voyait arriver successivement sous l'escorte de quelques gardes nationaux.

Cependant Louis Bonaparte et quelques autres vou-
lurent tenter un dernier moyen de salut et rejoindre à
la nage des embarcations; mais le capitaine du port
veillait, et sept d'entre eux, au nombre desquels était
Louis Bonaparte, furent recueillis par lui et bientôt
écroués au château, poste militaire qui m'a paru offrir
plus de sûreté que la prison civile.

» Deux insurgés ont péri : l'un par immersion (il est
inconnu), l'autre, M. Faure, sous-intendant militaire,
par un coup de feu. Deux sont blessés : l'un polonais,
d'une balle à l'épaule, il a dû être amputé, et son état
est désespéré; l'autre, le colonel Voisin, de deux balles
dans les reins et à la poitrine.

» Il me reste à ajouter, M. le ministre, que le dévouement et le zèle ont été admirables. J'aurai à proposer
des récompenses qui ont été bien méritées; mais je
m'abstiens en ce moment.

» La garde nationale, la ligne et la gendarmerie veil-
lent conjointement à la garde des prisonniers.

» Je suis avec respect, etc.

» Le sous-préfet,
» Signé : LAUNAY-LEPREVOST. »

Ce premier rapport fut suivi d'un second, daté
du 7 août, puis de cinq autres rapports, savoir :
l'un de M. Adam, maire de Boulogne, à M. le
sous-préfet; le second, de M. Pollet, lieutenant
de port, à M. le maire; le troisième du capitaine
Col-Puygélier au commandant de place; le quatrième, du commandant de place au général com-

mandant la 16e division militaire ; et enfin le cinquième, du préfet du département au ministre. Nous ne citerons que ce dernier, parcequ'il renferme la substance de tous les autres, et qu'il est suffisant pour établir l'ordre logique des faits. D'ailleurs nous aurons l'occasion de revenir sur les autres, notamment sur celui du lieutenant de port.

Rapport du préfet du Pas-de-Calais
AU MINISTRE DE L'INTÉRIEUR.

« Boulogne-sur-Mer, 8 août 1840.

» M. le ministre,

» J'ai l'honneur d'adresser à votre excellence un rapport détaillé sur la tentative dont Boulogne a été le théâtre avant-hier matin.

» Dans la nuit du 5 au 6 août, vers minuit, le sous-brigadier des douanes, Audinet, étant de service avec deux préposés, aperçut devant le poste, à environ un quart de lieue en mer, un bateau à vapeur mouillé ; la situation de ce navire n'excita pas autrement son attention, parcequ'il était depuis quelques jours surtout habitué à voir des paquebots, soit au mouillage, soit louvoyant, de Boulogne à la Pointe-aux-Oies, pour attendre des dépêches ; mais ayant vu, vers deux heures du matin, un canot qui lui sembla plein de monde se détacher de ce navire, Audinet se porta rapidement en avant des préposés, au fil de l'eau ; le canot ayant touché à vingt-cinq pas de lui, il le héla ; on lui répondit : « Nous sommes des hommes du 40e de ligne, et nous allons de Dunkerque à Cherbourg ; mais une roue de notre paquebot s'est brisée, et voilà pourquoi nous débarquons. »

» Le brigadier vit alors que le canot était effectivement monté par une quinzaine de militaires de différents grades, qui sautèrent à terre. La pensée qu'on le trompait ne lui vint pas dans ce moment : il ne conçut de soupçons que quand plusieurs des individus débarqués, le menaçant de leurs baïonnettes, lui dirent : « Ne vous opposez pas au débarquement ou vous serez traités comme des Bédouins ; » et qu'un officier eut repris : « C'est de la douane, ne leur faisons pas de mal. » Aussitôt le sous-brigadier Audinet et les préposés Caroux et Legnay, qui l'avaient rejoint, furent entourés par les rebelles bien armés. Puis le canot retourna au paquebot, et fit trois voyages successifs pour amener à terre le reste de la troupe ; dans l'intervalle, cinq autres employés des douanes, occupés à faire leurs rondes, furent également arrêtés par les rebelles. Aucun des douaniers ne fut maltraité ni désarmé.

» Pendant le débarquement quatre individus venant de Boulogne arrivèrent à la plage, embrassèrent plusieurs des militaires débarqués, et les deux premiers reçurent des uniformes d'officiers dont ils se revêtirent immédiatement. Sur ces entrefaites le lieutenant des douanes Bally fut prévenu, vers trois heures et demie, de la présence du paquebot. Il se rendit à Wimereux, persuadé qu'il s'agissait uniquement d'une infraction aux réglements sanitaires. Dans l'instant où il arrivait sur la place de ce village, cinq ou six officiers s'avancèrent sur lui, et sur sa réponse qu'il était le chef de la douane du lieu, on le somma de guider le détachement jusqu'à Boulogne. Le détachement était composé d'une trentaine d'hommes portant l'uniforme et le numéro du 40ᵉ de ligne, et d'une trentaine d'individus revêtus d'insignes et d'uniformes d'officiers de tous grades.

» Au moment du départ, il y eut dans le groupe des officiers quelques discussions sur le chemin qu'il convenait de suivre ; il fut d'abord question de prendre la

falaise, mais les individus arrivés de Boulogne ayant
indiqué le chemin de la Colonne, leur avis prévalut. La
troupe se forma, et l'on se mit en marche. Les rebelles
placèrent séparément et à distance les employés qu'ils
prenaient pour guides ou plutôt qu'ils enlevaient, afin
de ne rien laisser d'inquiétant derrière eux ; leur chef,
M. Bally, après avoir supplié vainement qu'on le laissât
à Wimereux, se vit contraint de marcher comme les
autres. On fit plusieurs haltes, et il paraît certain que
dans l'une d'elles de copieuses libations de vin de Cham-
pagne et d'eau-de-vie eurent lieu de la part des insurgés.

» La troupe étant arrivée à la hauteur de la Colonne
qu'on laissa à droite après lui avoir fait le salut du drapeau, un officier général ayant vu M. Bally parler à un de
ses préposés dont il s'était rapproché, vint à lui, et,
après lui avoir défendu de causer, lui dit : « Savez-vous
bien que c'est le prince Louis Bonaparte qui est à notre
tête ; Boulogne est à nous, et dans peu de jours le
prince sera proclamé empereur des Français par la nation, qui le désire, et par le ministère français qui
l'attend. »

» M. Bally lui répondit que ce qu'il entendait rendait sa position et celle de ses employés plus fâcheuse
encore qu'il ne l'avait pensé d'abord ; il demanda avec
instance qu'il lui fût permis, puisque l'on voyait Boulogne et le chemin direct, de retourner à son poste
avec ses hommes ; le général s'y refusa et dit qu'il fallait aller plus loin encore. Un quart d'heure après, à
deux cents pas environ du bureau de l'octroi, M. Bally
renouvela sa demande, en s'adressant au prince lui-
même, qui lui dit alors : « Je veux bien que vous re-
tourniez à Wimereux, mais sous condition que vous
irez directement et sans dire un mot de ce qui vient de
passer. »

» Les préposés se réunirent et repartirent avec leur

1.

lieutenant, observés par quatre hommes armés qui les suivirent jusqu'au pied de la Colonne, et les virent se diriger sur la crèche de Wimille. Au moment de la séparation, un officier supérieur s'approcha de M. Bally, et lui offrit une poignée d'argent, qui fut vivement refusée. Des tentatives de séduction de la même nature ont été faites auprès de ses préposés, qui ont tenu la même conduite, à l'exception d'un seul dont l'administration des douanes a déjà fait justice.

» Cependant les rebelles, arrivés à Boulogne vers cinq heures du matin, se présentèrent à la caserne au moment du lever des militaires, et s'efforcèrent de les entraîner par des offres d'argent et des promesses de grades. Le lieutenant de voltigeurs Aladenize, appartenant au 42°, et arrivé à Boulogne depuis la veille, paraît avoir surtout usé de toute l'influence que lui donnait sa position pour les séduire, lorsque est intervenu le capitaine de grenadiers Col-Puygélier, commandant le détachement en garnison dans la ville, qui par son énergie, par l'expression vive et entraînante de sa fidélité au roi, a donné aux soldats un exemple unanimement suivi. C'est alors que Louis Bonaparte, après avoir tenté, dit-on, de lui arracher sa décoration, a dirigé sur lui, presque à bout portant, un pistolet dont la balle a frappé au cou un grenadier du 42°. On craint pour la vie de ce militaire, qui est marié.

» Après cette tentative d'assassinat sur la personne de leur commandant, il n'y avait plus rien à attendre ces braves du 42°, et les rebelles, quittant la caserne, se répandirent dans les rues, jetant des proclamations et de l'argent, aux cris de *vive l'empereur!* Ils arrivèrent ainsi devant le poste de la place d'Alton, où se trouvaient quatre militaires, commandés par le sergent Morange; les promesses et les menaces furent successivement employées envers ces militaires comme envers leurs camarades, et, cette fois encore, repoussées avec non moins d'énergie et de loyauté; continuant leur route vers la Haute-Ville, et formés en cortège au milieu duquel flottait un drapeau tricolore à l'aigle impériale, sur lequel étaient inscrits en caractères dorés les noms des principales victoires remportées par nos armées, ils arrivèrent près de l'hôtel de la sous-préfecture.

» Le sous-préfet, M. Launay-Leprevost, avait depuis quelques instants eu le temps de revêtir son uniforme, de courir lui-même au quartier de la gendarmerie pour faire prendre les armes, et d'ordonner la fermeture des portes de la Haute-Ville. Il vit le groupe de séditieux qui marchait l'épée nue aux cris répétés de *vive l'empereur !* Quoique seul, il se dirigea directement vers eux, les somma, au nom du roi, d'abattre leur drapeau et de se séparer à l'instant; puis, s'adressant à ceux qu'il croyait des militaires égarés, il les rappela énergiquement au devoir, en leur représentant qu'ils étaient les dupes d'un aventurier, etc.

» Les cris de *vive l'empereur !* couvraient sa voix, mais il ne cessa d'y répondre par le cris de *vive le roi !* jusqu'au moment où Louis Bonaparte ayant commandé de le repousser, il fut frappé à la poitrine par l'aigle du drapeau, et faillit être renversé. Le cortège continua alors sa marche, et le sous-préfet ne put que leur déclarer que dans peu d'instants il les rejoindrait à la tête de la garde nationale. Il courut aussitôt au poste de la place d'Alton, où il trouva les quatre braves du 42°, commandés par le sergent Morange; il parcourut ensuite les rues principales, appelant aux armes les citoyens qu'il connaissait, en leur indiquant le poste de la place d'Alton pour lieu de ralliement.

» Bientôt il s'y réunit un certain nombre de gardes nationaux, et le colonel Sansot, qui lui-même avait fait battre la générale à la Haute-Ville et rallié d'autres gardes nationaux, vint l'y joindre à cheval. Des cartouches furent distribuées, malheureusement avec quelque lenteur.

» Cependant les rebelles s'étaient présentés aux portes de la Haute-Ville qu'ils avaient trouvées fermées, et après avoir inutilement tenté d'enfoncer à coups de hache celle de Calais, que gardait le commandant de place avec un détachement de vingt hommes du 42ᵉ, commandés par un officier, ils prirent la direction de la Colonne de la grande armée distante d'un kilomètre de la ville, et y arborèrent le drapeau.

» Mais ils furent bientôt suivis par le détachement de la garde nationale, commandé par le colonel Sansot, en tête duquel s'étaient aussi placés le sous-préfet et M. Dutertre-Delporte, adjoint au maire de la ville, et qu'éclairait la brigade de gendarmerie commandée par le lieutenant Bilot; au détachement, fort de cent hommes à peu près, mais qui se grossissait incessamment, se joignirent, par les ordres du commandant de place, les vingt militaires du 42ᵉ qui gardaient la porte de Calais, et tous marchèrent contre les rebelles, qui s'étaient d'abord placés en tirailleurs dans les bois qui enceignent le monument.

» Le colonel Sansot fit ses dispositions pour les attaquer, et ce fut alors, sur l'observation du sous-préfet qu'il convenait de placer les militaires en avant, afin d'épargner le sang des citoyens, presque tous pères de famille, qu'avec une admirable unanimité officiers et gardes nationaux réclamèrent à grands cris l'honneur de marcher les premiers. Le sous-préfet dut céder à leur enthousiasme et à la demande expresse de leur brave colonel. On marcha donc; mais à la vue de la garde nationale, aux cris de *vive le roi*, qu'elle poussait avec ardeur, les séditieux s'étaient débandés, et fuyant à travers champs, ils laissèrent (tant était grande leur précipitation) dans l'intérieur de la colonne leur drapeau et celui qui le portait.

» Certain alors de n'avoir plus affaire qu'à des fuyards, le colonel Sansot divisa sa colonne en détachements, et se mit immédiatement à leur poursuite, toujours précédé par la gendarmerie et accompagné par les hommes du 42ᵉ.

» Le sous-préfet, après avoir concerté avec le colonel les moyens les plus propres à traquer les fuyards à la côte, rentra immédiatement en ville, faisant porter le drapeau, pris par deux gardes nationaux. Il était salué par les acclamations de la population entassée sur la route et dans les rues qu'il devait traverser.

» Le rebelle, porteur de ce drapeau, suivait sous la garde de quelques autres gardes nationaux, et sa présence excitait au plus haut degré l'animadversion de la foule.

» Cependant les fuyards étaient serrés de près par les détachements formés de la colonne principale dirigée par le colonel, par d'autres détachements sortis de la ville, et à chaque instant quelques-uns tombaient aux mains de la garde nationale ou de la gendarmerie.

» C'est ainsi que le lieutenant Bilot, n'ayant plus avec lui que trois gendarmes, a fait mettre bas les armes au sieur Bouffé-Montauban, se disant colonel, au lieutenant du 42ᵉ Aladenize, et à cinq autres individus vêtus en militaires.

» Bientôt, traqués de tous côtés, les insurgés n'eurent plus d'autre ressource que de se jeter à la mer pour essayer de rejoindre le paquebot qui les avait apportés.

» Ici commence une série de faits pour l'intelligence desquels il importe de rétrograder.

» Pendant la marche sur la Colonne et la poursuite des insurgés, le maire, son premier adjoint, la douane, ceux enfin qui gardaient la ville n'étaient point demeurés inactifs.

» M. Adam, avec cette sagacité énergique qui le caractérise, avait compris qu'il importait de couper toute retraite aux insurgés, et il avait dès le principe ordonné au lieutenant du port, Pollet, de se munir d'une force suffisante pour s'emparer du paquebot et le faire entrer au port ou le jeter à la côte.

» Cet ordre important fut exécuté avec autant d'intelligence que de résolution par le lieutenant de port, assisté de quelques préposés des douanes, du pilote Huret et de cinq marins. En se rendant à bord du paquebot qui se trouvait sur rade, le lieutenant Pollet rencontra à peu de distance de la jetée de l'ouest le canot de ce paquebot, qu'il supposa avoir été placé là en attendant des ordres; aussi hêlé par lui en français, il continua sa route sans s'arrêter à répondre. Bientôt il aborda le paquebot, et donna l'ordre au capitaine d'appareiller pour le port; sur le refus de celui-ci, il déclara que ses hommes et lui allaient à son défaut exécuter cette manœuvre, et finit par menacer d'employer la force. Le capitaine se décida enfin; mais parvenu à deux cents mètres de la jetée de l'ouest et au bruit de coups de fusil tirés de la plage sur les hommes qu'on voyait à la nage, ce capitaine arrêta son navire; le lieutenant Pollet lui signifia vivement qu'il eût à continuer, et l'y contraignit. A ce moment une deuxième embarcation montée par le sieur Carry, premier maître de port, par deux gendarmes de la marine, le pilote Wadoux et cinq canotiers, avait rallié le paquebot.

» Le lieutenant Pollet chargea donc le maître Carry de faire rentrer le paquebot, et se jeta dans l'un des canots avec cinq matelots et les deux gendarmes de la marine. Il se dirigea à force de rames sur les hommes à la nage; le feu dirigé sur ces hommes cessa dès qu'il fut au milieu d'eux, et il recueillit successivement dans son embarcation Louis Bonaparte et son état-major, composé de trois personnes, qu'il conduisit au quai, et qu'il remit aux mains de M. le maire qui s'y trouvait.

Ils furent immédiatement conduits au château dans une voiture, où le sous-préfet vint lui-même prendre place.

» Nous avons laissé Louis Bonaparte et ce qui restait des siens acculés à la mer et réduits à chercher leur salut dans les flots : ils s'étaient en effet emparés d'une embarcation qui se trouvait sur la plage, et ils s'y étaient précipités avec tant d'empressement qu'elle avait chaviré. Ils se trouvaient ainsi à la nage, sous le feu de la garde nationale, lorsque le lieutenant Pollet vint les sauver.

» Cependant le sieur Faure, sous-intendant militaire, avait été atteint d'une balle à la tête qui lui a causé la mort; un autre, encore inconnu, a péri par immersion; un troisième, le colonel Voisin, a reçu deux ou trois blessures, et un quatrième, soldat polonais, une balle à l'épaule qui a nécessité l'amputation.

» Ainsi la prévoyance de M. Adam et l'intelligente résolution du lieutenant Pollet ont assuré la capture de Louis Bonaparte et de ses principaux adhérents. Mais là ne se sont pas bornées les preuves de zèle et de dévouement du premier de ces fonctionnaires. Informé de la rentrée en ville de M. le sous-préfet et de la fuite des rebelles, il est monté lui-même à cheval pour diriger et encourager par sa présence les poursuites et les recherches, comme il avait pourvu, en l'absence momentanée de M. Launay-Leprevost, et avec l'assistance de M. Martinet, son adjoint, à l'armement de détachements de la garde nationale et de la douane, expédiés successivement à la poursuite des insurgés.

» En se dirigeant vers la Colonne les insurgés avaient laissé en ville le comte de Montholon et le colonel Parquin, qui furent arrêtés presque aussitôt par le commissaire de police Bergeret, assisté de M. Chauveau Soubitez, officier de la garde nationale. Ce commissaire de police a fait preuve en cette circonstance, comme dans toute cette affaire, d'une énergie et d'un dévouement qui le recommandent à la bienveillance du gouvernement.

» De tous côtés habitants et gardes nationaux arrêtaient les autres fugitifs et les livraient aux autorités, ainsi que les papiers et valeurs dont ils étaient porteurs, et qui étaient déposés aux mains de la justice dont la tâche allait commencer.

» Il serait impossible, M. le ministre, de signaler tous les actes de dévouement, tous les traits de désintéressement ; il faudrait citer la population presque entière et multiplier à l'infini les récompenses. »

(Suivent ici les propositions de récompenses soumises au gouvernement.)

« Je ne vous dis rien de M. le sous-préfet ; vous connaissez aussi bien que moi la conduite ferme, intelligente et dévouée qu'il a tenue, et je sais qu'il n'avait pas besoin pour mériter votre entière confiance de cette nouvelle et éclatante preuve de son courage.

» Je suis avec respect, M. le ministre,

» Votre très humble et très obéissant serviteur.

» Le préfet du Pas-de-Calais,

» *Signé* GAUJA. »

A la suite du rapport envoyé par le sous-préfet de Boulogne et avant la réception de celui du préfet, le conseil des ministres s'assembla, et il fut décidé que la chambre des pairs serait saisie de l'affaire. En conséquence il fut publié, dans le *Moniteur* du 10 août, une ordonnance dont voici le texte :

MONITEUR DU 10 AOUT.

Ordonnance du roi.

LOUIS-PHILIPPE, roi des Français,

Sur le rapport de notre garde des sceaux, ministre secrétaire d'Etat au département de la justice et des cultes;

Vu l'article 28 de la charte constitutionnelle;

Vu les articles 87, 88, 91, 92, 96, 97, 98 et 99 du code pénal;

Attendu que, dans la journée du 6 août 1840, un attentat contre la sûreté de l'Etat a été commis dans la ville de Boulogne-sur-Mer, nous avons ordonné et ordonnons ce qui suit :

Art. 1er. La Cour des pairs est convoquée.

Les pairs absents de Paris seront tenus de s'y rendre immédiatement, à moins qu'ils ne justifient d'un empêchement légitime.

Art. 2. Cette Cour procédera sans délai au jugement des individus qui ont été ou qui seront arrêtés comme auteurs, fauteurs ou complices de l'attentat ci-dessus énoncé.

Art. 3. Elle se conformera pour l'instruction aux formes qui ont été suivies par elle jusqu'à ce jour.

Art. 4. Le sieur Franck-Carré, notre procureur-général près la Cour royale de Paris, remplira les fonctions de notre procureur-général près la Cour des pairs.

Il sera assisté du sieur Boucly, avocat-général près la Cour royale de Paris, faisant les fonctions d'avocat-général et chargé de remplacer le procureur-général en son absence, et des sieurs Nouguier et Glandaz, substituts de notre procureur-général, lesquels composeront avec lui notre parquet près notre Cour des pairs.

Art. 5. Le garde des archives de la Chambre des pairs et son adjoint rempliront les fonctions de greffiers de notre Cour des pairs.

Art. 6. Notre garde des sceaux, ministre secrétaire d'Etat au département de la justice et des cultes, est

chargé de l'exécution de la présente ordonnance, qui
sera insérée au bulletin des lois.

Donné au palais des Tuileries, le 9 août 1840.

LOUIS-PHILIPPE,

Par le roi.

Le garde des sceaux, ministre secrétaire d'État au
département de la justice et des cultes,

VIVIEN.

Le 18 août la Chambre des pairs, s'étant réunie
en Cour de justice, constitua sa juridiction,
donna acte au procureur-général du dépôt de son
réquisitoire, et rendit un arrêt ainsi conçu.

MONITEUR DU 19 AOUT.

» LA COUR DES PAIRS,

Vu l'ordonnance du roi en date du 9 de ce mois ;

Vu l'art. 28 de la charte constitutionnelle ;

Ouï le procureur du roi en ses dires et réquisitions,
et après en avoir délibéré,

Donne acte au procureur-général du dépôt par lui
fait sur le bureau de la Cour d'une réquisition renfermant plainte contre les auteurs, fauteurs et complices
de l'attentat à la sûreté de l'état commis à Boulogne-
sur-Mer, département du Pas-de-Calais, le 6 de ce mois ;
ordonne que par M. le chancelier de France, président
de la Cour, et par tels de MM. les pairs qu'il lui plaira
commettre pour l'assister et le remplacer en cas d'empêchement, il sera sur-le-champ procédé à l'instruction
du procès ; pour, ladite instruction faite et rapportée,
être par le procureur-général requis et par la Cour sta-
tué ce qu'il appartiendra.

Ordonne que, dans le cours de ladite instruction, les
fonctions attribuées à la chambre du conseil, par l'article 128 du code d'instruction criminelle, seront remplies par M. le chancelier, président de la Cour, celui

de MM. les pairs commis par lui pour faire le rapport, et MM. de Bellemare, Besson, de Cambacérès, le vicomte Decaux, le comte Dutaillis, le baron Feutrier, le baron Fréteau de Peny, le comte Hendelet, Odier, Rossi, le chancelier Tarbé de Vauxclairs, Villemain, que la Cour commet à cet effet; lesquels se conformeront d'ailleurs pour le mode de procéder aux dispositions du code d'instruction criminelle, et ne pourront délibérer s'ils ne sont au nombre de sept au moins;

Ordonne que les pièces à conviction ainsi que les procédures et actes d'instruction déjà faits seront apportés sans délai au greffe de la Cour;

Ordonne pareillement que les citations et autres actes du ministère d'huissier seront faits par les huissiers de la chambre;

Ordonne que le présent arrêt sera exécuté à la diligence du procureur-général du roi.

Fait et délibéré au palais de la Cour des pairs, à Paris, le mardi 18 août 1840, en la chambre du conseil, où siégeaient cent trente-un membres de la Cour.

Assistés de MM. Eugène Cauchy, greffier en chef, et Léon de la Chauvinière, greffier en chef adjoint de la Cour.

En exécution de l'arrêt qui précède, M. le chancelier a délégué pour l'assister dans l'instruction ordonnée par cet arrêt MM. le duc Decazes, le comte Portalis, le baron Girod (de l'Ain), le maréchal comte Gérard et Persil.

OUVERTURE DES DÉBATS.

C'est le 28 juillet qu'a eu lieu l'ouverture des débats. Les plus grandes précautions contre tout événement étaient prises dans l'intérieur du palais du Luxembourg et aux alentours. Dès dix heures du matin, on ne pouvait qu'avec les plus grandes difficultés entrer dans la cour du palais, même pour les communications les plus urgentes. Dans le jardin on avait établi une forte cloison en poutrelles depuis l'Orangerie jusqu'au bâtiment neuf, et le nombre des factionnaires était considérable de ce côté. Ces précautions excessives avaient éloigné les curieux, peu amateurs des formes extrêmement sommaires de la police : on ne voyait à toutes les issues que des uniformes de troupes, la plupart en grande tenue, parmi lesquels se dessinaient les habits bleus des sergents de ville. Aussi éprouvait-on une impression pénible aux approches de ce palais où l'on avait mis sur la sellette le neveu, l'héritier désigné de NAPOLÉON-LE-GRAND. C'est à midi et demi que les accusés ont été introduits. L'arrivée du prince a produit une sensation difficile à décrire, et plus d'un de ceux qu'il refuse pour juges n'a pu se défendre d'une certaine émotion en voyant là, captif et sous une menace de mort, celui qu'adopta l'homme qui les avait eux-mêmes comblés de richesses et décorés de tous les titres honorifiques. Le prince portait le grand aigle de la légion d'honneur. Sa tenue était à la fois grave et digne : aux premières questions qui lui ont été adressées, il a répondu par une protestation dont nous donnons plus loin le texte, et qui révèle des intentions que nous n'avions pu que soupçonner. Du reste, le prince, comme on va le voir, n'accepte pas la Chambre des pairs pour un tribunal compétent et apte à le juger ; il a même déclaré qu'il ne répondrait pas aux questions qui lui seraient adressées, et si néanmoins il fait encore quelques courtes réponses à M. le chancelier, c'est sans doute pour obéir à cette urbanité française qu'il n'a pu oublier sur la terre de l'exil.

Aux environs du palais du Luxembourg on remarque un déploiement de force armée inusitée ; la cour de la caserne des gardes municipaux, située au haut de la rue de Tournon, est remplie de gardes en grande tenue. Un assez grand nombre de curieux se pressent à l'entrée principale du palais. Les postes à l'intérieur sont partout doublés ; ces forces sont encore augmentées d'un piquet de chasseurs à cheval.

Après une course de quelques minutes dans de sinueux corridors bien gardés, on entre dans la nouvelle salle des séances, qui est loin d'avoir reçu tous ses ornements, et qui a été décorée provisoirement pour le procès.

Les tribunes réservées au public sont combles.

La nouvelle salle des séances, qui jusqu'à présent a eu le malheur de ne servir qu'à des procès politiques, est disposée comme aux précédentes solennités de juridiction exceptionnelle.

Plusieurs huissiers entrent, chargés des pièces à conviction ; on distingue parmi ces pièces un drapeau tricolore surmonté d'un aigle, des uniformes et des épées.

A midi un quart les défenseurs et conseils des accusés viennent prendre les places qui leur ont été préparées. Ce sont MM⁰⁰ Berryer et Marie pour le prince Louis-Napoléon et le comte Montholon ; MM⁰⁰ Ferdinand Barrot et Piet pour M. Voisin ; M⁰ Delacour pour M. de Mésonan ; M⁰ Barillon pour MM. Bouffet de Montauban, Lombard et de Persigny ; MM⁰⁰ Ducluseau et Forestier (frère de l'accusé) pour M. Forestier ; MM⁰⁰ Favre et Pinéde pour M. Aladenise ; M⁰ Nogent de Saint-Laurent pour M. Delaborde ; M⁰ Barillon pour M. Conneau ; M⁰ Ferdinand Barrot pour MM. Parquin, Bataille et Desjardins ; M⁰ Lignier pour MM. Ornano, Galvani, Orsi, Bure et

d'Almbert. M. d'Almbert est en outre assisté de
M. Ed. d'Almbert, son frère.

A midi et demi le prince Louis et les accusés
sont introduits.

Tous les regards se dirigent avec le plus vif intérêt vers le prince Napoléon-Louis.

Le prince est un jeune homme de taille moyenne, aux cheveux châtains; il porte des moustaches; il est vêtu d'un habit noir boutonné et décoré de la plaque de grand aigle de la légion d'honneur; son visage rappelle évidemment le type napoléonien.

Un lieutenant de gendarmerie qui précède le prince lui désigne sa place en tête du premier banc; M. le général comte de Montholon, le vieux et fidèle compagnon de l'empereur, s'asseoit à côté du prince; viennent ensuite M. Voisin, blessé, le bras en écharpe, et soutenu dans un foulard rouge; puis MM. Le Duff de Mésonan, de Montauban, Lombard, de Persigny, Forestier, Bataille, Aladenise, Laborde, Desjardins, Conneau, Ornano, Galvani, d'Almbert, Orsi et Bure.

A une heure un huissier annonce la Cour.

M. PASQUIER, en grand costume de chancelier, entre suivi de tous les membres de la Cour.

Les pairs ayant pris place, les membres du parquet sont introduits.

Le parquet se compose de M. le procureur-général Franck-Carré, assisté des procureurs généraux Boucly, Glandaz et Nouguier.

LE PRÉSIDENT : L'audience est ouverte. M. le greffier de la Cour va procéder à l'appel nominal de messieurs les pairs.

M. CAUCHY, secrétaire-archiviste, greffier de la Cour des pairs, fait l'appel nominal.

Nous suivons sur la liste imprimée de MM. les pairs, et nous remarquons que le greffier passe les noms d'un grand nombre de pairs dont l'absence est connue d'avance, sans doute, du président. Ce mode de procéder empêche le public de s'apercevoir de la grande quantité de pairs qui se sont récusés.

Voici la liste des pairs absents : MM. de Mortemart, de Valentinois, de Montmorency, de Jaucourt, Klein, Lemercier, Montbadon, de Brissac, d'Aligre, de Bellune, de Biron, de Mun, de La forest, Ricard, Séguier, de Vérac, de Sabran Choiseul-Gouffier, Barante, Becklet, Pelet (de la Lozère, Rampon, Compans, de Sparre, Saint-Simon, Verhuel, d'Aramon, la Villegontier, d'Aragon, de Conégliano, Portal, Roy, Vaudreuil, de Tascher, de Puységur, d'Ambrusac, de Courtarvel, de Plaisance, Dubouchage, Davoust, Ducayla, Boissy-d'Anglas, de Noailles, de la Rochefoucault (duc); de Chabrillan, d'Istrie, Lauriston, de Brézé, de Périgord, de Saint-Aulaire, de Grillon (marquis), de Dalmatie, de

Sesmaisons , Richelieu , Barthélemy , Duperré , d'Aux , Herwyn de Nevèle de Boisgelin , de Cessac , de Turenne , d'Aubusson , Beauveau , Cafarelli , Drouet d'Erlon , Flahaut , de Grammont , Emeriau , Lascours , Bonet , Gazan , Cousin , Humblot-Comté , Lamoignon , Ornano , de Mareuil , Roussin , Jurieu-Lagravière , Grenier , Gueheneuc , Grouchy , de Preissac , Canson , Duchâtel , Saint-Cyr-Nugues , Brayer , Saint-Cricq , Saulx-Tavannes , Curial , Montalembert , Brun de Villeret , de Cordoue , de la Moussaye , de la Riboissière , Valée , Lezay-Marnézia , Ledru des Essarts , Mortier de Cadore , Wagram , Bresson , d'Audiffret , Bignon , Brigode , de Chanaleilles , d'Escayrac , Marchand , de Mosbourg , Pelet (de la Lozère) fils , Lombard , Laplagne-Barris , Tiburce-Sébastiani , Castellane , Rosamel , la Pinsonnière , Schramm , Cubière , de Malaret , Béranger (Drôme).

Voici maintenant la liste des pairs qui ont répondu à l'appel :

MM. le chancelier, président, le duc de Broglie , le maréchal duc de Reggio , le duc de Castries , le marquis de la Guiche , le comte d'Haussonville , le marquis de Louvois , le comte Molé , le comte de Noé , le comte de la Roche-Aymon , le duc Decazes , le comte d'Argout , le comte Raymond de Bérenger , le comte Claparède , le marquis de Dampierre , le vicomte d'Houdetot , le

baron Mounier, le comte Mollien, le comte de
Pontécoulant, le comte Reille, le marquis de
Talhouët, le comte de Germiny, le baron Dubre-
ton, le comte de Bastard, le marquis de Pange,
le comte Portalis, le duc de Praslin, le duc de
Crillon, le duc de Coigny, le comte Siméon, le
comte de Saint-Priest, le maréchal comte Moli-
tor, le comte Bourke, le comte d'Haubersart,
le comte de Breteuil, le comte Dejean, le comte
de Richebourg, le vicomte Dode, le duc de Bran-
cas, le comte Montalivet, le comte Cholet, le comte
Lanjuinais, le marquis de Laplace, le vicomte de
Ségur-Lamoignon, le comte Abrial, le comte de
Ségur, le comte de Bondy, le baron Davillier,
le comte Gilbert de Voisins, le comte d'Anthouard,
le comte Excelmans, le vice-amiral comte Jacob,
le comte Pajol, le comte Philippe de Ségur, le
comte Perregaux, le comte Roguet, le comte de
la Rochefoucauld, le baron Girod (de l'Ain),
le baron Athalin, Aubernon, Bertin de Veaux,
Besson, le président Royer, le vicomte de Caux,
le comte Desroys, le comte Dutaillis, le duc de
Fezenzac, le baron de Fréville, Gautier, le vicomte Heudelet, le baron Malouet, le comte de
Montguyon, le baron Thénard, le comte Turgot,
Villemain, le baron Zangiacomi, le comte de
Ham, le comte Béranger, le baron Berthezène,
le comte de Colbert, le comte de La Grange, le
comte Daru, le comte Beaudrand, le baron Nei-

gre, le maréchal comte Gérard, le baron Duval,
le comte de Beaumont, le baron de Reinach, le
marquis de Rumigny, Barthe, le comte d'Astorg,
le comte de Gasparin, le comte de Hedouville, le
baron Aymard de Cambacérès, le vicomte de Cha-
bot, le comte Corbineau, le baron Feutrier, le
baron Fréteau de Pény, le comte Pernety, de
Riccard, le marquis de Rochambeau, le comte
de Saint-Aignan, le vicomte Siméon, le comte
de Rambuteau, le comte d'Alton-Shée, de Bellemare, le marquis d'Andigné de la Blanchaye,
le comte de Monthion, le marquis de Belbeuf,
Chevandier, le baron Darriule, le baron Delort,
le baron Dupin, le comte Durosnel, le comte
d'Arcourt, le vicomte d'Abancourt, Humann, le
baron Jacquinot, Kératry, le comte d'Audenarde,
le vice-amiral Halgan, Mérilhou, Odier, Paturle,
le baron de Vendeuvre, le baron Pelet, Périer,
le baron Petit, le vicomte de Préval, le baron de
Schonen, le chevalier Tarbé de Vauxclairs, le
vicomte de Villers du Terrage, le vice-amiral
Willaumez, Bourdeau, le baron de Gérando, le
baron Rohault de Fleury, Rouillé de Fontaine,
le baron de Daunant, le marquis de Cambis
d'Orsan, le comte Harispe, le vicomte de Jessaint,
le baron de Saint-Didier, le baron Voirol, Mail-
lard, le duc de la Force, le baron Dupont-Del-
porte, le baron Nau de Champlouis, Gay-Lussac,
Aubert, le marquis de Boissy, le vicomte Borelli,

le vicomte Cavaignac, Cordier, Étienne, le comte Jules de la Rochefoucauld, Lebrun, le marquis de Lusignan, le comte Eugène Merlin, Persil, le comte Saint-Hermine, le baron Teste, de Vaudreuil, Viennet, Rossi, le comte Sérurier.

Après l'appel et le réappel des membres de la Cour, le président procède à l'interrogatoire du prince Louis et de ses compagnons de captivité.

M. LE PRÉSIDENT s'adressant au prince Louis : Premier accusé, votre nom ?

LE PRINCE LOUIS : Charles-Louis-Napoléon.

M. LE PRÉSIDENT : Votre âge ?

LE PRINCE LOUIS : Trente-deux ans.

M. LE PRÉSIDENT : Votre lieu de naissance ?

LE PRINCE LOUIS : Paris.

M. LE PRÉSIDENT : Votre domicile ?

LE PRINCE LOUIS : Londres.

M. LE PRÉSIDENT s'adressant au comte de Montholon : Vos noms, âge, profession et domicile ?

LE COMTE DE MONTHOLON : Charles-Tristan, comte de Montholon, cinquante-huit ans, maréchal de camp, né à Paris, demeurant en Angleterre.

M. LE PRÉSIDENT : Troisième accusé, vos noms, âge, profession et domicile ?

LE COLONEL VOISIN : Jean-Baptiste Voisin, âgé de soixante ans, colonel de cavalerie en retraite, né à Dieppe, demeurant à Tarbes.

M. LE PRÉSIDENT : Quatrième accusé, vos noms, âge, profession et domicile ?

LE COLONEL PARQUIN : Denis-Charles Parquin, officier supérieur de cavalerie, démissionnaire par ma volonté, cinquante-trois ans, né à Paris, domicilié à Londres, aide-de-camp du prince Louis-Napoléon.

M. LE PRÉSIDENT : Cinquième accusé?

M. LE DUFF DE MESONAN : Sévère-Louis Le Duff de Mesonan, âgé de cinquante-sept ans, chef d'escadron d'état-major en retraite, né à Quimper, demeurant à Paris.

M. LE PRÉSIDENT : Sixième accusé?

M. BOUFFET DE MONTAUBAN : Hippolyte-François-Sébastien Bouffet de Montauban, né à Verneuil, quarante-six ans, ancien colonel au service de Colombie, général des volontaires parisiens en 1830 et 1831, demeurant à Londres.

M. LE PRÉSIDENT : Septième accusé?

M. LOMBARD : Jules-Barthélemy Lombard, né à Feuillac, demeurant à Paris, âgé de trente-un ans, officier d'ordonnance du prince Louis-Napoléon.

M. LE PRÉSIDENT : Huitième accusé?

M. PERSIGNY : Jean-Gilbert Fialin de Persigny, né à Saint-Germain Lespinasse, âgé de trente ans, aide-de-camp du prince Louis-Napoléon, demeurant à Londres.

M. LE PRÉSIDENT : Neuvième accusé?

M. FORESTIER : Jean-Baptiste Forestier, âgé de

vingt-cinq ans, négociant, né à Saint-Gérant-le-Puy (Allier), demeurant à Paris.

M. LE PRÉSIDENT : Dixième accusé?

M. BATAILLE : Martial-Eugène Bataille, né à Kingston (Jamaïque) de parents français, âgé de vingt-cinq ans, ingénieur civil, demeurant à Londres depuis quelques mois.

M. LE PRÉSIDENT : Onzième accusé?

M. ALADENIZE : Jean-Auguste-Charles Aladenize, âgé de vingt-sept ans, né à Moudun, lieutenant de voltigeurs au 42e.

M. LE PRÉSIDENT : Douzième accusé?

M. LABORDE : Étienne Laborde, cinquante-huit ans, né à Carcassonne, lieutenant-colonel en retraite, demeurant à Paris.

M. LE PRÉSIDENT : Treizième accusé?

M. DESJARDINS : Prosper-Alexandre, dit Desjardins, âgé de cinquante-un ans, né et demeurant à Paris, capitaine en retraite.

M. LE PRÉSIDENT : Quatorzième accusé?

M. CONNEAU : Henri Conneau, âgé de trente-trois ans, docteur en médecine, né à Milan de parents français, demeurant à Londres.

M. LE PRÉSIDENT : Quinzième accusé?

M. ORNANO : Napoléon Ornano, âgé de trente-quatre ans, ancien officier de dragons, né à Ajaccio (Corse), demeurant à Paris.

M. LE PRÉSIDENT : Seizième accusé?

M. GALVANI : Mathieu Galvani, âgé de cinquante-quatre ans, né et domicilié à Sainte-Lucie (Corse), sous-intendant militaire en réforme.

M. LE PRÉSIDENT : Dix-septième accusé ?

M. D'ALMBERT : Alfred d'Almbert, âgé de vingt-sept ans, né à Nancy, demeurant à Londres, secrétaire du prince Louis-Napoléon.

M. LE PRÉSIDENT : Dix-huitième accusé ?

M. ORSI : Joseph Orsi, âgé de trente-deux ans, né à Florence, demeurant à Londres, négociant.

M. LE PRÉSIDENT : Dix-neuvième accusé ?

M. BURE : Pierre-Jean-François Bure, âgé de trente-deux ans, commis-négociant, né et demeurant à Paris.

M. LE PRÉSIDENT : J'avertis les avocats, conformément à l'article 311 du code d'instruction criminelle, qu'ils ne doivent rien dire qui soit contraire aux lois.

« Accusés, soyez attentifs : le greffier va donner lecture de l'arrêt de la Cour du 17 septembre et de l'acte d'accusation dressé contre vous.

« Greffier, donnez lecture de l'arrêt du 17 juin et de l'acte d'accusation.

« M. Cauchy, greffier, lit les deux pièces. Tout à coup il s'arrête, et l'on voit le colonel Voisin se lever et demander la permission de sortir.

M. LE PRÉSIDENT : L'accusé peut sortir ; il ne s'oppose pas, je pense, à ce que la lecture continue en son absence ?

M. VOISIN : Non, monsieur.

Le colonel se retire, et le greffier continue sa lecture sur l'ordre du président. On fait l'appel des témoins, qu'on fait retirer dans la salle qui leur est réservée.

Les témoins sont au nombre de 28.

L'audience est suspendue à deux heures un quart et reprise à trois heures un quart.

M. LE PRÉSIDENT : L'audience est reprise ; Louis-Napoléon Bonaparte, levez-vous ; je vais procéder à votre interrogatoire.

LE PRINCE LOUIS SE LEVANT : Avant de répondre à vos questions j'ai à présenter à la Cour quelques observations. (Vif mouvement.)

« Pour la première fois de ma vie, il m'est enfin permis d'élever la voix en France, et de parler librement à des Français.

» Malgré les gardes qui m'entourent, malgré les accusations que je viens d'entendre, plein des souvenirs de ma première enfance, en me trouvant dans ces murs du sénat, au milieu de vous que je connais, messieurs, je ne peux pas croire que j'aie ici besoin de me justifier, ni que vous puissiez être mes juges. Une occasion solennelle m'est offerte d'expliquer à mes concitoyens ma conduite, mes intentions, mes projets, ce que je pense, ce que je veux. (Attention.)

» Sans orgueil comme sans faiblesse, si je rappelle les droits déposés par la nation dans les mains de ma famille, c'est uniquement pour expliquer les devoirs que ces droits nous ont imposés à tous.

» Depuis cinquante ans que le principe de la souveraineté du peuple a été consacré en France, par la plus puissante révolution qui se soit faite dans le monde, jamais la volonté nationale n'a été proclamée aussi solennellement, n'a été constatée par des suffrages aussi nombreux et aussi libres que pour l'adoption des constitutions de l'empire.

» La nation n'a jamais révoqué ce grand acte de sa souveraineté, et l'empereur l'a dit : « Tout ce qui a été fait sans elle est illégitime.

» Aussi gardez-vous croire que, me laissant aller aux mouvements d'une ambition personnelle, j'aie voulu tenter en France malgré le pays une restauration impériale; j'ai été formé par de plus hautes leçons, et j'ai vécu sous de plus nobles exemples.

» Je suis né d'un père qui descendit du trône sans regret le jour où il ne jugea plus possible de concilier avec les intérêts de la France les intérêts du peuple qu'il avait été appelé à gouverner.

» L'empereur, mon oncle, aima mieux abdiquer l'empire que d'accepter par des traités les frontières restreintes qui devaient exposer la France à subir les dédains et les menaces que l'étranger se permet aujourd'hui. Je n'ai pas respiré un jour dans l'oubli de tels enseignements. La proscription imméritée et cruelle qui pendant vingt-cinq ans a traîné ma vie des marches du trône, sur lesquelles je suis né, jusqu'à la prison d'où je sors en ce moment, a été impuissante à irriter comme à fatiguer mon cœur ; elle n'a pu me rendre étranger un seul jour à la dignité, à la gloire, aux droits, aux intérêts de la France. Ma conduite, mes convictions l'expliquent.

» Lorsqu'en 1830 le peuple a reconquis sa souveraineté, j'avais cru que le lendemain de la conquête serait loyal comme la conquête elle-même, et que les destinées de la France étaient à jamais fixées ; mais le pays a fait la triste expérience des dix dernières années. J'ai pensé que le vote de quatre millions de citoyens qui avaient élevé ma famille nous imposait au moins le devoir de faire appel à la nation, et d'interroger sa volonté ; j'ai cru même que si au sein du congrès national que je voulais convoquer, quelques prétentions pouvaient se faire entendre, j'aurais le droit d'y réveiller les souvenirs éclatants de l'empire, d'y parler du frère aîné de l'empereur, de cet homme vertueux qui, avant moi, en est le digne héritier, et de placer en face de la France aujourd'hui affaiblie, passée sous silence dans le congrès des rois, la France d'alors, si forte au dedans, au dehors si puissante et si respectée. La nation eût répondu : République ou monarchie, empire ou royauté. De sa libre décision dépend la fin de nos maux, le terme de nos dissensions.

» Quant à mon entreprise, je le répète, je n'ai point eu de complices. Seul j'ai tout résolu ; personne n'a connu à l'avance ni mes projets, ni mes ressources, ni mes espérances. Si je suis coupable envers quelqu'un, c'est envers mes amis seuls. Toutefois qu'ils ne m'accusent pas d'avoir abusé légèrement de courages et de dévouements comme les leurs. Ils comprendront les motifs d'honneur et de prudence qui ne permettent pas de révéler à eux-mêmes combien étaient étendues et puissantes mes raisons d'espérer un succès.

» Un dernier mot, messieurs. Je représente devant vous un principe, une cause, une défaite : un principe, c'est la souveraineté du peuple ; la cause, celle de l'empire ; la défaite, Waterloo. Le principe, vous l'avez reconnu ; la cause, vous l'avez servie ; la défaite, vous voulez la venger. Non, il n'y a pas de désaccord entre vous et moi, et je ne veux pas croire que je puisse être dévoué à porter la peine des défections d'autrui.

» Représentant d'une cause politique, je ne puis accepter comme juge de mes volontés et de mes actes, une juridiction politique. Vos formes n'abusent personne. Dans la lutte qui s'ouvre il n'y a qu'un vainqueur et un vaincu. Si vous êtes les hommes du vainqueur, je n'ai pas de justice à attendre de vous, et je ne veux pas de générosité. (Vive et longue agitation.)

M. LE PRÉSIDENT : Prince Louis, vous êtes débarqué sur la côte de Boulogne avec un nombre assez considérable de personnes, dans la nuit du 5 au 6 du mois d'août, dans le but de changer la forme du gouvernement établi par la charte de 1830.

LE PRINCE LOUIS : J'ai déjà répondu à cette question dans mon interrogatoire ; on peut s'y référer.

M. LE PRÉSIDENT : Il est de mon devoir de vous adresser devant la Cour toute la série de questions qui vous ont été faites lors de l'instruction. Cela vous fournira l'occasion de modifier vos déclarations, si vous le jugez à propos.

LE PRINCE LOUIS : Soit, M. le président.

M. LE PRÉSIDENT : Lorsque vous avez débarqué, n'avez-vous pas rencontré un poste de douaniers, et ne l'avez-vous pas forcé à vous suivre ?

LE PRINCE LOUIS : Oui, monsieur.

M. LE PRÉSIDENT : Avant d'arriver à la caserne n'êtes-vous pas passé devant un petit poste de la ligne, commandé par un sergent, que vous avez vainement tenté d'emmener avec vous ?

LE PRINCE LOUIS : Oui, monsieur.

M. LE PRÉSIDENT : N'avez-vous pas été à la caserne de Boulogne pour engager les soldats à prendre votre parti ?

LE PRINCE : Oui, monsieur.

M. LE PRÉSIDENT : Quel était votre but ?

LE PRINCE : Je voulais rendre à la France le rang qui lui appartient.

M. LE PRÉSIDENT : Etant dans la caserne, n'avez-vous pas dit au capitaine : Soyez des nôtres, et vous aurez tout ce que vous voudrez ?

LE PRINCE : Non, monsieur.

M. LE PRÉSIDENT : Le capitaine refusant d'être des vôtres, ne lui avez-vous pas tiré un coup de pistolet qui a atteint un soldat ?

LE PRINCE : J'ai déjà dit dans mon interrogatoire que j'étais dans un de ces moments où l'on n'est pas maître de toutes ses actions ; c'est alors que j'ai tiré un coup de pistolet.

M. LE PRÉSIDENT : En vous rendant de la caserne à la Haute-Ville, n'avez-vous pas, pour entraîner la population, fait distribuer de l'argent et des proclamations ?

LE PRINCE : Des proclamations, oui ; de l'argent, non.

M. LE PRÉSIDENT : Sur votre route vous avez rencontré le sous-préfet, qui, au nom de la loi, vous a sommés de vous disperser ?

LE PRINCE : Oui.

M. LE PRÉSIDENT : Un de ceux qui vous accompagnaient, et qui portait le drapeau, n'a-t-il pas renversé le sous-préfet avec le bâton du drapeau ?

LE PRINCE : Je ne sais pas.

M. LE PRÉSIDENT : En sortant de la Haute-Ville où avez-vous entraîné vos camarades ?

LE PRINCE : Je leur ai dit : Rendez-vous à la Colonne !

M. LE PRÉSIDENT : N'avez-vous pas donné ordre de placer un drapeau sur le haut de la Colonne ?

LE PRINCE : J'ai ordonné à Lombard d'y placer le drapeau tricolore.

M. LE PRÉSIDENT : A quelle époque avez-vous pris la résolution d'attaquer pour la seconde fois le gouvernement ?

LE PRINCE : Lorsque j'ai vu que depuis dix ans le gouvernement n'avait rien établi dans l'intérêt du pays.

D. Quand a eu lieu votre retour de Etats-Unis, et n'est-ce pas à cette époque que vous avez conçu vos desseins ?

LE PRINCE : Je suis revenu en 1837 ; quant à mes desseins, je n'ai rien à répondre, je l'ai déjà fait.

D. C'est à cette époque que vous avez commencé à faire des tentatives pour vous attacher vos coaccusés ?

LE PRINCE : Non, monsieur.

D. N'avez-vous pas écrit des lettres à Mésonan à cette époque ?

LE PRINCE : Non.

D. Cependant cela est fort probable, puisque Mésonan est aujourd'hui votre coaccusé.

LE PRINCE : Je n'ai pas écrit alors au commandant de Mésonan.

D. N'êtes-vous pas l'auteur de la brochure Laity, dans laquelle était glorifié l'attentat de Strasbourg?

LE PRINCE : Oui, monsieur.

D. Vous l'avez fait distribuer dans les casernes?

LE PRINCE : Non, monsieur.

D. Vous êtes l'auteur des *Idées Napoléoniennes?*

LE PRINCE : Oui.

D. Vous êtes aussi l'auteur des *Lettres de Londres?*

LE PRINCE : Cette brochure m'est étrangère.

D. Dans le commencement de 1840, Parquin, Lombard, Forestier, Mésonan, n'ont-ils pas été envoyés par vous en France pour vous chercher des partisans parmi les anciens militaires?

LE PRINCE : Non, monsieur.

D. Lombard n'a t-il pas fait un voyage à Lille, n'en a-t-il pas été de même de Mésonan?

LE PRINCE : Je l'ignore.

D. N'avez-vous pas écrit à M ésonan une lettre dans laquelle vous disiez que le général Magnan était désigné par vous pour devenir maréchal de France?

LE PRINCE : Non, monsieur.

D. Cependant le général le déclare.

LE PRINCE : Je ne veux pas changer mon rôle d'accusé contre celui d'accusateur (Vive sensation).

D. Depuis combien de temps connaissez-vous le lieutenant Aladenise?

LE PRINCE : Je ne le connaissais pas.

D. Cependant il déclare qu'il vous connaît depuis six ans.

LE PRINCE : Il pouvait me connaître, mais je ne le connaissais pas; du reste, sur ce point je refuse de répondre.

D. Qui vous a mis en rapport avec lui?

LE PRINCE : Je ne répondrai pas à cette question.

D. N'est-ce pas Bataille?

LE PRINCE : Je ne crois pas devoir répondre.

D. Les anciens soldats qui ont descendu à Boulogne avec vous, et qui pour la plupart étaient vos domestiques, ne vous ont-ils pas été envoyés de France par Parquin et autres des accusés?

LE PRINCE : Je n'ai pas à répondre.

D. Où aviez-vous pris les armes que vous aviez?

LE PRINCE : Je les ai achetées à Londres.

D. D'où venaient les uniformes dont étaient revêtus les officiers qui vous accompagnaient?

LE PRINCE : La plupart sont des officiers; venant me voir, il était tout simple qu'ils revêtissent leur uniforme.

D. Qui a rédigé les proclamations?

LE PRINCE : Moi.

D. Est-ce du consentement ou à l'insu des hommes dont les noms figurent au bas de ces pièces que vous avez mis ces noms?

LE PRINCE : C'est à leur insu. (Vive sensation.)

D. Mésonan a dit que s'il avait accepté les fonctions qui lui étaient attribuées il les eût remplies ; or il les a remplies : il était donc consentant?

LE PRINCE : Je ne le crois pas.

D. Pourquoi, dans votre projet de gouvernement provisoire, avez-vous fait figurer les noms d'hommes qui occupent des positions supérieures dans l'état, et dont vous n'aviez pas le droit de compromettre ainsi les noms?

LE PRINCE : J'ai cru cela utile à nos desseins, et d'ailleurs dans l'intérêt du pays. Cela prouve que j'étais disposé à appeler au pouvoir, quelles que fussent leurs opinions, les hommes utiles et capables.

D. Vous prétendez que vous veniez rétablir la souveraineté nationale ; cependant, sans respect pour elle, vous déclarez que la dynastie a cessé de régner ; vous détruisez la charte et les lois.

LE PRINCE : Je n'ai rien fait de contraire à la souveraineté nationale. Je voulais réunir un congrès national.

D. Cependant vous commenciez par renverser.

LE PRINCE : On ne peut pas convoquer un congrès national sans faire avant une révolution.

Le président interroge longuement le prince sur les proclamations et sur les ordres écrits du colonel Voisin , et sur la participation de cet officier à leur confection. Le prince déclare que les ordres ont été copiés par M. Voisin, qui ignorait complétement ses desseins.

LE PRÉSIDENT : Cependant il est impossible de croire que Montholon, Parquin ignorassent vos desseins, puisque vous comptiez sur eux.

LE PRINCE : Je répète que cela n'est pas; d'ailleurs j'ai répondu dans mes interrogatoires, et je ne pense pas devoir répondre de nouveau.

D. Vous avez fait faire une distribution d'argent sur le paquebot; qui a fait cette distribution?

LE PRINCE : La première personne que j'ai trouvée; l'argent a été donné seulement aux domestiques, afin que personne n'en manquât.

Après un certain nombre de questions insignifiantes du président au prince, il passe à l'interrogatoire du général Montholon.

La Cour a semblé écouter avec attention; mais il faut dire que la salle est si sourde qu'on n'entend presque rien; les réponses du prince, fort éloigné de la tribune des journalistes, parviennent à peine jusqu'à nous.

LE PRÉSIDENT au général Montholon : Vous avez pris part à l'attentat de Boulogne?

LE GÉNÉRAL MONTHOLON : Non.

D. N'avez-vous pas accompagné le prince jusqu'à la caserne?

LE GÉNÉRAL : Oui, autant que ma jambe me l'a permis.

D. Vous êtes allé à la Colonne?

LE GÉNÉRAL : Non, ma jambe ne me l'a pas permis.

D. Comment avez-vous été arrêté?

LE GÉNÉRAL :Une heure après, en me promenant.

D. Vous avez pris part à l'attentat, puisque vous êtes descendu avec les autres.

LE GÉNÉRAL : Il y eût eu lâcheté de ma part à rester à bord lorsque tout le monde était descendu.

D. A quelle époque ont commencé vos relations avec le prince Louis? saviez-vous ses desseins?

LE GÉNÉRAL : J'ai vu le prince depuis les premiers jours d'avril; il m'a parlé souvent de son espoir de rentrer en France, mais jamais d'attaque armée.

D. Vous saviez cependant que vous alliez à Boulogne?

LE GÉNÉRAL : Non, je croyais aller à Ostende remplir une mission de la part du prince.

D. Quelle était cette mission? n'était-elle pas rattachée à l'affaire de Boulogne?

LE GÉNÉRAL : Je l'ignore, mais cela est probable d'après les événements.

D. Lorsque vous avez vu ce qui se passait n'avez-vous pas fait d'observations?

LE GÉNÉRAL : J'étais très malade; cependant je crois avoir adressé quelques observations au prince. Du reste, je ne puis pas me les rappeler aujourd'hui.

D. Est-ce de votre consentement que votre nom a été mis au bas des proclamations?

LE GÉNÉRAL : Non, je n'ai connu ces pièces qu'à Boulogne.

D. Cependant vous avez accepté le titre de major-général?

LE GÉNÉRAL : J'ignorais complétement cette marque de confiance du prince.

D. Votre uniforme était à bord du bâtiment, et vous l'avez revêtu.

LE GÉNÉRAL : Ce n'est pas moi qui l'avais apporté à bord du paquebot : avant mon départ de Londres j'avais assisté à un bal, et mon habit était resté chez le prince.

D. Comment avez-vous consenti, vous, officier-général, figurant sur les cadres de l'armée, à vous jeter dans une insurrection contre votre pays?

LE GÉNÉRAL : Je répondrai que ce n'est pas avec légèreté qu'ont dû agir tant d'officiers supérieurs. Du reste, je dirai que moi je n'étais ni armé, ni en uniforme lorsque je suis monté sur le pont; j'ai suivi le prince, parceque c'eût été une lâcheté de ne pas le suivre.

LE PRÉSIDENT : Vous pouvez vous asseoir. Accusé Voisin, levez-vous. (Un grand nombre de Pairs : Oui, vous êtes blessé, restez assis.) N'avez-vous pas aidé le prince Louis dans sa tentative de Boulogne?

LE COLONEL VOISIN : J'ai suivi le prince, mais je n'ai rien dit.

D. Avez-vous vu le prince tirer un coup de pistolet sur le capitaine commandant?

R. J'ai entendu le coup de feu, mais je ne l'ai pas vu.

D. Après l'affaire vous avez essayé de vous sauver?

R. Non; j'ai essayé de mettre une barque à l'eau pour sauver le prince; je suis tombé dans l'eau; on a tiré sur nous, et j'ai été blessé pendant que j'étais renversé. (Vive sensation.)

D. Comment, vous, officier distingué, avez-vous pu suivre ainsi sans motif un individu qui venait attaquer à main armée son pays?

R. Le prince Louis n'est pas un individu; pour nous c'est un principe. Lorsque le prince me dit quels étaient ses projets je lui dis qu'il était possible qu'il ne réussît pas, mais que je le suivrais partout, et périrais avec lui. (Sensation.)

D. Vous connaissiez ces projets?

R. Non, monsieur.

D. Connaissiez-vous le projet de descente à Boulogne?

R. Pas du tout.

D. Etiez-vous présent lorsque l'on a distribué des armes?

R. Non; c'était sur le pont que se faisait cette distribution, je n'y étais pas.

D. Connaissiez-vous l'usage que l'on avait fait de votre nom dans les proclamations où vous étiez désigné comme aide-major général ?

R. Je n'ai reçu et connu ce titre qu'à bord du paquebot.

D. Est-ce vous qui avez rédigé les ordres du jour ?

R. Non, je les ai seulement signés ; cela rentrait dans les fonctions que j'avais reçues.

D. Il est invraisemblable que l'on ait disposé de votre nom à votre insu ; vous deviez connaître tous les projets du prince ; vous aviez sa confiance, et vous viviez dans son intimité.

R. Le vrai peut quelquefois ne pas être vraisemblable, et il est bien vrai que je ne savais pas les projets du prince. D'ailleurs il était inutile que le prince confiât ses projets ; il savait quelle influence il exerçait sur de simples domestiques, il ne devait pas douter de celle qu'il exercerait sur des amis dévoués.

D. Comment se fait-il, ne connaissant pas les projets du prince, comme vous le prétendez, que vous eussiez un uniforme à bord ?

R. Cela n'est pas étonnant ; le prince, en partant, avait parlé d'un bal où l'on ne pouvait être reçu qu'en habit habillé : je calculai qu'il serait plus économique de me faire faire un uniforme qu'un habit habillé.

LE PRÉSIDENT à M. Le Duff de Mésonan : N'avez-vous pas débarqué à Boulogne avec le prince Louis Bonaparte ?

R. Oui, monsieur.

D. Vous vous êtes présenté avec lui à la caserne de Boulogne ?

R. Oui, monsieur.

D. Vous y étiez encore lorsque le prince tira un coup de pistolet ?

R. Je ne sais pas qui a tiré le coup ; je ne sais si le coup est parti par hasard. J'ai entendu une détonation, et voilà tout.

D. Vous avez accompagné le prince à la Haute-Ville et à la Colonne ?

R. Je l'ai accompagné partout.

D. A quel moment avez-vous été arrêté ?

R. J'avais suivi le prince dans la chaloupe lorsqu'elle chavira ; je me jetai avec le prince à la nage pour regagner le paquebot ; c'est dans l'eau que j'ai été arrêté.

D. A quelle époque avez-vous vu le prince pour la première fois ?

R. Il y a dix ans environ.

D. A Londres, vos relations ont été intimes ?

R. Elles l'ont été autant qu'elles pouvaient l'être entre un homme qui est prince et moi. J'avais pour le prince un grand dévouement.

D. N'avez-vous pas été chargé par le prince de faire plusieurs tournées dans le nord de la France, dans le but de lui faire des partisans ?

R. Je n'ai nullement cherché à corrompre les officiers et à leur faire trahir leurs devoirs envers le roi.

D. Vous l'avez fait cependant à Lille ?

R. Après un voyage que je fis en Belgique pour rendre visite à d'anciens camarades, je me rendis à Lille vers le 5 ou le 6 mars ; j'y suis resté une dizaine de jours ; je suis ensuite parti pour Dunkerque, d'où je me suis dirigé sur Paris par la Normandie. Le 1er juin je quittai Paris pour me rendre de nouveau à Bruxelles : c'étaient mes amis qui m'avaient assigné cette époque pour aller les voir, parcequ'alors ils pourraient me recevoir à la campagne ; mais dans tous ces voyages je n'avais nullement pour but d'embaucher les officiers.

D. Cependant vous êtes allé chez le général Magnan dans le but de l'entraîner dans le parti bonapartiste ?

R. J'ai pu parler politique avec le général, peut-être aussi de l'armée, de mon mécontentement, mais je n'ai pas cherché à le corrompre.

D. Vous avez cherché à le corrompre ; cela résulte de la déclaration du général ?

R. Je ne me rappelle pas avoir rien dit au général qui pût tendre à le corrompre.

D. Dans votre confrontation avec le général Magnan vous êtes entré dans des détails qui ne faisaient pas supposer un démenti formel de votre part sur ce fait ?

R. J'ai dit seulement au général qu'il y avait en France de grands personnages qui étaient hostiles au gouvernement. Le général me répondit : Ces personnages ont tort ; quand on sert un gouvernement il ne faut pas lui être hostile.

D. Ce que vous dites là est contre vous ; en disant qu'il y avait de grands personnages qui étaient bonapartistes, vous ne pouviez rien dire de mieux pour faire entendre au général votre proposition ?

R. Je voulais dire simplement, et à propos de la translation des cendres de l'Empereur, que cela allait éveiller bien des sympathies.

D. N'avez-vous pas fait à Lille et dans d'autres villes des distributions de brochures, entre autres celle ayant pour titre *Lettres de Londres* ?

R. Jamais je n'ai distribué de brochures.

D. Dans une proclamation on vous donne le titre de chef d'état-major ; saviez-vous l'usage qu'on faisait de votre nom ?

R. Je n'étais pas présent lorsqu'on m'a conféré ce titre.

D. Vous persistez à dire que vous ne connaissiez pas le secret du prince ?

R. Non ; le prince avait gardé son secret pour lui, il ne l'avait confié à personne.

D. Pourquoi aviez-vous été à Gravesend ?

R. Depuis trois semaines on m'avait envoyé dans un château à quelque distance de Londres ; ce fut à cette résidence que je reçus l'avis de me rendre à Gravesend. J'y suis allé , et c'est là que je me suis embarqué , mais je ne savais pas pourquoi.

D. N'avez-vous pas aidé à la rédaction de l'ordre du jour?

R. Non, monsieur.

M. LE PRÉSIDENT à M. Parquin : Vous vous êtes embarqué avec le prince, et vous êtes descendu avec lui à Boulogne.

R. Je me suis embarqué avec le prince, mais je ne connaissais pas ses projets ; j'étais son aide-camp , je l'ai suivi partout.

D. N'avez-vous pas cherché , dans votre route, à entraîner un poste de la ligne commandé par un sergent?

R. J'étais resté un peu en arrière ; en rejoignant mes compagnons je passai devant le sergent, et je lui dis : Vous ne nous suivez donc pas? mais je n'ai fait du reste aucune tentative pour l'entraîner.

D. Vous ne l'avez pas menacé de le faire punir le lendemain?

R. Je ne me suis pas arrêté. On a dit que j'étais entré dans le quartier, que j'avais visité toutes les chambres pour entraîner les soldats : cela n'est pas exact ; au contraire , je ne suis arrivé à la caserne qu'au moment où le prince était reconnu par les deux compagnies aux acclamations de vive l'Empereur!

D. Vous n'en êtes pas moins entré dans la caserne, un peu plus tôt ou un peu plus tard?

R. Ah! certainement oui.

D. Vous étiez présent lorsque le prince a tiré un coup de pistolet?

R. J'ai entendu une explosion, mais je ne sais qui a tiré.

D. Quels motifs vous ont décidé à suivre le prince?

R. Je suis ami du prince; depuis longtemps j'avais donné ma démission d'officier, je ne recevais plus mon traitement de la Légion-d'Honneur; on ne me donnait rien, je n'étais plus rien en France.

D. Vous étiez toujours citoyen français.

R. En accompagnant en France un prince français je ne faisais rien contre la France; ce que j'ai fait, je le ferais encore, et je suis fier de l'avoir fait. (Sensation.)

D. Vos liaisons avec le prince et vos antécédents dans l'affaire de Strasbourg, tout porte à croire que vous connaissiez les projets du prince.

R. Mon passeport prouve que depuis trois ans je n'avais pas vu le prince. On a dit cependant que j'étais le conseil du prince; cela n'est pas. Lorsque je revis le prince, il me fit aller à l'une de ses maisons de campagne ; ce ne fut que plus tard que le prince me fit savoir que j'aurais à m'embarquer avec lui. Je m'embarquai en effet avec lui à Gravesend.

D. N'avez-vous pas essayé d'embaucher des officiers dans le parti du prince ?

R. C'est encore une fausse accusation. Je défie à qui que ce soit de me prouver que j'aie embauché un seul officier. On a dit aussi que j'étais passé par Lille ; je défie qu'on me le prouve.

D. Vers la fin de 1840 vous avez vu Brigaud, qui était soldat, dans le but de le faire entrer au service du prince ?

R. Le prince avait besoin d'un chasseur, par conséquent il lui fallait un bel homme ; je me suis adressé à la garde municipale. (On rit.)

D. Vous connaissiez le capitaine Desjardins.

R. J'en avais entendu parler.

D. N'est-ce pas vous qui vers la fin de 1840 avez engagé cet officier à aller à Londres voir le prince Louis ?

R. Non, monsieur ; d'ailleurs je n'avais aucune mission pour cela.

D. Vous avez dit que vous étiez dévoué aux ordres du prince ; le prince le savait ; c'était une raison pour qu'il vous confiât ses projets.

R. Il ne m'a rien confié.

D. Saviez-vous quel usage on avait fait de votre

nom dans les proclamations ? on vous y confiait une mission ?

R. Je n'avais pas connaissance de cet ordre ; je ne l'ai su que peu d'instants avant le débarquement.

M. LE PRÉSIDENT à M. de Montauban : Vous êtes débarqué avec le prince ?

M. DE MONTAUBAN : Oui, monsieur.

D. Connaissiez-vous les projets du prince ?

R. Je suis dévoué au prince, je l'ai suivi ; je ne connaissais pas ses projets.

D. Vous aviez à bord du paquebot un uniforme de garde national à cheval ?

R. Je suis officier de lanciers; j'avais mon sabre, mais je n'avais point d'uniforme.

D. Vous avez été à la caserne ?

R. Oui, monsieur.

D. N'avez-vous pas accompagné le prince dans la Haute-Ville ?

R. Oui, monsieur.

D. Quelles sont les personnes qui se sont embarquées avec vous ?

R. J'avais avec moi mon domestique, qui a revêtu l'uniforme militaire.

D. Le prince ne fit-il pas monter les hommes sur le pont pour leur distribuer des armes et des proclamations ?

R. J'étais malade à bord ; je n'ai rien vu de cela.

D. Quel est votre grade en France?

R. Je suis ancien adjudant-major et colonel colombien.

D. Connaissiez-vous les attributions dont on vous avait investi dans les proclamations?

R. Je n'avais nulle connaissance des intentions du prince, ni de l'organisation dans laquelle il me plaçait.

LE PRÉSIDENT à M. Lombard : Vous avez accompagné le prince en France?

M. LOMBARD : Oui, monsieur.

D. Vous vous êtes présenté avec lui à la caserne?

R. Oui, monsieur; on y a reçu le prince aux cris de vive l'Empereur!

D. N'a-t-on pas usé de violence envers le capitaine?

R. Non, monsieur.

D. Le prince n'a-t-il pas tiré un coup de pistolet à bout portant sur un homme de la troupe?

R. Je n'ai rien vu de pareil?

D. Les armes de ceux qui accompagnaient le prince étaient-elles chargées?

R. Je ne sais; on n'en a pas fait usage.

D. Lorsque vous avez rencontré le sous-préfet, ne l'avez-vous pas renversé avec le bâton du drapeau dont vous étiez porteur, et ne l'avez-vous pas blessé?

R. Je n'ai pas blessé le sous-préfet; j'ai simplement incliné le drapeau pour l'empêcher d'avancer; je n'ai fait en cela qu'un geste semblable à celui qui consiste à saluer un chef avec le drapeau.

D. Où avez été arrêté?

R. Au haut de la colonne où j'étais allé planter le drapeau.

D. Pourquoi avez-vous suivi le prince?

R. Parceque, dans ma conviction, c'est le seul qui puisse faire le bien du pays.

D. Comment avez-vous vu le prince?

R. Après l'affaire de Strasbourg mon état était perdu; le prince m'a recueilli; je lui ai voué une grande reconnaissance et un dévouement sans bornes.

D. Le prince vous fit-il part de ses projets?

R. Non, monsieur; le prince était sûr de ses amis : il ne leur disait rien ; il savait que quand il leur dirait de marcher ils marcheraient, et j'étais des amis du prince! (Mouvement.) Le prince m'avait bien parlé d'une manifestation en France, mais il ne m'avait pas dit l'époque.

D. N'avez-vous pas embauché des domestiques lors d'un voyage que vous fîtes dans le nord de la France?

R. Je n'ai embauché personne. Je déclare que quand j'ai voyagé en France je n'étais chargé que d'une mission commerciale. Je n'ai vu aucun officier, et l'on savait bien à Paris que je n'étais chargé d'aucune mission politique.

D. N'étiez-vous pas chargé par le prince de distribuer dans les casernes certaines brochures?

R. Je n'ai distribué aucune brochure.

D. Avez-vous vu Aladenise en France?

R. Je ne l'ai pas vu.

D. A quelle époque le prince vous a-t-il fait revenir à Londres?

R. Le prince m'écrivit de revenir pour me parler d'affaires étrangères à la politique.

D. Vous ne pouvez nier que vous étiez au courant des projets du prince?

R. Je savais seulement que depuis l'affaire de Strasbourg le prince attendait l'occasion de faire une manifestation en France. Quant aux détails, quant à la tentative sur Boulogne, je les ignorais complétement. D'ailleurs personne n'avait rien à lui dire. Pour moi, j'étais attaché au prince : il n'avait qu'à parler, et j'obéissais.

D. Dans un ordre du jour on vous désigne comme lieutenant?

R. J'ignorais complétement cette disposition : mais, du reste, depuis longtemps le poste honorable de porte-drapeau impérial m'était réservé.

D. A quel moment avez-vous pris votre uniforme?

R. Je n'avais en m'embarquant aucun uniforme. On m'a donné seulement une capote quelques heures avant le débarquement.

D. Vous avez été chirurgien en France?

R. Oui ; mais j'avais donné ma démission.

LE PRÉSIDENT à M. Fialin de Persigny : Vous vous êtes porté avec le prince à la caserne de Boulogne pour enlever les troupes.

M. DE PERSIGNY : Oui, monsieur.

D. C'est vous qui avez posé un factionnaire à la porte de la caserne ?

R. Oui, monsieur.

D. Quand le capitaine s'est présenté ne vous êtes-vous pas porté sur lui pour le tuer ?

R. Quand le capitaine est entré je me suis précipité sur lui d'abord pour l'arrêter ; mais je dois déclarer que lorsqu'il résista, sans l'intervention d'Aladenize, je l'aurais tué.

D. Votre intention était de le tuer ?... Le tuer dans cette circonstance, c'était commettre un assassinat.

R. Je l'aurais tué en l'attaquant en face. Si j'avais voulu le tuer sans qu'il se défendît je l'aurais pu, puisque j'avais un fusil armé de sa baïonnette ; mais je le répète, je voulais l'attaquer en face.

D. Je suis obligé de qualifier votre acte comme il doit l'être ; c'était une tentative d'assassinat. Dans quel moment avez-vous été arrêté.

R. J'accompagnais le prince dans la chaloupe. Quand elle a été renversée, je me suis mis avec lui à la nage ; c'est alors que j'ai été arrêté.

D. Depuis combien de temps existent vos relations avec le prince ?

R. Depuis six ans.

D. Vous faisiez partie des conjurés de Strasbourg ?

R. Oui, monsieur.

D. Vous aviez publié une brochure pour préconiser les auteurs de la tentative de Strasbourg ?

R. Oui, monsieur.

D. Vos relations avec le prince ne permettent pas de douter que vous ne fussiez au courant de ses projets.

R. Je connaissais les projets du prince, mais je ne les connaissais pas en totalité.

D. Depuis quand les connaissiez-vous ?

R. Je n'ai pas à répondre à cette question.

D. Dans un ordre du jour vous êtes désigné pour commander les guides à cheval. Auriez-vous exercé ce commandement ?

R. Je l'aurais exercé si j'en avais reçu l'ordre.

D. Connaissiez-vous les proclamations ?

R. Je les connaissais.

D. Vous avez été condamné par contumace ?

R. Oui, pour l'affaire de Strasbourg.

M. LE PRÉSIDENT à M. Forestier. Vous faisiez partie de ceux qui avec le prince ont marché sur Boulogne ?

R. Oui, monsieur.

D. Un uniforme avait été préparé pour vous ?

R. Oui, monsieur.

D. Vous aviez devancé le prince en France ?

R. Oui, j'étais arrivé la veille.

D. Quels motifs vous ont conduit à prendre part à la tentative du prince?

R. Deux motifs m'y ont engagé : le premier, c'est qu'ayant été présenté au prince par M. Persigny quelques jours avant de quitter l'Angleterre, il me parla avec bonté, et j'éprouvai pour lui la plus vive sympathie. Le second motif c'est qu'en arrivant sur la plage je vis parmi ceux qui étaient débarqués plusieurs hommes revêtus de l'habit militaire, et que j'avais, quelque temps auparavant, envoyés au prince en qualité de domestiques ; je croyais qu'il était de mon devoir de partager les dangers auxquels je les avais exposés.

(Ici M. Forestier explique comment, sur la demande du prince, il avait envoyé à Londres cinq domestiques à différentes personnes.)

M. LE PRÉSIDENT à M. Forestier : Comment se fait-il que toutes les personnes que vous envoyiez comme domestiques avaient appartenu à l'état militaire?

R. C'est qu'alors les renseignements étaient plus faciles à prendre.

D. Connaissiez-vous les intentions du prince?

R. La preuve que je ne les connaissais pas c'est que je fis poursuivre à Londres un de ceux que j'avais envoyés, et auquel j'avais fait des avances d'argent. Je ne l'aurais pas poursuivi si j'eusse connu les projets du prince.

D. N'avez-vous pas distribué la brochure de Persigny dans les casernes?

R. Oui, mais je l'ai fait ostensiblement et à domicile par des porteurs.

D. Vous avez envoyé au prince des capotes militaires?

R. En 1840, antérieurement à l'envoi des domestiques, je fus chargé de faire passer des capotes à Londres; mais on m'avait dit que ces capotes devaient servir à l'habillement d'hommes au service de la reine d'Espagne.

D. Dans un ordre du jour vous étiez désigné comme lieutenant?

R. Je l'ignorais.

L'interrogatoire de Forestier étant terminé, l'audience est levée. Il est cinq heures et demie.

Audience du 29 septembre.

Le palais du Luxembourg est aujourd'hui, comme il était hier, gardé par de nombreux détachements de vétérans, de troupes de ligne, de cavalerie et de gardes nationaux. Les abords sont encombrés d'agents de police et de sergents de ville, qui empêchent d'approcher toute personne qui n'est pas munie d'une carte d'entrée.

A l'intérieur du Palais les précautions sont encore plus grandes, et les rédacteurs de journaux eux-mêmes éprouvent une grande difficulté pour parvenir à leur tribune.

A midi le prince Louis est introduit; il est suivi de ses coaccusés; ils prennent place dans le même ordre qu'à la séance précédente.

La Cour entre peu d'instants après; tous les accusés se lèvent, le prince Louis-Napoléon excepté.

Nous remarquons derrière la Cour un grand nombre de députés et de magistrats.

LE PRÉSIDENT : L'audience est ouverte. Greffier, faites l'appel nominal des membres de la Cour.

M Cauchy, greffier, procède à l'appel nominal.

Cet appel constate l'absence de MM. le comte Molé, le baron Mounier, le vicomte Dode de la Brunerie, le comte Lanjuinais, le comte de Rambuteau.

LE PRÉSIDENT à M. Bataille : N'avez-vous pas fait au commencement de 1840 un voyage en Angleterre ?

M. BATAILLE : Oui, j'ai fait dernièrement un voyage à Londres, et j'y ai vu le prince.

D. N'avez-vous pas alors été mis par le prince au courant de ses projets ? — R. Non, monsieur.

D. Vous êtes descendu à Boulogne avec le prince au mois d'août dernier ? — R. Oui, monsieur.

D. La veille du débarquement du prince vous

étiez descendu à Boulogne ? R. Oui, monsieur.

D. Avec qui étiez-vous ? — R. Avec MM. Forestier et Aladenise.

D. Lors du débarquement vous vous êtes joint aux compagnons du prince ? — R. Oui, monsieur.

D. Vous avez suivi le rassemblement à la Colonne ? — R. Oui, monsieur; c'est exact.

D. Dans un ordre du jour on vous désignait pour remplir une mission ; connaissiez-vous cette circonstance ? — R. Non, monsieur.

D. Quels sont les motifs qui vous attachaient au prince ? — R. Le motif qui m'a attaché au prince c'est le respect que j'avais pour son noble caractère. Je dois dire que, dans mon opinion, je ne détachais pas la cause du prince de la cause nationale.

D. N'avez-vous pas été attaché à la rédaction du journal le *Capitole* ? — R. Oui, monsieur, j'ai travaillé quelque temps au *Capitole* ; je n'y ai fait que des articles sur une question spéciale, la question d'Orient. Le *Capitole* soutenait l'alliance russe, et cela était conforme à mon opinion.

D. N'avez-vous pas essayé d'entraîner un petit poste commandé par un sergent ? — R. J'ai seulement dit au sergent de nous suivre, mais je ne lui ai fait aucune menace. Le sergent me dit qu'il ne pouvait quitter le poste que sur un ordre de la place ; j'aurais voulu pouvoir relever ce poste ; mais je n'en eus pas le temps , mes compagnons étaient en avant.

D. Vous avez suivi le prince à la caserne ?

R. Je précédai le prince de quelques instants à la caserne. Dans la cour je trouvai plusieurs sous-officiers , auxquels j'ordonnai d'aller dans les chambres faire prendre les armes aux soldats. En effet les soldats descendirent en armes.

D. N'avez-vous pas fait présenter les armes au prince ?—Oui, monsieur.

D. N'avez-vous pas suivi le prince à la Haute-Ville et à la Colonne ? — R. Oui, monsieur.

D. Quelles étaient vos raisons pour aider le prince dans sa tentative ?—R. Je n'ai à m'expliquer que sur les faits que l'acte d'accusation me reproche ; la défense fera le reste.

LE PRÉSIDENT à M. Aladenize : Depuis quand étiez-vous en relation avec le prince ?

M. ALADENIZE : Je n'ai jamais été en relation directe avec le prince ; je n'ai vu que quelques-uns de ses amis.

D. Qui vous avait mis en relation avec ces personnes dans les derniers temps ?— R. Je ne dois pas le dire ici.

D. N'est-ce pas à Saint-Omer que vous avez reçu l'avis du jour où devait avoir lieu la tentative du prince sur Boulogne ?—R. Oui, monsieur.

D. Qui vous a donné cet avis ?— R. Un postillon.

D. Qu'avez-vous fait de la lettre ? — R. Je l'ai détruite.

D. Avec qui avez-vous été sur la plage ?

R. Je suis sorti le matin de l'Hôtel des Bains, pour me rendre sur la plage, accompagné de MM. Forestier et Bataille.

D. Est-il vrai que vous ayez voulu sauver la vie du capitaine Col-Puygellier? Les charges qui pèsent sur vous sont trop graves pour qu'on doive vous enlever un moyen d'atténuer votre faute.

R. Ma position était difficile, j'étais placé entre mes camarades et les officiers de mon régiment. Je ne voudrais rien dire à ma décharge qui pût tourner contre mes amis politiques. Ce qu'il y a de mieux à faire, c'est d'attendre la défense. Je ne dois rien dire de plus.

M. LE PRÉSIDÉNT à M. Laborde : Vous êtes débarqué avec le prince sur la plage de Wimereux ?

R. Je suis débarqué avec le prince à Wimereux ; c'est le général Montholon qui était mon chef de file. C'est par hasard seulement que je me suis trouvé là : il n'est jamais entré dans ma pensée de détruire le gouvernement actuel. Je n'ai jamais porté les armes que contre les ennemis de ma patrie, et je suis encore prêt à verser pour elle ce qui me reste de sang.

D. Vous avez suivi le prince dans la cour de la caserne? — Oui, monsieur.

D. Vous étiez armé? — Oui, monsieur. Mais

en entrant dans la caserne je croyais trouver des amis; la preuve, c'est que je n'étais armé que d'une épée, et que j'ai confié cette arme à un grenadier du 42e pour la faire réparer.

D. Une fois dans la caserne que s'est-il passé?

R. Je me suis efforcé pour ma part d'empêcher toute collision.

D. Etiez-vous auprès du prince lorsqu'il a tiré un coup de pistolet?—R. Non, je n'étais pas auprès du prince lorsque j'ai entendu une détonation.

D. N'avez-vous pas accompagné le prince à la Haute-Ville et à la Colonne? R. J'ai accompagné le prince jusqu'à la caserne; mais, ne pouvant plus marcher, j'ai dit au prince: Je ne puis aller plus loin, je reste.

(Ici M. Molé, qui était absent au commencement de l'audience, entre dans la salle et va se placer.)

D. Quels ont été vos motifs pour vous associer à la tentative du prince? R. Lorsque je quittai la France pour aller à Londres j'étais malade; arrivé en Angleterre, je vis le prince; il me demanda si je voulais aller faire un voyage en Belgique pour me distraire; il me dit que je serais en compagnie du général Montholon; je dis au prince que ce voyage me ferait plaisir, d'autant plus qu'en passant par Valenciennes je verrais ma fille. Lorsque je m'embarquai je croyais me rendre à Ostende. En voyant que nous changions de destination je fus étonné, et je parlai de cette circonstance au général Montholon, qui était étonné comme moi. Le lendemain et le surlendemain je manifestai encore ma surprise au général Montholon sur notre changement de destination ; cette surprise, il la partageait. Enfin nous abordâmes à Margate, où nous restâmes vingt-quatre heures. Le lendemain une embarcation vint nous prendre pour nous conduire à bord du paquebot où se trouvait le prince. Ce n'est que quelque temps avant de débarquer à Boulogne qu'on me présenta un uniforme.

D. N'avez-vous pas fait un voyage à Londres au mois de mai 1840? — R. Oui, monsieur ; c'était pour aller à la recherche d'un membre de ma famille.

D. Connaissiez-vous le prince avant cette époque? — R. Non, monsieur ; je suis un ancien officier de l'île d'Elbe ; c'est en cette qualité que je m'annonçai chez le prince Louis ; lorsque je vis le prince je fus heureux de retrouver dans sa physionomie des souvenirs des traits de l'Empereur. Le bon accueil que me fit le prince m'attacha à sa personne.

D. Combien de temps votre voyage à Londres dura-t-il? — R. Trois semaines ou un mois.

D. Quel motif aviez-vous pour faire un second voyage à Londres? — R. On m'avait dit que l'on

avait découvert la personne que j'y avais été chercher à mon premier voyage.

D. Vous persistez à dire que vous ne connaissiez pas les projets du prince?—R. Je ne savais
rien précisément des projets du prince. Quelques
jours avant le départ j'avais entendu dire au
prince qu'il avait de nombreuses sympathies en
France; je lui conseillai alors de croire à ma
vieille expérience et de prendre garde de tomber
dans quelque piége; j'ajoutai que quelqu'un m'a-
vait dit à Paris, lors de mon départ, que l'on
était au courant de toutes ses actions, et que déjà
on lui préparait un logement.

D. Etiez-vous présent sur le pont du paquebot
lors de la lecture des proclamations? — Non, j'é-
tais malade.

D. Comment se fait-il qu'il y eût votre uniforme à bord du paquebot?—R. A minuit environ,
la veille du débarquement à Boulogne, un domestique m'apporta mon habit d'uniforme, que
je fus fort étonné de voir, le croyant dans ma
malle à Londres; on avait changé les boutons
de mon habit pour y substituer des boutons portant le n° 40; j'en fis l'observation, on me répondit que cela ne faisait rien; j'endossai mon uniforme avec lequel j'ai débarqué. Je dois ajouter
que je ne pouvais attacher aucune importance au
changement de boutons, car je croyais le 40° régiment en Afrique.

D. Puisque vous aviez tant d'horreur de porter les armes contre votre pays, comment n'avez-vous pas abandonné le prince? — J'étais à bord ; il n'y avait pas moyen de reculer. Qu'aurait-on dit d'un ancien officier de l'île d'Elbe qui aurait abandonné le prince Napoléon au moment du danger, lorsque le général Montholon, lorsque de simples domestiques le suivaient? Conduit par ce sentiment, j'ai pris part à la tentative.

D. Vous étiez désigné dans un ordre du jour pour remplir une mission ; cette mission consistait à vous emparer de la poste aux chevaux. — R. Je n'ai eu connaissance de la mission que le prince m'avait fait l'honneur de me confier que par le rapport de M. Persil. J'ai été fort étonné du genre de mission dont j'étais chargé, car je n'aurais pas pu la remplir, étant dans l'impossibilité de marcher.

D. Il résulte de l'instruction que l'on s'est emparé de la poste aux chevaux, et qu'on y a placé une sentinelle. — R. Je n'ai pas eu connaissance de cela.

LE PRÉSIDENT : Accusé Desjardins, vous avez débarqué à Wimereux avec le prince Louis Bonaparte pour attaquer à main armée le gouvernement établi par la volonté du pays en 1830. (Agitation.)

DESJARDINS : Oui, monsieur, j'ai débarqué le 6 août; mais je n'avais nullement dessein d'attaquer le gouvernement. Je suis débarqué dans les mêmes sentiments que mon ami, le colonel Laborde, vous a si bien exprimés, dans des sentiments d'ordre public.

D. Vous avez marché en armes sur Boulogne?

R. Oui, monsieur.

D. Vous avez engagé la troupe à vous suivre?

R. Non, monsieur, en aucune manière.

D. Lorsque le prince a tiré un coup de pistolet vous étiez près de lui? — R. Oui, monsieur, mais je ne l'ai pas vu; j'ai seulement entendu la détonation.

D. Vous avez été à la Haute-Ville et à la Colonne? —R. J'ai été à la Haute-Ville, mais je ne suis pas allé jusqu'à la Colonne; j'ai rencontré le colonel Bouffet de Montauban, et je l'ai accompagné pour chercher des barques. Nous fîmes signe au paquebot de nous envoyer une embarcation; mais on ne nous comprit pas sans doute, car on n'envoya rien. En ce moment la garde nationale de Boulogne arriva; toute tentative d'embarquement étant devenue impossible, nous revînmes sur le bord de la mer. J'allais être pris, lorsque je vis passer une personne sur un cheval anglais; dans une idée de conservation bien naturelle à moi, père de famille, je demandai à ce cavalier son cheval; il me le prêta, et je continuai sans succès à chercher des barques; je fis une lieue et demie sans rien trouver. N'entendant plus la fusillade , je fus convaincu de l'issue fatale de la tentative, et j'entrai dans le village de la Marquise ; je me couchai. Il n'y avait pas là de gendarmes ; trois ou quatre heures après je me levai, et je me rendis aux gendarmes qui étaient arrivés, et me voici.

D. Depuis combien de temps étiez-vous en relation avec Louis-Napoléon ? — R. Depuis quinze jours.

D. En quelle qualité étiez-vous près de lui ?

R. En aucune qualité. Fatigué de chercher du travail pour m'aider, avec ma retraite, à faire vivre ma nombreuse famille , je m'adressai à un de mes anciens compagnons d'armes , le colonel Parquin. Il s'empressa d'écrire au prince Louis ; peu de temps après le prince m'appela à Londres. Je pris un passeport sous mon nom et avec ma qualité, car je croyais aller occuper un emploi à Londres.

D. Quel emploi avez-vous obtenu ? — R. Je passai quelques jours à voir Londres avec la permission du prince ; je fus à vingt milles de Londres visiter M. Parquin, puis le 4 je reçus l'ordre de me rendre à bord de la *Cité d'Edimbourg.*

D. Parquin vous fit connaître de quoi il s'agissait ? — R. En aucune manière.

D. Vous l'avez su du moins lors de la lecture des proclamations ? — R. En aucune façon. Je ne les entendis pas lire.

D. Pourquoi aviez-vous votre uniforme avec vous? — R. Je suis protégé par beaucoup d'officiers supérieurs, entre autres par le général Gourgaud. Lorsque j'appris que les cendres du grand homme seraient rendues à leur patrie, je m'inscrivis pour être de l'escorte qui devait aller à Sainte-Hélène, et je priai par écrit le général Gourgaud d'obtenir pour moi l'honneur d'aller à Sainte-Hélène. Je fis faire un petit uniforme de la garde impériale dans laquelle j'avais eu l'honneur de servir.

D. Pourquoi aviez-vous revêtu les insignes du grade de chef de bataillon qui ne vous a jamais appartenu? — R. Cela est vrai; mais voici ce qui s'est passé : on me remit un paquet; je trouvai dans ce paquet un uniforme de chef de bataillon; cela était indépendant de ma volonté. Je pensai d'ailleurs qu'un ancien capitaine adjudant-major de la garde impériale et officier de la Légion-d'Honneur pouvait, sans commettre de crime, revêtir les insignes d'un grade supérieur lorsque le prince me donnait ce grade.

D. Vous étiez désigné pour le commandement de l'avant-garde? — R. J'ignorais cette destination; je n'avais pas d'ailleurs entendu lire les ordres du jour, mais seulement les proclamations. Je déclare sur l'honneur que si on a lu ces ordres, je n'en ai pas eu connaissance.

D. Vous deviez, ainsi que le colonel Laborde , organiser des bataillons de volontaires ?

R. Je n'ai pas connaissance de cela.

LE PRÉSIDENT : Accusé Conneau , vous êtes débarqué avec le prince Louis à Wimereux.

M. CONNEAU : Oui , monsieur.

Le président répète toutes les questions faites aux autres accusés sur la route suivie et sur le coup de pistolet.

M. Conneau répond qu'il a suivi le prince partout , qu'il n'a pas pris une part active aux faits, et qu'il n'a pas vu tirer le coup de pistolet.

D. Vous avez accompagné le prince partout ; quand vous en êtes-vous séparé ?—R. Lorsque le bateau eut chaviré.

D. Quels ont été vos motifs de prendre part à l'attentat ? — R. Je l'ai fait par ma position auprès du prince , par reconnaissance , et par suite de la mission dont m'avait chargé près de lui la reine Hortense.

D. Il est impossible que dans cette position vous n'ayez pas eu connaissance des desseins du prince ? — R. J'ai déclaré que je les connaissais , puisque le prince m'avait fait l'honneur de me charger d'imprimer les proclamations.

D. Comment les avez-vous imprimées?

R. J'ai acheté une presse.

D. N'est-ce pas vous qui avez fait mettre les boutons du 40ᵉ de ligne sur les habits militaires ?

R. Oui, monsieur, je l'ai déclaré avant qu'on m'en fît la question.

D. N'avez-vous pas revêtu un uniforme ?

R. Oui, monsieur, vers minuit je pris un habit de sergent-major du 40°.

D. Comment, vous étranger, avez-vous pu prendre un uniforme militaire français ?

R. Je suis Français, j'étais avec un prince français ; j'avais le droit de prendre cet uniforme.

Le président fait lever M. Ornano, et lui fait les questions qu'il a adressées aux autres accusés sur la matérialité du fait ; les réponses sont les mêmes que celles des précédents.

LE PRÉSIDENT : Vous avez accompagné le prince, et vous avez été arrêté avec lui ?

M. ORNANO : Non, monsieur, c'est après.

D. Votre participation à l'attentat n'est pas douteuse. Qui a pu vous engager à vous mêler de cette affaire ? — R. Mon attachement pour le le prince.

D. Il y a une question fort importante à vous faire sur votre situation militaire. N'étiez-vous pas encore au service lorsque vous avez pris part aux desseins de Louis Bonaparte ? — R. Non, monsieur, j'étais démissionnaire pour n'avoir pas rejoint mon régiment à la fin du congé de semestre que j'avais obtenu ; j'étais libre.

D. D'après la loi, vous auriez dû être mis en jugement pour cela ; vous n'aviez pas été jugé, vous n'étiez donc pas complétement libéré. (Agitation.) Pourquoi aviez-vous pris votre uniforme ?

R. C'était ma propriété, je pouvais le revêtir ; je l'ai fait volontairement.

D. Vous étiez dans la confidence du prince, et vous avez avoué cependant que vous ne connaissiez pas les projets du prince ?—R. Je ne savais pas le but de l'expédition ; mais lorsque je reçus l'ordre de m'embarquer je devinai, et je fis mes préparatifs en conséquence.

D. Vous étiez désigné pour commander la cavalerie d'avant-garde ? — R. Je l'ai appris par vous, monsieur.

« Le président adresse à M. Galvani les questions adressées aux autres accusés sur le débarquement à Wimereux et l'entrée à Boulogne. Les réponses de M. Galvani sont les mêmes que celles des précédents accusés. »

LE PRÉSIDENT : Vous avez accompagné le prince partout, et vous avez été arrêté avec lui ?

R. Oui, monsieur, j'ai été arrêté lorsque le canot eut chaviré.

D. Pourquoi avez-vous pris part à l'attentat ?

R. Par attachement pour le prince.

D. En quelle qualité étiez-vous attaché au prince ?—R. Je n'étais pas attaché au prince par une fonction.

D. Qui vous a mis en rapport avec le prince ?

R. Moi-même, en allant à Londres faire un voyage d'agrément en juillet dernier.

D. Vous avez connu les desseins du prince ?

R. Je ne les ai connus qu'au moment de la lecture des proclamations.

D. Pourquoi n'aviez-vous pas d'uniforme ?

R. Parceque je n'avais nulle fonction qui le nécessitât.

D. Vous a-t-on offert un uniforme, et l'avez-vous refusé ? — R. On ne m'a rien offert, je n'ai pu refuser.

D. Vous avez été blessé ? — R. Oui.

D. Comment expliquez-vous la mention de votre nom sur les ordres du jour ? — R. Cela était tout simple, puisque j'étais sous-intendant militaire.

D. Il est impossible de concevoir qu'une tell mention ait été faite sans votre assentiment ?

R. Je vous demande pardon ; mon dévouement pour le prince était connu, il avait en moi une grande confiance ; puis il m'a supposé propre aux fonctions qu'on m'attribuait.

M⁰ LIGNIER : La Cour peut remarquer que tout cela est conforme au premier interrogatoire de M. Galvani.

« Le président fait à M. d'Almbert les questions sur le débarquement et l'entrée à Boulogne

M. D'ALMBERT : Je n'ai pas été à la caserne, et je n'ai cherché à entraîner personne.

D. Qui vous a engagé à prendre part à l'attentat? — R. Mes fonctions de secrétaire intime de son Altesse.

D. Par votre position vous deviez connaître ses desseins? — R. Je les ignorais lorsqu'on a lu les proclamations.

D. Vous vous êtes associé aux desseins de Louis Bonaparte après la lecture?—R. Il était impossible de ne pas le faire, quand même on l'eût voulu.

D. Le moyen de ne pas s'y associer c'était de ne pas descendre à terre (rumeur).—R. Cela n'était pas possible ; c'eût été une lâcheté.

D. Vous ne pouvez nier que vous aviez connaissance du but du voyage? — R. Mes fonctions ne devaient nullement me mettre au courant d'opérations militaires.

D. Vous vous êtes revêtu d'un uniforme du 40° ; vous ne pouvez pas ignorer que c'était là un acte coupable. — R. C'est là un fait qui n'est rien en lui-même.

LE PRÉSIDENT : Accusé Orsi, vous avez débarqué à Wimereux?—R. Oui, j'ai reçu à Londres l'ordre de me rendre à bord du paquebot ; je l'ai fait. Je dois dire que je n'ai nullement excité la troupe à marcher avec nous.

M. Voisin se lève et sort.

LE PRÉSIDENT : L'accusé Voisin ne s'oppose pas, je présume, à la continuation de l'interrogatoire?

M. VOISIN, se retournant : — R. Non, monsieur.

D. Quels ont été vos motifs de suivre Louis-Napoléon ? — R . Ma reconnaissance pour le prince, l'amitié et la confiance dont il m'honore depuis longtemps. C'est en 1827 que j'ai connu le prince; mais mon affection s'est accrue après les événements de 1830, par suite du patriotisme et du courage que lui et son frère, mort dans le Tyrol, ont montrés pour la liberté de ma patrie, liberté après laquelle j'aspire depuis si longtemps, et qui viendra un jour. (Vive sensation.)

Mon amitié pour le prince me faisait un devoir de le suivre; aussi, lorsque le prince me dit de le suivre, je dus le faire et je l'ai fait. (Vive sensation.)

D. Vous saviez le but de l'expédition?

R. Non, monsieur; le prince ne m'en a fait part que vaguement.

D. Vous aviez revêtu l'uniforme de la garde nationale de Paris. — R. Je ne le conteste pas.

D. Vous aviez été désigné comme commandant des volontaires à cheval? — R. J'ignorais cela; je n'ai pas accepté ces fonctions, parcequ'on ne m'en a pas fait part; mais j'eusse accepté si les circonstances l'avaient exigé. (Sensation.)

D. Avez-vous fait partie de la garde nationale de Paris? — R. Je suis étranger.

D. Comment alors avez-vous osé en revêtir l'uniforme? Du reste cet uniforme s'accorde fort bien avec le poste qui vous était assigné. — R. Sans doute, je ne le nie pas.

LE PRÉSIDENT : Accusé Bure, pourquoi avez-vous suivi Louis-Napoléon à Wimereux?

M. BURE : Par dévouement pour le prince, dont je suis le frère de lait.

D. Avez-vous été appelé à Londres par le prince? — R. Non, monsieur; j'y suis allé par suite de ma volonté.

D. Quelle était votre position dans la maison du prince? — Je ne faisais pas partie de la maison de S. A.; elle m'avait fait entrer comme intendant dans une famille anglaise.

D. Vous étiez chargé de faire débarquer les munitions. Quels ordres aviez-vous reçus? R. Aucun.

D. Vous saviez le but, puisque vous étiez chargé d'organiser le service de l'état-major général comme payeur? — R. j'ignorais cela.

D. Vous avez distribué de l'argent à bord à différentes personnes. Combien avez-vous donné à chacun?—R. Oui, monsieur, j'ai donné cent francs à chaque homme.

D. A Boulogne vous avez encore distribué de l'argent?— Non, monsieur.

LE PRÉSIDENT : L'audience est suspendue.

M. LOMBARD : Je demande la parole.

LE PRÉSIDENT : Parlez.

M. LOMBARD : Hier, en sortant de cette enceinte, j'ai su qu'une de mes réponses avaient été mal interprétée. L'aspect de la Cour et le peu d'habitude que j'ai de parler en public m'ont empêché de bien formuler ma pensée; je vais tâcher de me rendre intelligible.

Messieurs les pairs, en parlant du coup de pistolet, voici ce que j'ai voulu dire :

Au moment où le capitaine Col-Puygellier parvint à la tête de ses troupes, il donna l'ordre de croiser la baïonnette. Les soldats obéirent au commandement de leur chef. En cet instant un coup de pistolet se fit entendre; cette explosion produisit un temps d'arrêt; c'est ce temps d'arrêt qui nous permit de sortir du quartier sans conflit. En effet, si les deux compagnies du 42° eussent marché sur nous à la baïonnette, une collision grave eût pu avoir lieu; c'est en ce sens que j'ai dit que cette explosion avait pu empêcher une collision déplorable que nous aurions tous regrettée, et qui n'était nullement dans nos intentions.

Du reste, l'opinion que j'ai émise sur ce fait est personnelle ; je puis même la retirer au besoin ; elle ne contrarie en rien ma défense : voilà ce que j'avais à dire. (Sensation.)

M. DE PERSIGNY : Je demande la parole. Je désire donner une explication sur une expression que l'émotion m'a fait prononcer hier, et qui n'était ni dans mon cœur, ni dans ma pensée ; sur ce point je m'en réfère à ma déclaration du 6 août. Messieurs les pairs, vous comprendriez mon trouble et mon émotion si vous saviez à quelles infâmes calomnies je suis en butte depuis quelque temps. (Vive sensation.)

LE PRÉSIDENT : L'audience est suspendue.

Après un quart d'heure l'audience est reprise.

M. LE PRÉSIDENT : Faites entrer le témoin Gilbert.

GILBERT (Jacques), brigadier ambulant des douanes, demeurant à Wimille, prête serment et dépose des faits suivants :

Le 6 août au matin, vers quatre heures, étant de garde sur la plage, je vis un détachement de soldats; je marchai à eux et leur demandai qui ils étaient; ils me répondirent qu'ils étaient des soldats du 40°, partis de Dunkerque pour Cherbourg; qu'ils avaient été forcés de débarquer parcequ'une roue du paquebot s'était cassée. L'un d'eux me dit de le conduire à Boulogne : je refusai à cause de mon service; alors l'une des personnes du groupe fit semblant de me frapper de sa baïonnette; voyant qu'on employait la force, je me dirigeai vers Boulogne avec cinq autres douaniers qui étaient avec moi; c'est alors que nous apprîmes que le prince Napoléon était à la tête des personnes qui nous avaient fait marcher.

Plus tard, ayant demandé à m'en aller, le général Montholon m'offrit de l'argent en m'engageant à me taire.

Sur l'invitation du président le témoin se

tourne vers les accusés, et déclare reconnaître MM. Montholon et Mésonan.

M. LE GÉNÉRAL MONTHOLON. Je déclare n'avoir jamais offert d'argent.

BAILLY (Pierre-Nicolas), lieutenant de douanes, demeurant à Wimereux : — Le 6 août dernier, à quatre heures du matin, je fus prévenu qu'un paquebot portant des soldats du 40° était échoué à Wimereux, et que ces soldats débarquaient. Je me disposais à partir lorsque arrivèrent plusieurs personnes portant des uniformes d'officiers supérieurs ; l'une de ces personnes en uniforme d'officier me somma de la conduire à Boulogne; je m'y refusai, sous prétexte que j'étais fatigué ; alors M. Parquin, mettant la main sur la poignée de son sabre, me dit qu'il fallait marcher avec les douaniers qui étaient avec moi : nous obéîmes. En passant devant la Colonne, des cris de vive l'Empereur! furent poussés. Ce ne fut que pendant notre marche sur Boulogne que le colonel Montauban me dit que j'escortais le prince Louis-Napoléon. Je voulus alors me retirer avec mes hommes ; on me dit que je ne risquais rien en cas de destitution, que la famille de Napoléon était riche; j'insistai néanmoins pour me retirer : c'est alors que M. Bataille, après s'être adressé au prince, vint me dire que nous pouvions partir, à condition de ne prévenir personne de ce qui se passait. Le général Montholon voulut me donner de l'or

pour notre peine d'avoir servi de guides : je refusai.

M. DE PONTÉCOULANT, pair de France : M. le
président, je demande qu'on rende la salle plus
sonore, soit en enlevant les tentures, soit de toute
autre manière ; car on n'entend rien, ou presque
rien ; cela ne doit pas être ainsi ; dans notre position de juges, nous devons tout entendre, tout,
jusqu'aux moindres détails.

Je demande donc, en attendant qu'on arrange
la salle, que M. le secrétaire-rédacteur répète
toutes les dépositions et toutes les réponses des
accusés. Quant à moi, je n'ai pas entendu un
mot de la déposition du témoin qui est là.

M. LE PRÉSIDENT : Pour que tout le monde en-
tende, M. de la Chauvinière, qui a la voix très
claire, redira désormais toutes les dépositions.

M. le secrétaire-rédacteur redit la déposition.

M. LE PRÉSIDENT : Témoin, reconnaissez-vous
quelques-uns des accusés?

LE TÉMOIN : Je reconnais le prince, MM. de
Montholon, Mésonan, Parquin et Montauban.

M. LE GÉNÉRAL MONTHOLON : Je nie avoir donné
de l'argent.

LE TÉMOIN : Je ne puis pas bien assurer que ce
soit monsieur qui m'a offert de l'argent.

M. PARQUIN : Ce n'est pas moi qui ai forcé le témoin de marcher, comme il le dit ; car étant

sorti le dernier du paquebot, je n'étais pas encore arrivé à l'endroit où il prétend m'avoir vu.

M. DE MONTAUBAN : Il résulte de la déposition du témoin que, loin de l'avoir forcé de nous accompagner avec ses hommes, c'est moi qui ai engagé le prince à les laisser partir.

M. ORNANO : M. de Montholon n'a jamais eu à distribuer de l'argent ; nous avions, il est vrai, un sac d'argent ; je l'ai même eu entre les mains ; mais ce n'était pas M. de Montholon qui me l'avait remis.

M. DE MÉSONAN : C'est moi qui ai remis le sac d'argent à M. Ornano.

COISY (Jean-Baptiste), voltigeur au 52ᵉ de ligne: J'étais de faction au poste d'Alton, le 6 août dernier. Vers cinq heures du matin j'aperçus le lieutenant Aladenize ; il était couvert d'un manteau ; je crus que c'était un officier en inspection ; le lieutenant en s'approchant de moi cria : *Aux armes !* j'en fis autant ; le sergent et les trois hommes sortirent et se mirent en bataille. En ce moment nous aperçûmes l'escorte du prince, de laquelle se détachèrent cinq officiers. Le lieutenant Aladenize fit tous ses efforts pour entraîner le poste : il disait que le gouvernement était changé ; mais le poste se refusa à le reconnaître pour chef ; alors il prit un homme par le bras, lui dit quelques mots à l'oreille ; que je n'entendis pas, puis il le relâcha. L'escorte ensuite se dirigea vers le quartier. En revenant de la caserne le prince et ceux qui l'accompagnaient repassèrent devant le poste, en nous engageant de nouveau à les suivre, mais encore inutilement.

M. ALADENIZE : Le témoin, dans sa déposition, a dit à peu près la vérité ; cependant il me prête un propos que je n'ai pas tenu ; ainsi je ne n'ai pas dit que le gouvernement était changé. Le témoin dit encore qu'en revenant de la caserne j'ai encore essayé d'entraîner ce poste, c'est là une erreur ; ma conduite à la caserne est une preuve que je ne me souciais guère de faire une tentative sur les soldats. D'ailleurs je ne portais pas de hausse-col, ce qui est la marque du commandement ; c'est peut-être pour cela seul que les soldats n'ont pas consenti à me suivre.

M. PARQUIN : Je déclare que je n'ai fait aucun effort pour enlever le poste ; j'ai dit seulement : *Suivez-nous !*

MORANGE (Martial), sergent au 42° de ligne. Ce témoin était de garde au poste d'Alton ; il dépose des mêmes faits que le précédent témoin.

SENET (Joseph), voltigeur au 42° de ligne : Étant de garde au poste d'Alton, je sortis du poste avec les autres en entendant crier aux armes ; j'étais à l'extrémité du rang ; le lieutenant Aladenize me prit par le bras, et me dit que si je voulais le suivre je serais récompensé, que je n'en aurais pas de regret. J'ai refusé de suivre l'escorte du prince comme tous mes camarades.

ALADENIZE : Je persiste à dire que je n'ai pas cherché à entraîner cet homme ; à quoi m'aurait servi d'entraîner un seul homme ?

FEBVRE, voltigeur au 42ᵉ de ligne : J'étais en faction le 8 août dernier devant la porte de la caserne, il était à peu près cinq heures du matin ; je vis accourir un lieutenant du 42ᵉ le sabre à la main : il me dit de crier aux armes ; il ajouta : Voici le prince. Bientôt arrivèrent le prince et son escorte, qui pénétrèrent dans la caserne. On mit des factionnaires à la porte de la caserne ; un officier se tenait à la porte et jetait de l'argent au peuple pour l'engager à crier vive l'empereur ! ce que l'on criait en effet.

MM. Persigny, Montauban et Ornano déclarent qu'ils n'ont pas jeté de l'argent au peuple.

M. LE PROCUREUR-GÉNÉRAL : Que se passait-il dans les rangs quand le prince est entré dans la caserne ?

LE TÉMOIN : Quand le lieutenant Maussion est entré dans la caserne, on lui a dit de crier vive l'Empereur ! mais il a répondu : Vive le Roi toujours ! (On rit.) Alors on a mis une baïonnette sur sa poitrine ; il l'a écartée avec son sabre, autrement il eût été tué.

M. LE PROCUREUR-GÉNÉRAL : Persigny, c'est vous qui avez mis votre baïonnette sur la poitrine de l'officier ?

M. PERSIGNY : Je n'ai rien à dire ; je m'en réfère à mes déclarations écrites.

GENDRE (Antoine), voltigeur au 42ᵉ de ligne. Ce témoin dépose des mêmes faits que le précédent ; il ajoute que c'est sur l'ordre d'Aladenize que les soldats sont descendus en armes dans la cour ; que c'est aussi sur son ordre, lorsque le prince s'est approché, que les soldats lui ont présenté les armes.

Le témoin affirme aussi avoir vu jeter de l'argent à la foule ; il ajoute que sur le refus du lieutenant Maussion de suivre le prince, Persigny a voulu lui porter un coup de baïonnette.

M. PERSIGNY : Je me suis porté contre le lieutenant Maussion pour exécuter une consigne que j'avais reçue, et que, comme soldat, je devais exécuter avec mes armes.

LE TÉMOIN : Un général de la suite du prince, qui se trouvait sous la porte de la caserne et qui avait l'épée à la main, m'a appelé pour arranger le fourreau de son épée.

M. LABORDE : J'ai déclaré dans mon interrogatoire que j'avais remis mon épée entre les mains d'un soldat pour la faire raccommoder ; j'ai dit que c'était entre les mains d'un grenadier : je me trompe, puisque le soldat ici présent est voltigeur.

M. BRINEK (François-Joseph), sergent de grenadiers au 42ᵉ : J'étais dans ma chambre en train de m'habiller, lorsque j'entendis crier aux armes. Je regardai par la fenêtre, et je vis un officier du 42ᵉ dont je ne distinguai pas alors la figure, mais que j'ai su depuis être Aladenize, qui me cria de descendre avec mon fourniment. Je fis ce qu'on m'ordonnait. Dans la cour il y avait déjà un rassemblement d'hommes armés qui portaient l'uniforme du 40ᵉ de ligne. J'aperçus un officier supérieur qui portait un drapeau tricolore. Plusieurs officiers me donnèrent la main, en disant : « Bonjour, brave. » Un autre officier, que j'ai su depuis être le prince, s'approcha de moi, et me prit la main en me disant : « Bonjour, brave (on rit) ; je vous nomme officier. » Je refusai en lui répondant : « Je suis content de ma position ; je veux rester avec mes chefs. » Je me rapprochai de ma compagnie, qui était formée en bataille ; alors on nous commanda de présenter les armes pour saluer le drapeau. En ce moment le prince s'avança, et fit un grand discours que je n'entendis pas, parceque j'étais éloigné. A la fin de son discours j'ai entendu le prince qui disait : « Nous allons monter à la Haute-Ville, et de là marcher sur Paris. »

« J'avais déjà remarqué l'aigle qui surmontait le drapeau ; les paroles du prince me firent soupçonner que c'était quelque chose contre le gouvernement. (On rit.) Le lieutenant Aladenize commanda l'arme au bras, puis il demanda le

sergent-major ; quand il fut arrivé on lui dit :
« Voilà le prince. » Le prince lui dit : « Je vais
vous donner la croix que je porte moi-même. »
Et en même temps il essaya de la détacher de
son habit ; mais comme elle tenait trop fort, il
se contenta de dire au sergent : « Vous n'en êtes
pas moins chevalier de la Légion-d'Honneur. »

« Ce fut alors qu'arriva le lieutenant Maussion ;
Aladenize lui parla : je ne sais pas ce qu'il lui
dit, mais, d'après ses gestes, je voyais bien qu'il
n'était pas du même avis. Le capitaine Col-Puygellier arriva ensuite : aussitôt le prince et les
officiers supérieurs à sa suite se portèrent pour
entourer le capitaine. Quand je vis cela, je me
détachai avec quatre hommes pour porter secours
à mon chef. J'entendis le prince dire au capitaine : « Je suis le prince Louis, suivez-nous. »
Le capitaine répondit : « Je ne vous connais
pas ; vous venez ici comme un traître, je vous
engage à vous en aller. » Là-dessus Aladenize
dit au capitaine : « Vous allez faire une boucherie. » Le capitaine répondit : « Tant pis ! nous
eferons une s'il le faut. » Alors le prince tira
sur le capitaine un coup de pistolet dont la balle
atteignit un grenadier. Enfin, étant parvenu à
faire sortir le prince et son escorte de la caserne,
le capitaine fit battre la générale.

CHAPOTANT (Antoine), sergent au 42e de ligne
Ce témoin ne fait que redire les faits racontés

en détail par le précédent témoin. Il ajoute seulement :

Le lieutenant Aladenise me présenta au prince, en disant : « Mon prince, voici un ancien militaire à qui il faut une paire d'épaulettes. » Il me fit avancer devant la compagnie, et là le prince dit : « Je vous fais capitaine de grenadiers ! Je lui répondis : « Prince, je refuse, je ne veux rien. » Le grade que le prince venait de me conférer m'avait fait de suite penser qu'il s'agissait d'un complot contre le gouvernement. Je dis aux grenadiers : « Il s'agit d'une conspiration ; je prends le commandement de la compagnie : ne faites que ce que je vous commanderai. »

M. ALADENIZE : Je n'ai qu'un mot à dire. Je démens la déposition du témoin. Quand le témoin prétend qu'il a dit aux grenadiers : N'obéissez qu'à mon ordre, il sait bien qu'il ment, et qu'il se vante ; il n'aurait jamais osé en ma présence tenir un pareil langage.

(Le témoin persiste dans sa déclaration.)

M. ALADENIZE : Vous avez crié aux armes dans la caserne, sachant bien que le prince y était. D'ailleurs on connaît vos antécédents. Mes paroles auront du poids contre les vôtres.

M. LE PRÉSIDENT : Quand on est dans votre position, Aladenize, on doit ménager les autres, surtout les témoins qui déposent ici.

M. ALADENIZE : Encore faut-il que les témoins disent la vérité?

Me FAVRE : Dans quelle attitude étaient les compagnies quand le prince est entré.

LE TÉMOIN : Au moment où je suis descendu les compagnies se ralliaient ; je persiste à dire qu'Aladenize m'a présenté au prince comme je l'ai dit.

Me FAVRE : Et au moment où le capitaine est entré êtes-vous bien sûr que les compagnies étaient parfaitement dans leur devoir, comme vous le prétendez?

LE TÉMOIN : Mais....

LE PRÉSIDENT : Si elles n'étaient pas dans le devoir, c'est qu'elles en étaient sorties par le crime d'Aladenize. (Mouvement.) Les accusés n'ont pas d'observations à faire.

LE PRINCE : Je n'ai rien à répondre à ce qui se dit en ce moment ; je regarderais cela comme indigne de moi. Déjà plusieurs fois j'aurais pu trouver l'occasion de prendre la parole. Pour ce qui me regarde personnellement, je n'ai rien à dire. Je m'expliquerai seulement sur mes amis, si leur intérêt l'exige.

GEOFFROY (Joseph), grenadier au 42e de ligne.

Ce témoin est le soldat qui a reçu le coup de pistolet que l'accusation prétend avoir été destiné au capitaine.

LE PRÉSIDENT : Vos noms?

Geoffroy fait signe que la blessure qu'il a reçue dans la bouche l'empêche de parler.

LE PRÉSIDENT : Approchez-vous du bureau, vous direz votre déposition au secrétaire-rédacteur, qui la répétera à la Cour.

Le témoin exécute l'ordre du président.

M. de la Chauvinière répète la déposition de Geoffroy, qui ne porte que sur le coup de pistolet qui l'a blessé.

LE PRINCE : Je dois exprimer ici combien j'ai de regret d'avoir blessé un militaire français. Je suis heureux que la blessure n'ait pas eu de suite plus grave.

M. LE PRÉSIDENT : Faites entrer le capitaine Col-Puygellier. (Mouvement d'attention.)

M. COL-PUYGELLIER (Pierre), major au 42° de ligne : Messieurs, le 6 du mois d'août, vers six heures du matin, je me disposais à aller dans la forêt de Boulogne pour lever un plan, lorsque je fus informé que l'on avait rencontré dans la ville des militaires précédés de plusieurs officiers-généraux. Je prenais précipitamment mon uniforme, quand le sous-lieutenant Ragon vint me dire que le prince Louis était à la caserne. Je me dirigeai vers la caserne, et en route je rencontrai le sous-lieutenant Maussion. Tous trois nous arrivâmes au même moment aux portes de la caserne. Nous rencontrâmes d'abord à l'entrée de la rue de la caserne deux factionnaires portant

au shako le n° 40 ; ils me dirent : « Capitaine,
on ne passe pas. » Je répondis : « Ce n'est pas
le 40° qui fait la police ici. » Après avoir passé
outre, nous arrivâmes au groupe ; là un officier, portant les épaulettes de chef de bataillon,
s'avança, et me dit quelques paroles dont le
sens était de m'engager à lui ; il me dit que le
prince Louis était là.

Je tirai mon sabre : en entrant dans le groupe
on me saisit de toutes parts, et surtout par le bras
qui tenait le sabre. Je m'avançai avec peine vers
l'intérieur de la caserne, et je dis à un grenadier
portant le numéro 40 : « Si vous êtes un homme
d'honneur, apprenez qu'on vous porte à trahir. » On me répondit : « On ne trahit pas ;
criez vive le prince Louis ! » Je refusai. Je pus
arriver sous la voûte qui est à l'entrée de la caserne ; là un homme revêtu d'un uniforme de
général, je crois, ayant un crachat sur la poitrine, me dit : « Je suis le prince Louis ; soyez
des nôtres, et vous aurez tout ce que vous voudrez. » Je lui répondis : « Prince Louis ou non,
je ne vous connais pas. » On me pressa plus
vivement ; je m'écriai : « Alors, assassinez-moi,
ou je ferai mon devoir. » On me répondit : « On
ne vous assassinera pas. »

C'est alors que le lieutenant Aladenise est ac-
couru, et m'a couvert de ses bras en criant :
« Respectez le capitaine, je réponds de ses jours. »

Je crois qu'il a puissamment contribué à me sauver la vie.

Enfin, après être parvenu à faire évacuer la caserne, mon premier soin fut d'examiner l'état de ma troupe, parmi laquelle se trouvaient les sous-lieutenants Maussion et Ragon. Peu de temps après, le prince est revenu avec une troupe d'environ cinquante hommes armés de fusils avec baïonnettes. En s'avançant il faisait encore entendre des paroles que je ne me rappelle pas, mais qui avaient pour but de nous séduire. La troupe s'arrêta à deux ou trois pas de moi. Le lieutenant Aladenise, qui se trouvait près de moi, paraissait désespéré; il voulait briser son épée, il la jeta par terre. Je lui ordonnai de rester près de moi; mais pendant que je disais au prince : « Retirez-vous ou j'emploirai la force, » il passa du côté du prince après avoir ramassé son sabre, qui n'était que recourbé.

Le prince était alors sorti de la caserne, et j'ai aussitôt fait solidement fermer les portes. Quant au coup de pistolet, je n'ai fait qu'entendre la détonation; j'ignore qui l'a tiré. Ce n'est qu'après le départ du prince que j'ai appris qu'un soldat avait été blessé.

M⁰ FAVRE : Lorsque le capitaine était entouré à la porte de la caserne, Aladenise n'a-t-il pas fait entendre ce cri, adressé à ses compagnons : « Ne tirez pas sur le capitaine! »

PLUSIEURS PAIRS : Le témoin vient de le dire.

LE PRÉSIDENT au témoin : Veuillez le répéter. (Le témoin répète ce fait.)

MAUSSION (Ernest-Louis-Marie de) : Ce témoin ne fait que confirmer la déclaration du commandant Col-Puygellier. Il reconnaît que c'est Aladenise qui lui a sauvé la vie, en se plaçant entre lui et ses compagnons.

Le lieutenant de Maussion ajoute que les personnes qui avaient envahi la caserne paraissaient être disposées à faire usage de leurs armes.

Mᵉ BARILLON : Le témoin vient de dire que l'on semblait disposé à faire usage des armes ; croit-il en effet qu'on ait eu l'intention sérieuse de s'en servir ?

LE TÉMOIN : Je crois avoir remarqué que l'intention était de tirer sur nous, car un sergent a détourné une arme dirigée sur un lieutenant.

Mᵉ BARILLON : Il n'y a pas eu de commandement ?

LE TÉMOIN : Non, monsieur.

LE PRÉSIDENT : Pourriez-vous reconnaître celui qui vous a menacé de sa baïonnette ?

LE TÉMOIN : Non, monsieur.

Le témoin Ragon de la Ferrrière, âgé de trente ans, sous-lieutenant de grenadiers au 42ᵉ, déclare que, logé à la caserne, il entendit, à cinq heures trois quarts du matin, du mouvement dans la caserne, lorsqu'un grenadier vint l'avertir que le

lieutenant Aladenise était à la caserne avec beaucoup d'officiers-généraux, et avait rassemblé les
compagnies. Je pensai, dit-il, que c'était une
conspiration, et, craignant qu'on ne s'emparât
des officiers individuellement, je me hâtai d'aller
prévenir, par une porte de derrière, le capitaine
commandant la garnison, qui demeure loin ; je
prévins en passant le sous-lieutenant Maussion.

Nous trouvâmes le capitaine Col-Puygellier,
et nous revînmes ensemble à la caserne ; là nous
vîmes des hommes portant l'uniforme du 40°, qui
nous laissèrent passer d'abord, puis un grenadier
nous arrêta, en disant : « On ne passe pas. » Le
capitaine le repoussa, et entra ; mais il fut bientôt
entouré par un groupe d'officiers, parmi lesquels
je remarquai un chef d'escadron, qui lui dit :
« Soyez des nôtres. Vive l'empereur ! le prince
est là. » Le capitaine résista, et dit : « Je ne connais pas le prince ; où est-il? » Et en même temps
il dégaîna son épée; mais il fut entouré et saisi par
les insurgés. Je les suppliai de ménager un officier
qui avait servi trente ans son pays. En ce moment
le prince vint à nous, et parla au capitaine. Je
n'entendis pas ses paroles. Le capitaine répondit :
« Je ne vous connais pas, laissez-moi ; je ne veux
rien. » Une voix, comme nous avancions toujours,
cria : « Ne le laissez pas avancer. » Aussitôt des
baïonnettes furent dirigées contre le capitaine, et
l'on eût fait feu, je crois, si le lieutenant Alade-

nise ne se fût précipité entre les assaillants et le capitaine en disant : « Arrêtez-le, mais ne lui faites
pas de mal. » Cet acte d'Aladenise nous sauva ;
des sous-officiers arrivèrent et nous dégagèrent.
Le prince et les siens se sont alors retirés, puis
sont revenus. Un coup de pistolet fut alors tiré
sur le capitaine par une personne en uniforme
de colonel ; je crois que c'était le prince. Le capitaine ne fut pas atteint ; mais un grenadier fut
blessé du coup. Le prince et sa troupe se sont retirés, et on a fermé les portes de la caserne.

Vers sept-heures du matin, mon service me
conduisit avec huit grenadiers sur la plage ; nous
avions avec nous quelques gardes nationaux et
un officier. Nous trouvâmes trente insurgés, qui
se rendirent à notre sommation. Quelques-uns
essayèrent d'approcher, en marchant dans l'eau,
d'un canot que d'autres s'efforçaient de mettre à
flot. Je défendis à mes grenadiers de tirer sans
mes ordres. Le canot était plein de monde, et
avançait lentement vers un bateau à vapeur. J'ai
sommé les personnes qui étaient dans le canot
de se rendre ; elles ne m'ont pas répondu : je ne
leur ai point vu d'armes. En ce moment où je les
sommai de se rendre, une décharge est partie derrière moi ; elle provenait de la garde nationale.
Aussitôt le canot a chaviré. Je vis que mes soldats tiraient aussi malgré ma défense, que je réi-
térai. On s'occupa de sauver ceux qui étaient tom-

bés à l'eau, et je vis rapporter un colonel blessé.
C'est en ce moment que j'ai vu un intendant militaire (M. Faure) expirant sur le sable; il était
entouré de beaucoup de personnes que j'ai enga-
gées à le secourir, et je me suis éloigné.

LE PRÉSIDENT : Avait-on tiré du canon?

LE TÉMOIN : Je ne puis le dire; je n'ai pas vu
tirer. Je reconnais M. Mésonan pour celui qui a
dit au capitaine Col-Puygellier : « Soyez des nôtres ; vive l'empereur !

Il reconnaît également le capitaine Desjardins
pour cet officier.

M. LAUNAY-LEPRÉVÔT, âgé de 44 ans, sous-préfet de Boulogne, est introduit ; il fait une longue
déposition dans laquelle il reproduit son rapport
au ministre. Il nous semble résulter cependant
de cette déposition que l'affaire était déjà man-
quée lorsqu'il s'est trouvé face à face avec le prince
et ses amis. Il déclare qu'aussitôt qu'il eut rencontré les insurgés et qu'il eut vu un drapeau sur
lequel étaient inscrits les noms des victoires de
l'empire, il somma le porteur de l'abattre ; il
croyait alors que ces hommes faisaient partie de
la garnison. Le prince Louis, dit-il, donna ordre
de me repousser. Ce fut alors que je fus atteint à
la poitrine d'un coup de pied du drapeau, ou plutôt, je crois, d'un coup de l'aigle, car ayant paré
avec la main j'eus les doigts escoriés ; mais je ne

fus pas frappé violemment, et je ne chancelai pas, comme on l'a dit.

En terminant le bulletin de la campagne M. le sous-préfet déclare que la garde nationale s'est hâtée de se rendre à lui, puisque sur *dix-huit cents hommes* il s'en est trouvé, dit-il, *quinze cents sous les armes.*

Le témoin ajoute qu'on lui a rapporté que MM. Parquin et Montholon avaient répandu de l'argent et des proclamations.

M. DE MONTHOLON : Je ferai une seule observation sur cette déposition ; c'est qu'il est faux que j'aie distribué de l'argent ou des proclamations.

M. LAUNAY-LEPRÉVOT : J'ai dit que je n'avais pas de connaissance personnelle de ce fait ; on me l'a rapporté ; je ne conteste donc pas l'affirmation de M. de Montholon.

M. PARQUIN : Je ferai la même observation que le général ; je n'ai rien distribué ; j'étais resté en arrière de la colonne pour tâcher d'aider le prince à trouver des moyens de ne pas être fait prisonnier.

M. LOMBARD : La Cour voit que je n'ai pas frappé, comme l'avait dit M. le sous-préfet.

M. LAUNAY-LEPRÉVOT : J'ai besoin d'ajouter un mot à l'occasion de M. Forestier. M. Forestier m'était signalé comme un agent du prince ; je le fis surveiller. Je fus très surpris le jour de l'affaire, ou plutôt la veille, qu'il fût arrivé seul d'Angleterre, non sur un paquebot, mais sur un yacht.

Cependant je ne pensais pas qu'on pût méditer une attaque à main armée sur Boulogne.

M. FORESTIER : Il est possible que j'aie été signalé comme un agent du prince ; mais ce qui n'est pas vrai, c'est que j'aie fait plusieurs voyages à Boulogne ; je n'en ai fait qu'un seul, celui qui m'a conduit ici. Je ne suis pas arrivé seul. Je suis arrivé avec un Anglais et sa femme dans une barque, le bateau à vapeur étant parti ; cela peut être prouvé par les douaniers.

M. LAUNAY-LEPRÉVOT : C'est possible. Je m'en suis rapporté au dire du commissaire de police.

M. LE PRÉSIDENT : Faites entrer le témoin Adam. (Tous les regards se tournent vers la porte, afin de voir le rédacteur des célèbres proclamations de la municipalité de Boulogne.)

M. ADAM (Alexandre), âgé de quarante ans, maire de Boulogne, reproduit mot à mot les détails contenus dans son fameux rapport.

M. SANSOT, âgé de soixante-quatre ans, colonel de la garde nationale de Boulogne : Averti de ce qui se passait, je fis battre la générale, et je fis défendre à la poste de délivrer des chevaux ; puis je réunis la garde nationale, et, après lui avoir donné des cartouches, je la fis marcher sur la Colonne, où se trouvaient le prince et sa troupe. A notre approche ils se retirèrent. Nous les poursuivîmes dans *l'espoir qu'ils se défendraient*, et que nous pourrions les prendre : mais ils ne se défendirent pas, et se sauvèrent dans toutes les directions. Nous nous emparâmes du drapeau, qui était resté seul au haut de la Colonne. Le sous-préfet, qui était avec nous, le brisa dans un premier mouvement.

Je me portai sur Wimereux ; en arrivant je vis arrêter sept personnes, au nombre desquelles M. Bouffet de Montauban.

Je dirai ici pour l'honneur de la garde nationale de Boulogne quelques mots. Plusieurs journaux de Paris ont dit que la garde nationale de Boulogne avait tiré sur des hommes désarmés et les avait ainsi assassinés. Cela n'est pas vrai. Sur ce point, j'interpelle le colonel Voisin qui m'a fait appeler à l'hôpital, et m'a dit que la garde nationale avait fait son devoir. (Agitation.)

On a dit aussi que la garde nationale avait lâchement insulté les prisonniers. J'interpellerai sur ce point MM. Aladenise et Bouffet de Montauban ; ils vous diront que quelques gardes nationaux les ayant appelés traîtres, je leur dis qu'il fallait respecter des hommes qui appartenaient à la justice du pays, et que nous devions respecter le malheur. Les injures cessèrent ; M. de Montauban m'en remercia d'un signe de tête.

LE COLONEL VOISIN : Il est vrai que j'ai fait appeler le colonel de la garde nationale pour le remercier du service que je croyais qu'il m'avait rendu ou voulu rendre. J'ai dit que je ne rendais

pas la garde nationale de Boulogne responsable
du fait de vingt ou trente individus tirant sans
provocation sur des citoyens sans armes ; j'ai dit
que ceux qui avaient agi ainsi n'étaient pas dignes
de porter l'uniforme. Voilà ce que j'ai dit ; je
n'ai rien voulu dire de plus. Si j'ai été mal compris, c'est que les trois blessures que j'avais reçues
m'empêchaient de m'exprimer comme je voulais.

LE PRÉSIDENT : Je ne puis laisser passer sous silence votre prétention d'accuser ceux qui ont fait
leur devoir. (Agitation.) Vous aviez attaqué la caserne, c'était un crime ; tout ce qui était fait contre
la révolte était légitime. (Mouvement.) Au reste, il y
a une déposition qui dit qu'un coup de pistolet était
parti de la barque avant que l'on tirât sur les insurgés. (Vives dénégations au banc des accusés.)

M. VOISIN : Je le nie formellement. (Sensation.)

LE PRÉSIDENT : Dans tous les cas, lorsque plusieurs individus attaquent leur pays à main armée, comme ceux que nous avons aujourd'hui le
malheur d'avoir devant nous, ils n'ont aucun
droit de se plaindre, quels que soient les moyens
employés pour défendre l'ordre public. (Agitation.) La garde nationale a fait son devoir.

M° FERDINAND BARROT : J'admets, si vous voulez,
que la garde nationale a fait son devoir (violents
murmures) ; je n'en dois pas moins signaler ici
que lorsque le colonel Voisin a été frappé de

trois balles il ne faisait pas de résistance ; il a été frappé par derrière. (Nouveaux murmures.)

M' J. FAVRE : Il faut pourtant que la défense puisse se faire entendre.

LE PRÉSIDENT vivement : Je demande à la Cour le plus profond silence.

M' FERDINAND BARROT : Lorsqu'on m'a coupé la parole je disais...

LE PRÉSIDENT : On ne vous a pas ôté la parole. Les murmures, je les ai réprimés, et seul j'ai le droit de donner ou de refuser la parole, et je déclare vous la conserver.

M' F. BARROT : Je n'en userai pas.

LE PRÉSIDENT : Soit. Il est constant qu'il y a eu un témoin qui a vu tirer de la barque un coup de pistolet.

M. VOISIN : Je le nie formellement.

LE TÉMOIN SANSOT : La garde nationale n'a pas tiré sur des hommes désarmés, mais sur des hommes qui fuyaient. (Violents murmures.) A l'armée ne tire-t-on pas sur les fuyards? (Nouveaux murmures.)

M. LAUNAY-LEPRÉVÔT, sous-préfet, s'élançant de sa place : Je vais donner des explications. La garde nationale poursuivait les fuyards qui étaient entourés d'hommes auxquels ils avaient donné de l'argent et des proclamations. Les insurgés essayèrent de mettre un canot à flot pour rejoindre le paquebot qui venait à eux; on ne savait pas alors que le paquebot avait été arrimé par le capitaine de port : la garde nationale, dans l'ignorance de ce fait, fit feu pour empêcher la fuite des insurgés. (Vive agitation.)

Aussitôt que l'on sut que les hommes du canot étaient français on cessa le feu, et on essaya de les sauver ; il y a là plusieurs accusés qui doivent la vie à la garde nationale. (Vive agitation.)

M. BERGERET, commissaire de police, rend compte des mesures qu'il prit pour arrêter MM. de Montholon et Parquin, qui passaient devant la porte et se rendirent sans difficulté. Ce fut lui aussi qui se rendit à bord du paquebot après son arrimage, et saisit les divers papiers qui s'y trouvaient, et arrêta l'équipage.

M. L'AVOCAT-GÉNÉRAL BOUCLY : N'est-ce pas vous qui avez signalé Forestier à M. le sous-préfet, comme l'agent du prince ?

LE TÉMOIN : Oui, monsieur; il m'avait été désigné comme tel.

M° DUCLUSEAU, avocat de M. Forestier : On a prétendu que Forestier était arrivé seul sur une barque ; cela est-il vrai ?

LE TÉMOIN : Non, il était avec des Anglais et sa femme.

M° DUCLUSEAU : Ainsi il résulte de la déposition que Forestier est venu en barque avec deux Anglais, parceque le bateau à vapeur était parti.

M° DELACOUR : Je désire constater ici un fait

honorable pour M. de Mésonan, mon client. N'est-il pas vrai que lorsqu'on lui porta secours dans l'eau il disait : « Laissez-moi, sauvez le prince, sauvez le prince. »

LE TÉMOIN : Je le crois.

M. Pollet, lieutenant de port à Boulogne, rend compte de la saisie du paquebot *la Cité d'Edimbourg*. Il déclare qu'étant à bord de ce navire, il vit des hommes à la nage ; il se mit alors dans un canot avec cinq hommes et deux gendarmes pour s'emparer de ces fugitifs. Le premier qui fut arrêté fut le prince Louis. Le témoin rentra à Boulogne avec quatre prisonniers, qu'il remit au maire de la ville.

L'audience est levée à cinq heures et demie et continuée à demain.

Audience du 30 septembre

M. Cauchy, secrétaire de la Cour, fait l'appel nominal, qui ne constate aucune absence.

LE PRÉSIDENT : Faites entrer le témoin Lejeune.

LEJEUNE, entrepreneur de bâtiments à Boulogne : Le 6 août, à cinq heures du matin, je me trouvais avec le sieur Noël, à la porte de Calais ; nous aperçûmes le prince et son escorte. M. Noël et moi nous suivîmes le groupe, dans l'intention d'observer ses mouvements. Arrivés à la Colonne,

nous nous rapprochâmes du groupe en nous mê-
lant à certain nombre d'ouvriers. Lorsque je vis
le drapeau des perturbateurs planté au haut de
la Colonne, j'y montai, toujours suivi de M. Noël.
Mon intention était de m'emparer du drapeau.
Arrivé au haut de la Colonne, je me trouvai face
à face avec un homme portant un uniforme d'officier et ayant d'assez fortes moustaches rousses.
Je m'écriai : « Je te somme de me remettre ton
drapeau et de te rendre prisonnier. » Il me présenta un pistolet à deux coups, et me dit : « Je
te brûle la cervelle si tu avances! » Je relevai vivement son bras, et, avec l'aide de Noël, je l'arrêtai. Je me saisis du drapeau ; mais l'officier me
pria de ne point lui enlever l'honneur en ôtant
son drapeau, de le laisser entre ses mains jusqu'à
ce qu'il l'eût remis à une autorité. J'ai consenti à
tenir le drapeau d'un côté et lui de l'autre. Le
drapeau fut remis plus tard entre les mains du
sous-préfet. J'ai remis en outre entre les mains
de M. le sous-préfet le sabre que portait l'officier
qui avait arboré le drapeau au haut de la Colonne.

Noël, maître maçon à Boulogne, confirme la
précédente déposition.

LE PRÉSIDENT : A-t-on des observations à faire
au témoin?

M. LOMBARD : Le témoin n'a-t-il pas déposé
comme le précédent que je ne voulais pas me des-
saisir du drapeau, que je priais qu'on me le laissât

entre les mains jusqu'à ce que je pusse le remettre à une autorité?

LE TÉMOIN : Oui, monsieur.

M. LOMBARD : N'a-t-il pas entendu Lejeune me dire : » Vous êtes un brave officier ; je conçois votre position, rendez-moi votre drapeau, et je vous laisserai aller. »

LE TÉMOIN : J'ai entendu cela ; mais l'officier a refusé de remettre le drapeau ; il voulait le livrer lui-même. (Le témoin se retire.)

LE PRÉSIDENT : Appelez le général Magnan. (Mouvement d'attention.)

MAGNAN (Bernard Pierre), maréchal-de-camp, commandant le département du Nord : A la fin de mars 1840, je fus informé par le préfet du Nord que le docteur Lombard, qui avait été compromis dans les événements de Strasbourg, était à Lille, et qu'il y était en rapport avec quelques officiers de la garnison. Je ne nommerai pas ces officiers, ni les régiments auxquels ils appartiennent ; le roi, informé par M. le ministre de la guerre et par moi de leur étourderie, les a couverts de son indulgence. Ces officiers avaient été signalés par moi au ministre de la guerre, le 29 mars 1840, comme plus étourdis que coupables ; j'avais été assez heureux pour prévenir, et je n'avais pas voulu me réserver le droit de punir.

Le 6 avril 1840 j'avais l'honneur de rendre compte à M. le ministre de la guerre que l'ex-commandant Parquin, un des principaux acteurs dans les événements de Strasbourg, était arrivé à Lille ; je lui disais « : Ainsi Lombard n'est pas plutôt parti que Parquin arrive. Je suis sans aucune inquiétude, quoi qu'il fasse ou qu'il tente ; mais, bien que la loyauté et le dévouement des officiers me fussent connus, il était de mon devoir de leur signaler la présence de Parquin dans nos murs. » Le commandant Parquin ne resta que vingt-quatre heures à Lille, et partit.

« Vers la même époque, et au mois de février, le commandant Mésonan arriva à Lille ; il se présenta chez un ancien ami à lui, le chef d'escadron Cabour-Dubay, attaché à l'état-major de la division. Il fut aussi chez le colonel du 60° régiment de ligne, un de ses amis. Le colonel lui dit : « Je ne puis pas te donner à dîner, parce-que je dîne chez le général Magnan : le connais-tu ? Va le voir, il t'invitera sans doute à dîner, et nous nous trouverons ensemble. » Le commandant Mésonan se présenta chez moi ; je l'avais connu à Brest en 1829, aide-de-camp du lieutenant-général comte Bourke, inspecteur général du régiment que je commandais alors. J'avais conservé une grande reconnaissance à le comte Bourke pour ses bontés pour moi et mon régiment comme inspecteur général ; j'avais pour son aide-de-camp beaucoup de bienveillance ; je ne l'avais pas vu depuis 1829, j'étais heu-

reux de le revoir. Je l'invitai à dîner, il accepta ;
il dîna chez moi avec M. le lieutenant-général
comte Cordineau, le vicomte Saint-Aignan, le
préfet du Nord, le colonel du 60° de ligne et
plusieurs officiers supérieurs de la garnison.

« Après le dîner, dans mon salon, en présence de tout le monde, je demandai au commandant Mésonan qui l'amenait à Lille, et où il
allait : il me répondit qu'il allait à Gand voir
d'anciens amis qu'il y avait en 1809, me demanda
des renseignements sur quelques personnes de
cette ville, où j'avais eu mon quartier-général
comme commandant de la division de Flandres,
alors que j'étais en mission en Belgique ; je les
lui donnai. Il me dit aussi qu'il irait à Bruxelles
voir un ancien négociant, son compagnon de
captivité en Angleterre. Je le présentai à M. le
lieutenant-général commandant la division, et
au préfet ; les parties de whist s'organisèrent, je
ne parlai plus à Mésonan, qui se retira avec toute
la société.

» Le lendemain Mésonan vint chez moi ; il
fut introduit dans mon cabinet par mon aide-
camp ; il me parla de sa mise à la retraite au moment où, disait-il, on lui avait promis de l'avancement et le grade de lieutenant-colonel ; il me
parla des services qu'il avait rendus en 1830, au
moment de la révolution de juillet, où il devint
aide-de-camp du général Morin, commandant

la première division. Il m'entretint très longuement de ses services à Lyon, sous M. le lieutenant-général Aymar, au moment où éclata le
mouvement républicain dans cette ville. Je vis en
lui un homme mécontent ; mais il ne me parla
nullement de sa liaison avec le prince Louis. Il
me remit une petite brochure, insérée dans le
temps dans le journal *le Courrier de l'Europe*, et
qui était l'expression de son mécontentement et
de ses plaintes. Je jetai la brochure sur mon bureau, et lui dis que j'avais lu tout cela dans les
journaux étant en Belgique. J'ajoutai : « Si vous
voulez, mon cher Mésonan, que je vous donne
mon opinion sur toute cette affaire, je vous dirai que je vous ai blâmé en Belgique, et que je
vous blâme encore. Vous êtes garçon, vous n'a-
vez pas de charges, vous avez un peu de fortune,
vous êtes trop heureux d'être à la retraite. Qu'auriez-vous gagné d'être lieutenant-colonel ? cinquante ou soixante francs de plus. » Mésonan
me quitta ; il revint plusieurs fois à Lille, se
présenta chez moi, et ne me trouva pas, parceque j'étais en inspection trimestrielle. Cependant
ces allées et venues me paraissaient suspectes.

« Dans les derniers jours de juin, le commandant Mésonan revint encore à Lille, vint de nouveau me voir, et de nouveau je l'invitai à dîner ;
je lui en fixai le jour, dont je ne me souviens
plus : c'était, je crois, le 12 ou le 15 juin. Pour

le même jour j'avais invité M. le capitaine Gueurel, du 50ᵉ de ligne, et qui était venu à Lille déposer dans une affaire du conseil de guerre. Ces
deux messieurs, ma femme et moi fûmes tous les
quatre ensemble, après le dîner, nous promener
sur l'Esplanade. Je les quittai, ainsi que ma femme
sur les huit heures, et pris congé du capitaine
Gueurel et du commandant, qui partaient tous
deux le lendemain. Sur l'Esplanade, en me
quittant, Mésonan me donna un petit livre, en
me priant de le lire ; je crus que c'était encore
l'affaire de sa polémique, je le mis dans ma poche, et fus à la préfecture. Le lendemain de ce
dîner, le commandant, que je croyais parti, entra
dans mon cabinet après s'être fait annoncer,
comme de coutume, par mon aide-de-camp. Je
lui trouvai un air embarrassé ; je lui demandai
comment il n'était pas parti ? Il me répondit
qu'il avait une lettre à me remettre. « Et de qui ?
—Lisez, mon général. » Il me remit cette lettre ;
qui avait pour suscription : « A M. le commandant Mésonan. » Je la lui rendis en disant : « Vous
vous trompez ; elle est pour vous, et non pas
pour moi. » Il me répondit : « Non, elle est pour
vous. » J'ouvris la lettre, et je lus les premières
phrases, que je crois pouvoir me rappeler parfaitement.

« Mon cher commandant, il est important que
vous voyiez tout de suite le général en question,

et que j'ai noté comme devant être un jour maréchal de France ; vous lui offrirez 100,000 fr. de ma part, et 300,000 fr. que je déposerai chez un banquier à son choix à Paris, dans le cas où il viendrait à perdre son commandement... »

« Je m'arrêtai, l'indignation me gagnait ; je tournai le feuillet, et vis que la lettre était signée Louis-Napoléon. Je fus quelque temps sans trouver une parole à répondre ; enfin je repris un peu de calme, et je remis la lettre au commandant, en lui disant que je croyais lui avoir inspiré assez d'estime pour qu'il n'osât pas me faire une pareille proposition ; que jamais je n'avais trahi mes serments, même en 1815, n'ayant pas voulu servir la première restauration, et étant devenu clerc de notaire de capitaine de la garde impériale et d'officier de la Légion-d'Honneur ; que mon culte pour la mémoire de l'empereur ne me ferait pas trahir mes serments ; que lui Mésonan était fou de se mettre du parti du neveu. Quand je serais assez lâche, assez misérable pour accepter les 400,000 francs du prince, je les lui volerais, car si demain je me présentais devant la garnison de Lille pour lui parler un autre langage que celui de la fidélité au devoir et au serment, le dernier des caporaux me mettrait la main sur le collet et m'arrêterait, tant l'armée a les sentiments du devoir et de l'honneur. Je dis au commandant : « Je devrais vous faire arrêter et envoyer votre lettre à Paris, mais il est indigne de moi de dénoncer l'homme que j'ai reçu chez moi, que j'ai reçu à ma table ; je ne le ferai pas. Sauvez-vous, il en est temps encore ; conservez, en renonçant à vos projets, l'estime de vos camarades, et que l'armée ignore ce que vous avez voulu tenter. Mésonan voulut répliquer, j'ouvris la porte de mon cabinet, et je le congédiai. En le congédiant je lui promis que, s'il partait de Lille, s'il n'y revenait pas, je ne donnerais aucune suite à ces infâmes propositions ; l'affaire m'étant personnelle, je pouvais agir autrement que si un de mes subordonnés était venu porter plainte en subornation contre le commandant. Mésonan me dit qu'il partait le soir, et qu'il ne reviendrait plus.

» Après son départ je me rappelai le livre qu'il m'avait donné la veille ; je le demandai à mon domestique, car il était resté dans ma poche. Je vis que ce livre était intitulé : *Lettres de Londres*. Je fis venir le colonel Saint-Paer, du 4e cuirassiers, à qui je le remis, avec invitation de s'assurer si dans son régiment on n'en avait pas répandu de pareils, et de les faire passer à MM. les colonels dans le même but. Cet ouvrage avait été répandu dès la veille en effet dans la caserne du 46e régiment de ligne. Le lieutenant-colonel Sailex, qui commandait ce régiment par intérim, vint me rendre compte ; je lui en demandai un rapport, que j'adressai le 26 juin à M. le ministre de la guerre.

» Le même jour, 26 juin, j'écrivis aux treize commandants de place sous mes ordres pour les prémunir contre les embaucheurs bonapartistes.

» Mon devoir exigeait plus encore ; il importait que je visse mes troupes. Je pris la présidence du conseil de révision que j'avais donnée à M. le colonel Paillon, et j'accompagnai M. le préfet du Nord. Je lui communiquai en voyageant avec lui, tous les détails de mon entrevue avec le commandant. Le préfet me demanda l'autorisation d'en prévenir le ministre de l'intérieur, et j'y consentis. Ainsi, le gouvernement fut averti, non par moi, il est vrai, mais par le préfet du Nord, avec mon autorisation. A mon retour, mon aide-de-camp m'avertit que le commandant était venu chez moi en mon absence, se plaignant de ce qu'il était surveillé. Je dis tout de suite à mon aide-de-camp tout ce qui s'était passé entre Mésonan et moi. Mon indignation était grande. Je défendis à mon aide-de-camp, si le commandant se présentait chez moi, de le laisser entrer ; je le consignai à mon planton et à mon domestique. Au même instant j'appelai le commandant de la gendarmerie : je lui signalai Mésonan comme l'agent du prince Louis, lui donnai ordre de le rechercher et de le faire arrêter. Je fus moi-même chez le procureur du roi lui signaler le commandant, et j'eus l'honneur d'écrire au ministre de la guerre, le 5 juillet, c'est à dire le même jour. J'étais à peine entré chez moi et assis dans mon cabinet, que le commandant, sans se faire annoncer par mon aide-de-camp, sans se faire connaître au planton, entra furtivement dans mon cabinet. Je me levai, marchai à lui, et lui dis : « Monsieur, venez-vous me faire part que vous renoncez à vos criminelles tentatives ? » Il me répondit : « Non ; je perdrai la tête, mais je renverserai le gouvernement. » Je lui dis : « Vous ne renverserez pas le gouvernement, mais vous perdrez la tête, ou plutôt vous l'avez déjà perdue. Vous êtes fou ; sortez, partez ; la gendarmerie vous cherche, sauvez-vous. D'ami que j'étais pour vous je deviens votre ennemi. Vous voulez renverser le gouvernement que j'ai juré de défendre, séparons-nous. » Il sortit, et je ne le revis plus.

» Voilà, messieurs, ma déposition tout entière, ma déposition vraie.

» M. de Mésonan vous a déclaré que je m'étais plaint à lui des promotions faites dans l'armée, que j'en avais le cœur ulcéré. J'en suis fâché pour le commandant, mais je nie formellement cette assertion. Je ne me suis pas plaint, et en effet comment aurais-je pu me plaindre ? Aucune promotion d'officiers généraux n'avait été faite depuis la mienne. Moins qu'un autre d'ailleurs j'aurais eu le droit d'exprimer du mécontentement, car ma carrière militaire a été des plus heureuses, je dirai même qu'elle a été sans exemple.

Ici le témoin dit avec quelle rapidité il est parvenu du grade de capitaine qu'il avait sous la restauration au grade de maréchal-de-camp, grade qu'il occupe aujourd'hui.

Quant au commandant Mésonan, dit le témoin en terminant, il n'avait pas été heureux, il pouvait se plaindre ; moi, j'avais été heureux : il y aurait eu de l'ingratitude de ma part de me plaindre. Je démens donc l'assertion du commandant sur ce point.

LE PRÉSIDENT : Le commandant Mésonan a-t-il quelque chose à dire sur la déposition du témoin?

M. DE MÉSONAN : Je me renferme dans une dénégation formelle, et je laisse à mon défenseur le soin de prouver la fausseté de la déposition.

M. LOMBARD : Je prie M. le président de demander au général s'il n'est pas à sa connaissance que je ne suis allé à Lille que pour une affaire étrangère à la politique. Je prie aussi M. le président de demander au général si, dans une conversation qu'il a eue avec tous les officiers de la garnison, les réponses des officiers ont pu lui faire supposer que j'eusse jamais cherché à embaucher des officiers.

LE TÉMOIN : Aucun des officiers ne m'a dit que le docteur Lombard ait voulu les gagner à la cause du prince. Seulement, *par induction*, le préfet du Nord et moi nous dûmes penser que le docteur Lombard, qui avait figuré dans les événements de Strasbourg, se trouvait à Lille dans l'intention d'embaucher des officiers; mais je dois dire que les officiers ne m'ont rien déclaré qui pût me donner la certitude que le docteur Lombard eût rien fait pour le prince Louis.

M⁰ DELACOUR : Au mois de juin le témoin n'invita-t-il pas à dîner le commandant Mésonan?

LE TÉMOIN : Je crois avoir invité le commandant à dîner vers cette époque.

M⁰ DELACOUR : Ce dîner ne fut-il pas remis au 12 juin, par suite d'une affaire survenue au général?

LE TÉMOIN : Cette invitation fut en effet reportée au 12, c'était un vendredi.

M⁰ DELACOUR : Pour qu'il n'y ait aucun doute, je vais donner lecture de la lettre d'invitation. (Le défenseur donne lecture de cette lettre, dans laquelle le général s'excuse et reporte son invitation au 12 juin.)

Maintenant je demande à lire un certificat dûment régularisé et prouvant que le lendemain du dîner, c'est à dire le 13 juin, le commandant avait quitté Lille. (L'avocat lit un certificat du directeur des messageries, duquel il résulte que M. Mésonan avait dû partir le 13 juin de Lille.)

M. LE PROCUREUR-GÉNÉRAL : Quelle conséquence

voulez-vous tirer de cette lettre et de ce certificat?

M⁰ DELACOUR : J'en veux tirer la conséquence que M. Mésonan n'a pu faire des propositions au général dans le but de le corrompre le lendemain du dîner, puisqu'il n'était pas à Lille.

Voici un autre certificat qui nous a été fourni par le maître de l'hôtel où est descendu M. Mésonan à Courtray, et dans lequel cet hôtelier déclare que M. Mésonan est arrivé dans sa maison à sept heures du matin, le 13 juin. (Sensation.) (L'avocat donne lecture du certificat.)

M. LE PROCUREUR-GÉNÉRAL : Cela n'a pas le moindre intérêt. (Le défenseur donne encore lecture d'un autre certificat de l'hôtellier, par lequel celui-ci affirme que M. Mésonan est parti de l'omnibus de l'hôtel pour se rendre au chemin de fer. (Mouvement général dans l'auditoire.)

M. PARQUIN : Je demanderai au général s'il n'est pas bien à sa connaissance que je ne suis resté que vingt-quatre heures à Lille, et que pendant ce temps je me suis montré ostensiblement.

LE TÉMOIN : Je déclare que M. Parquin a traversé Lille ostensiblement; je déclare également qu'il est à ma connaissance que M. Parquin n'a vu personne à Lille; du reste, il n'est resté que vingt-quatre heures à l'hôtel d'Europe.

LE PRÉSIDENT : Veut-on encore adresser des questions au témoin? (Silence.)

Le témoin peut se retirer.

Le général Magnan, qui a débité sa déposition avec une assez grande emphase, va prendre sa place au banc des témoins.

(Nous aurions pu supprimer cette déposition, qui est semblable, mot à mot, à celle que M. Persil a inséré dans son rapport, et que l'on a publiée il y a déjà quelque temps.)

M. Cabour-Duhay, chef d'escadron d'état-major, attaché à la 16e division militaire, département du Nord, témoin cité et entendu dans l'instruction, n'est pas présent à l'audience.

Piedfort, portier de l'hôtel des Bains, dépose que dans la nuit du 5 au 6 août dernier vers les deux heures du matin, une personne est arrivée en chaise de poste à l'hôtel ; que deux voyageurs sont descendus pour la recevoir, et que peu de temps après cette personne et les deux voyageurs sont sortis de l'hôtel. Ces trois personnages étaient Aladenise, Bataille et Forestier.

Legrand, marchand fripier à la rotonde du Temple, à Paris, est entendu. C'est lui qui a vendu quinze capotes militaires à Forestier.

Le témoin Régnier est introduit.

LE PRÉSIDENT : Ce témoin a été cité sur la demande de Forestier ; dans quelle intention ?

Me DUCLUSEAU : C'est pour prouver que Forestier n'était pas allé en Angleterre dans un but poli-

tique, mais dans un but commercial ; qu'il y était
allé pour...

LE PRÉSIDENT interrompant : Assez ! assez ! ne
dites pas au témoin ce qu'il doit déposer.

RÉGNIER, menuisier à Paris : M. Forestier m'a
commandé des cadres pour des ardoises en porcelaine qu'il devait rapporter d'Angleterre.

LE PRÉSIDENT : Combien vous a-t-on commandé
de cadre ?

LE TÉMOIN : J'en avais 100,000 à faire.

M. MELLET, ingénieur, demeurant à Paris :
M. Bataille m'a été présenté lors de sa sortie de
l'École Polytechnique ; au commencement de
l'année 1840 je m'occupais avec lui de la question des chemins de fer. A peu près à la même
époque, Bataille fit quelques articles dans le journal le *Capitole*, mais sur une question spéciale,
sur la question d'Orient. J'ai toujours reconnu
dans Bataille un jeune homme studieux, dévoué
et plein de bonnes qualités. Quant à ses opinions,
elles étaient plutôt dans le sens de l'opposition
libérale que dans le sens de l'opinion napoléonienne.

Lorsque Bataille partit pour l'Angleterre, c'é-
tait dans l'intention de s'occuper d'affaires industrielles ; je dois déclarer que, dans mon opinion,
je crois qu'il s'en est occupé ; il m'a du moins
écrit une lettre dans laquelle il me parlait de ses
travaux sur les chemins de fer.

M. Durat-Lasalle, cité à la requête de M. Parquin, dépose qu'il est à sa connaissance personnelle que M. Parquin, lors de son voyage en France, n'avait pour but que le recouvrement d'un arriéré de solde.

LE PRÉSIDENT : La liste des témoins étant épuisée, la parole est au procureur-général.

M. FRANCK-CARRÉ, procureur-général, se lève, ainsi que ses substituts, suivant la coutume, et lit son réquisitoire, ainsi conçu :

« Messieurs les pairs, après les débats qui ont rempli vos dernières audiences, ne permettrez-vous pas au magistrat que son devoir appelle à soutenir cette accusation de se demander d'abord quelles peuvent être ici l'utilité de ses paroles et la nécessité d'une discussion ? Rien n'a été contesté ni sur les faits qui constituent l'attentat, ni sur la part qui en est attribuée à chacun des accusés : l'intention, le but, les moyens, tout à été avoué. Dans les réticences même que certaines positions commandaient, on a paru s'inquiéter moins du soin de cacher la vérité que du point d'honneur qui défendait de la dire ; et en produisant des excuses que pouvaient souffrir des situations moins désespérées, ce n'était pas du crime qu'on tentait de se justifier, mais de l'aveuglement qui l'avait conçu et de la folle présomption qui l'avait entrepris.

» Et comment eût-il été possible, messieurs, qu'il

en fût autrement? Une violation du territoire à
main armée, le peuple sollicité à la révolte par
des distributions d'argent et des acclamations sé-
ditieuses, des tentatives réitérées pour ébranler la
fidélité des soldats, des proclamations qui provo-
quent au renversement des institutions du pays,
des ordres, des arrêtés, des décrets qui supposent
déjà l'exercice d'une dictature usurpée, ce ne
sont pas là des actes dont l'évidence puisse être
obscurcie ou dont le caractère soit équivoque ;
Les factieux avaient marché à découvert au
milieu d'une population aussi surprise qu'indi-
gnée, et lorsqu'après la déroute presque tous les
accusés, encore en armes, étaient arrêtés dans
leur fuite, ceux-ci portant les marques distinc-
tives des grades qu'ils avaient obtenus au service
de la patrie, et qu'ils venaient de mettre au service de l'insurrection, ceux-là revêtus d'uniformes
et d'insignes qui ne leur appartenaient point, et
dont la révolte les avait décorés pour son usage,
nul d'entre eux ne pouvait nier une culpabilité
flagrante et le concours qu'il avait prêté à une si
criminelle entreprise. Il semble donc, messieurs,
qu'il ne s'agisse plus que de mesurer pour chacun
le degré de culpabilité qui lui appartient dans le
crime de tous, et c'est là une appréciation où
nous devrions peut-être hésiter à précéder votre
haute justice, qui sait la faire avec autant de
sagesse et de fermeté que d'indulgence.

» Mais nous comprenons, messieurs, que le procès ne doit point être réduit à ces termes : lorsqu'un effort a été tenté pour substituer un autre gouvernement à celui du pays ; lorsqu'une ambition si haute qu'elle n'aspire à rien moins qu'au souverain pouvoir s'est manifestée par des actes formels ; lorsque quelques hommes ont cru pouvoir menacer d'une révolution nouvelle cette terre silonnée déjà par tant de révolutions, suffit-il, devant cette Cour surtout, de constater les circonstances matérielles de l'attentat, et de provoquer contre ses auteurs un châtiment mérité ? Ne faut-il pas encore rechercher quels avaient été les mobiles, quelle était la portée de cette agression, sur quels titres s'appuyaient des prétentions si vastes, de quelles influences et de quels moyens disposaient les hommes qui s'étaient bercés d'une si folle espérance ? Vous prévoyez déjà, messieurs, les résultats de ces investigations ; elles nous montreront jusqu'à quels humiliants mécomptes on a pu être abaissé par l'ignorance de la situation politique du pays ; par l'inintelligence de ses vœux, de ses sympathies, de ses intérêts ; par une spéculation aventureuse fondée sur de glorieux souvenirs dont le culte bien compris condamnait toutes les témérités qu'ils ont inspirées.

» Mais qu'il nous soit permis de rappeler d'abord les circonstances principales de l'attentat qui amène les accusés devant vous. La conduite de cette coupable entreprise et son dénoûment doivent être le point de départ de l'appréciation à laquelle nous essaierons ensuite de nous livrer. »

Ici M. le procureur-général rappelle les faits généraux déjà si connus qui se sont passés à Boulogne ; puis, arrivant à l'examen des faits de détail, et à l'appréciation de la part que chaque compagnon du prince a prise à la tentative, il s'exprime ainsi :

« Messieurs, sous le chef qu'ils se sont donné, les accusés se regardent comme enchaînés par le devoir militaire, et celui que la conspiration aurait trouvé infidèle serait à ses propres yeux un soldat qui aurait abandonné son poste.

» Devrons-nous donc nous arrêter à rechercher à quel moment chacun d'eux a été initié aux projets de Louis Bonaparte et aux détails de l'entreprise où l'on allait s'engager? N'en est-il pas d'abord à l'égard desquels un silence absolu était impossible, et qu'on ne pouvait pas avoir la coupable pensée de compromettre à leur insu dans un attentat à main armée contre le gouvernement de leur patrie? Que le secret de la conspiration n'ait pas été abandonné à la tourbe des conspirateurs, qu'on n'ait pas cru devoir de confidences à des domestiques dont on allait cacher la livrée sous un uniforme, à des hommes à gages qu'on emmenait à sa suite, et qui ont l'habitude de suivre leur maître sans demander où il va,

cela est vraisemblable , nous le comprenons;
nous n'hésitons pas à l'admettre. Mais qu'un officier-général , des officiers supérieurs , des hommes pour lesquels on n'avait pas le droit de mé-
connaître ce qu'ils se doivent à eux-mêmes, aient
été enlevés en quelque sorte sous de frivoles prétextes, et jetés, les yeux fermés, dans une insurrection téméraire , cela n'est pas possible , messieurs , et nous ne craignons pas d'affirmer que
cela n'est pas. Pour être amené à croire qu'on
ait pu disposer ainsi de leur conscience et de leurs
bras , il faudrait du moins qu'il fût reconnu qu'on
les savait toujours prêts à tout, qu'il n'était pas
d'extrémités auxquelles ils ne fussent d'avance
résolus, et qu'entretenus dans un état permanent
de conspiration, ils ne devaient jamais reculer
devant les hasards et les périls de l'exécution.
Qu'importe dès lors qu'on leur ait appris le lieu
et l'heure où leurs vœux seraient réalisés, où l'occasion qu'ils attendaient leur serait offerte?

» Il est certain que pendant la traversée Louis
Bonaparte a fait connaître à tous ceux qui l'accompagnaient son intention de débarquer à Boulogne, et sa volonté de renouveler la tentative
dans laquelle il avait si tristement échoué à
Strasbourg. Il est certain que chacun a trouvé
sous sa main son uniforme, ses armes, son équi-
pement, et que, sur l'ordre qui en a été donné,
l'état-major, comme la troupe, s'est aussitôt cos-

tumé pour l'action. C'est donc au moins depuis ce moment que l'entreprise avait été sciemment acceptée, et que tous les complices s'étaient associés sans réserve à la pensée de leur chef. Nous ne savons, messieurs, si parmi eux il s'est trouvé un homme dont la raison plus mûre comprît tout le néant d'une ridicule illusion, et qui prévit l'inévitable issue d'une témérité sans exemple. Mais celui-là même n'a pas refusé son concours; et lorsqu'au milieu du peuple et devant les soldats il marchait revêtu des insignes de son grade, sous le drapeau de la sédition, il assurait aux factieux le plus énergique moyen d'influence dont ils pussent disposer. Le général Montholon ne pourra donc se disculper en invoquant son peu de confiance dans le succès ou l'intention de prévenir les collisions violentes. Placé dans une situation élevée, il est plus coupable lorsqu'il en foule aux pieds les devoirs : les épaulettes d'officier-général lui imposent, envers la patrie et envers le roi, des obligations plus étroites, et son nom, recommandé par un pieux dévouement aux souvenirs de la France, ne devait pas être compromis dans une tentative sans portée contre les institutions qu'elle s'est faites. Il était de ceux qui avaient reçu la noble mission de guider l'armée dans les voies de la fidélité et de l'honneur. La conscience publique et la justice des lois prononceront un arrêt rigoureux sur le crime qu'il a commis en devenant le complice de ceux qui provoquaient les soldats à la trahison et à la révolte.

» Moins élevés en grade, mais officiers en activité de service, Ornano et Aladenise avaient à remplir des devoirs analogues, et les ont également violés. Le premier avait quitté son corps en vertu d'un congé. Il ne l'avait pas rejoint à l'expiration du terme qui lui avait été fixé, et son absence irrégulière avait duré assez longtemps pour qu'il dût être jugé comme déserteur. Son nom toutefois n'était pas rayé des contrôles ; il faisait encore partie du 3ᵉ régiment de dragons. Militaire, il ne devait pas se considérer comme affranchi de ses serments ; citoyen, il ne pouvait jamais être dégagé de ses devoirs envers la patrie.

» La conduite d'Aladenize est plus coupable et plus odieuse encore ; il était au moment de l'attentat en activité de service sous le drapeau de son corps. Pour se rendre à Boulogne, où il sait que Louis Bonaparte va débarquer, il abandonne le lieu de sa garnison. Instruit des projets criminels dont on va tenter l'exécution, il a promis sa coopération la plus active, et il tient largement sa promesse. Ce n'est pas seulement l'influence, c'est l'autorité même de son grade qu'il emploie pour détourner du devoir des soldats qui appartiennent à son régiment. C'est au nom de la hiérarchie et de la discipline que, traître et parjure lui-même, il leur prescrit la trahison et le parjure. Violation déplorable des lois les plus impérieuses de l'honneur! crime le plus odieux peut-être et le plus funeste qu'un militaire puisse commettre! Que deviendraient les institutions et les lois, la sécurité publique et la liberté si chacun de ceux qui sont préposés à leur garde croyait pouvoir, au gré de ses intérêts, de ses passions, de ses *principes personnels* (pour rappeler le langage de l'accusé), tourner contre le gouvernement du pays les armes qui lui ont été confiés! Un témoin rapporte que vous vouliez, Aladenise, briser votre épée quand vous avez vu que le succès ne répondait pas à vos espérances; c'était avant l'attentat qu'il fallait la briser et déposer en même temps vos épaulettes. L'armée du moins n'aurait point eu à regretter qu'il se soit rencontré dans ses rangs un officier capable de trahir aussi déloyalement ses devoirs. Nous ne redoutons pas, messieurs, que cet exemple unique devienne contagieux. Il importe toutefois qu'il soit énergiquement réprimé : les nécessités de la discipline militaire, et les intérêts si chers au pays d'un gouvernement national et d'une constitution libre, nous imposent l'obligation de provoquer contre Aladenize toutes les sévérités de votre justice.

» Auprès d'Aladenize se placent naturellement Forestier et Bataille. Depuis longtemps le premier était un des agents les plus actifs de Louis Bo-

naparte ; c'est Forestier qui a distribué les brochures, embauché les hommes, acheté les uniformes ; c'est lui qui, la veille de l'attentat, vint
de Londres apporter à Bataille, rédacteur habituel du *Capitole*, l'ordre que celui-ci fit parvenir
au lieutenant Aladenize. Tous trois, le jour même,
à deux heures du matin, allèrent au devant de
l'expédition qu'ils secondèrent ensuite de leurs
efforts.

» Nous n'avons pas besoin, messieurs, de rappeler les faits qui concernent l'accusé Parquin, sa
participation aux embauchages et sa présence
dans les principales scènes de l'attentat ; de le
montrer à Wimereux forçant les douaniers à
suivre le prince, et à la place d'Alton cherchant
à intimider par ses menaces le sergent Morange.
Parquin, commensal habituel de Louis Bonaparte,
se tenait à ses ordres ; il s'est peint devant vous
en quelques mots quand il a dit qu'on ne *l'appelait pas au conseil, mais qu'il était un homme
d'action.*

» Comme lui, relaps de Strasbourg, les accusés
Fialin et Lombard devaient se retrouver à côté de
lui sur la plage de Wimereux. Fialin est l'auteur
d'une brochure publiée à Londres en 1837, et qui
plus tard a été en partie reproduite en France par
Laity. C'est Fialin qui a eu le triste courage de
revendiquer, comme un honneur, les violences
dont le capitaine Col-Puygellier et le sergent

Maussion ont failli être victimes. Lombard portait le drapeau ; il en a frappé le courageux fonctionnaire qui, seul, voulait s'opposer à la marche des insurgés, et a plus tard arboré cet insigne de révolte au sommet de la Colonne.

» Si la présence du colonel Voisin, dans tous les actes qui ont précédé l'attentat, n'est pas prouvé par les débats, au moins est-il impossible d'admettre, comme il le prétend, qu'il n'a joué dans l'agression du 6 août qu'un rôle purement passif. C'est lui qui a rédigé à l'avance le plan d'attaque ; c'est lui qui a écrit les lettres qui devaient en assurer l'exécution. Le haut grade que lui assignait l'ordre du jour devait être la récompense de son dévouement à l'insurrection. Vous partagerez, messieurs, le chagrin que nous éprouvons à trouver parmi les rebelles un militaire qui avait dignement servi son pays.

» La vie aventureuse de l'accusé Bouffet est suffisamment prouvée par les titres mêmes dont il se pare. C'est un de ces hommes que Louis Bonaparte tenait toujours à sa disposition, et qui étaient prêts par avance à accepter toutes les missions qui leur seraient confiées. Nous n'avons pas besoin de rappeler la participation coupable de cet accusé à tous les faits de l'attentat.

» Mésonan ne pouvait pas reculer devant la réalisation d'un complot auquel il s'était associé depuis longtemps. La Cour n'a pas oublié les menées de cet accusé à Lille, et l'audace de ces propositions que le général Magnan vient de retracer devant elle. Ce fait suffirait pour caractériser sa complicité si bien attestée d'ailleurs par sa participation directe à l'attentat de Boulogne.

» Galvani, de son propre aveu, s'est dévoué aux projets du prince dès qu'il lui ont été révélés sur le paquebot, et il est prouvé qu'à la porte de la caserne il distribuait les proclamations de la révolte.

» Nous ne devons point séparer Orsi, banquier de Louis Bonaparte ; Conneau, son médecin ; d'Almbert, son secrétaire ; et Bure, son frère de lait. Ces quatre accusés ont pu expliquer, mais non excuser leur participation au complot, en alléguant le dévouement aveugle qui les attachait à leur chef.

» Nous devons en outre faire observer que Conneau a imprimé lui-même à Londres les proclamations de Louis Bonaparte, et qu'il a été chargé des préparatifs immédiats du départ.

» La présence du colonel Laborde, à côté des accusés Montholon et Voisin, fait assez comprendre quelle était l'importance de son rôle dans l'insurrection : il n'a reculé devant aucun de ses actes.

» Le dénuement où se trouvait le capitaine Desjardins, et enfin, messieurs, les besoins de sa nombreuse famille, le livraient sans défense aux dangereuses provocations du commandant Parquin ; elles lui attireront peut-être une indulgence que nous ne nous sentons pas le courage de lui disputer.

» Nous nous bornons, messieurs, à ce résumé rapide des faits : nous n'insistons, il faut le répéter, ni sur les détails, ni sur les preuves, parceque la complicité dans l'attentat n'est pas niée et ne peut l'être par personne, parcequ'il ne nous paraît pas possible qu'une explication soit tentée pour faire disparaître, sous ce rapport, la culpabilité.

» Que si nous demandons maintenant comment ces hommes et leur chefs ont pu être amenés à courir les chances d'une entreprise qui partout a été accueillie avec un sentiment de surprise, presque d'incrédulité ; que tout le monde aurait condamnée d'avance, non seulement comme criminelle, mais comme insensée ; dont il n'est personne enfin qui n'eût prévu l'inévitable dénoûment, les écrits publiés pour faire l'apologie de l'attentat de Strasbourg et pour préparer l'attentat de Boulogne suffisent pour faire comprendre et les illusions dont ils se berçaient, et l'aveuglement dont ils étaient frappés. Déjà, messieurs, vous vous le rappelez, nous avons dû apprécier devant cette Cour les prétentions et les ressources, les vanités et les erreurs de ce qu'on appelait alors, de ce que l'on nomme encore aujourd'hui le parti napoléonien.

» Lorsqu'on a pu, dans une brochure répandue avec profusion, se poser, en revendiquant une sorte de légitimité impériale, comme le tuteur nécessaire des intérêts et de la gloire de la patrie ; se vanter d'avoir rallié tous les partis dans les mêmes sentiments et les mêmes vœux ; se présenter enfin comme soutenu par toutes les sympathies du peuple et de l'armée, on a donné la mesure de ce que pouvait imaginer les fantaisies de l'ambition, de ce que pourraient oser les témérités de l'inexpérience. On s'était montré cependant sur le sol français. Un colonel cette fois avait livré son régiment qu'un instant il avait pu abuser, en séparant, pour conserver son influence tout entière, les soldats de leurs officiers. Quelle avait été l'issue ? Combien de temps avait-il fallu pour que celui qui rêvait un trône se réveillât dans une prison, dont une clémence aussi libre qu'elle était généreuse lui a seule ouvert les portes ? Comment se fait-il qu'il n'ait point été alors désabusé ? Vaincu sans combats, pardonné sans conditions, ne devait-il pas comprendre qu'on ne redoutait ses entreprises ni comme un péril ni comme une menace ? Si la reconnaissance ne l'enchaînait pas, ne devait-il pas voir du moins que la prudence la plus commune lui faisait une loi de se renfermer désormais dans l'obscurité de la vie privée, et d'y échapper par l'oubli à la réprobation ? Il n'en est pas ainsi, messieurs, on cherche le bruit et l'éclat ;

on s'efforce de glorifier l'échauffourée de Strasbourg, de conquérir en quelque sorte dans l'opinion une situation politique qu'elle s'obstine à
refuser ; on fonde à grands frais un journal, on
répand de nouveaux écrits, et en même temps
qu'on emprunte à la presse sa puissance, on re-
noue dans l'ombre des trames criminelles.

» Ce n'est pas sans indignation, messieurs, que
vous avez vu celui qui ose se présenter, dans une
de ses proclamations, comme ramenant sur la
terre de la patrie la gloire et l'honneur, exilés
avec lui, descendre jusqu'à marchander à prix
d'argent la fidélité d'un officier-général. Mais où
viennent donc aboutir toutes ces menées secrètes,
tous ces efforts, toutes ces publications sédi-
tieuses? A la tentative de Boulogne, messieurs,
c'est à dire à quelque chose de plus misérable encore que la tentative de Strasbourg.

» On se plaint aujourd'hui de défections : on
parle de ressources cachées, de liaisons étendues
et puissantes qui devaient promettre le succès?
Mais à qui pense-t-on que ce langage puisse faire
illusion? Est-ce au pays qui sait bien qu'il n'appartient à personne de disposer sans lui de lui-
même, et qui a manifesté si énergiquement le jugement qu'il portait sur la conjuration et sur les
conjurés? Est-ce à vos complices eux-mêmes qui,
de tous ces moyens rassemblés par l'influence,
appréciés par la sagesse de leurs chef, n'ont vu

rien apparaître au moment décisif, rien qu'un lieutenant parti furtivement de sa garnison pour vous introduire dans une caserne, dont, sans lui peut-être, vous n'auriez pas franchi le seuil?

» Parlerons-nous de proclamations menteuses, tristes parodies d'une langue inimitable, où se lisent à chaque ligne l'ignorance de la situation du pays et l'oubli de la dignité nationale; où celui qui reproche à nos constitutions de ne pas protéger la liberté, institue des commissions militaires pour juger ceux qui se permettraient de rester fidèles à leur devoir; où celui qui a fait pratiquer l'embauchage et distribuer l'argent pour acheter la trahison, accuse notre gouvernement de corruption; où un neveu de Napoléon annonce à la France «qu'il a des amis à l'extérieur qui lui ont promis de le soutenir,» comme si la France ne savait pas que l'étranger qui conspirerait contre son gouvernement conspirerait en même temps contre elle; où ce jeune homme, connu seulement par ses deux équipées de Strasbourg et de Boulogne, ose promettre de ne s'arrêter qu'après avoir repris l'épée d'Austerlitz!...L'épée d'Austerlitz! elle est trop lourde pour vos mains débiles! cette épée, c'est l'épée de la France; malheur à qui tenterait de la lui enlever!

» Cependant, messieurs, le dictateur improvisé qui vient de débarquer à Boulogne au milieu de sa domesticité travestie, a déjà supprimé d'un

trait de plume le gouvernement national de 1830;
un arrêt laconique comme ceux du destin, mais
heureusement moins irrésistible, prononce la dé-
chéance de notre royale dynastie et la dissolution
des deux chambres. Et il faut que tout cela, messieurs, que toutes ces œuvres qu'on serait tenté
d'attribuer à une imagination en délire, soient si-
gnées du grand nom de Napoléon ! Il faut que
tout cela figure dans la mise en scène d'une conspiration qui doit avorter devant les premiers soldats qu'elle tentera de séduire. Cette armée en
ordre de bataille, cet état-major organisé, ce cortége presque triomphal, ces arrêtés, ces décrets
qui ont déjà disposé des fruits de la victoire, tout
cela vient aboutir à une impuissante manifestation, à une fuite, à une seconde prison. On devait alors demander à la justice des lois, une garantie décisive contre les agressions réitérées
d'une ambition si aveugle et si obstinée. Il devenait nécessaire de rendre à jamais impossibles
ces entreprises à main armée, que ne pouvait tolé-
rer la nation, quand elles n'auraient été que des in-
sultes, et qui pouvaient si facilement amener des
collisions sanglantes.

» La force du gouvernement de juillet est dans la
loi; c'est par elle seule qu'il protége tous les intérêts du pays; c'est par elle seule qu'il se défend
contre les trames cachées ou les violences ouvertes des partis. La justice toujours calme et mo-

dérée, mais toujours ferme et puissante, est le seul appui qu'il invoque et sur lequel il lui convienne de se reposer. Certes, messieurs, nous déplorons les premiers ce crime renouvelé qui a placé notre gouvernement libéral et généreux dans la douloureuse nécessité de ce procès ! Nous comprenons tout ce qu'il est dû de respect aux grands noms, aux grandes infortunes. Dieu nous préserve, nous ne dirons pas seulement de toute action, mais de toute pensée contraire à ce sentiment élevé ! car nous nous sommes dit aussi avec douleur, en nous rappelant une énergique parole, que ce qui manquait trop souvent à ce pays, c'était le respect !

» Oui, sans doute, un tel procès est une chose triste et regrettable; mais à qui faut-il l'imputer, de ceux qui attaquent par la force ou de ceux qui se défendent par la loi? Ce qui ébranle surtout ce respect salutaire dont nous parlons, c'est quand l'atteinte qui lui est portée vient de ceux-là même qui devraient l'inspirer! Pour nous, messieurs, plus est vive l'admiration que nous avons vouée dans notre cœur à l'empereur Napoléon, au grand homme qui a rétabli l'ordre en France, et qui a porté si loin la gloire de nos armes, plus nous avons besoin de nous rappeler notre caractère de magistrat pour maintenir l'impartialité de notre jugement en présence de cette ambition puérile qui deux fois a compromis ce grand nom dans les plus misérables échauffourées. C'est véritablement là, messieurs, ce qui est douloureux pour les âmes élevées, pour ceux qui ont le culte des grandes choses et le culte des nobles souvenirs, c'est qu'un neveu de l'empereur, c'est qu'un Bonaparte soit devenu le triste héros des complots avortés de Strasbourg et de Boulogne ! Voilà ce qu'on ne saurait trop déplorer, voilà ce qui, au regard de l'opinion publique, sinon aux yeux de la justice, aggrave le crime que nous poursuivons.

» Ainsi à ceux qui nous demanderaient de respecter le nom qu'ils portent nous serions en droit de répondre qu'avant tout ils doivent le respecter eux-mêmes : le nom de l'empereur, sachez-le bien, appartient plus à la France qu'il ne vous appartient à vous, et elle peut et doit vous demander compte et de l'acte qui constitue votre crime, et du procès même que vous faites subir à l'un des noms dont elle s'honore le plus ; elle en demandera aussi compte à vos complices, et puisqu'il est parmi eux des hommes que le dévouement de soldat pour le grand capitaine a jetés dans les entreprises de son neveu, elle leur dira d'interroger leurs souvenirs, de comparer ce qu'ils faisaient autrefois et ce qu'ils viennent de faire, la gloire qu'ils partageaient alors et leurs humiliations d'aujourd'hui. N'ont-ils pas déjà senti dans leur conscience, n'ont-ils pas avoué par leur confusion qu'ils ont compromis l'honneur de leurs vieilles épaulettes, et qu'ils ne pourraient trouver nulle part un juge plus indigné et plus sévère que Napoléon lui-même, si le bruit de ces tentatives sans portée, de ces témérités sans grandeur, de ces défaites sans combat, pouvaient monter jusqu'à lui.

» En résumé, messieurs, un mot suffit pour expliquer les illusions et les mécomptes, l'audace et les revers de ces quelques hommes qui, groupés autour de Louis Bonaparte, composent le parti napoléonien.

» Ils se sont imaginé que les grandeurs de l'empire et la gloire de l'empereur étaient comme un patrimoine pour la famille de Napoléon; et le culte de la nation pour ces immortels souvenirs se transforme à leurs regards en un vœu populaire qui appelle cette famille à régner. Vingt-cinq années cependant se sont accomplies depuis que le trône élevé par la puissance d'un homme de génie s'est écroulé dans les débris de sa fortune; et ces vingt-cinq années ont été marquées par les efforts et par les progrès d'un grand peuple qui marchait vers la liberté avec le calme de la force et la sagesse de l'expérience. Récemment éprouvé par les malheurs de l'anarchie, et par ceux que peut entraîner à sa suite l'esprit de conquête et de domination, il voulait des garanties pour ses droits; il voulait imposer à tous le respect de l'indépendance et de la dignité nationale; mais il savait les écueils, et n'ignorait pas à quel point les garanties de l'ordre pouvaient être compromises par le zèle de la liberté, et les conditions de la liberté par le tumulte des armes et les enivrements du triomphe. Au dedans, la liberté sous l'égide des lois respectées et puissantes; au dehors, une attitude ferme et digne, qui ne menaçât, qui ne redoutât personne, c'est là ce qui était dans ses vœux, tel était le but vers lequel il s'avançait avec persévérance; il se montrait patient du présent sous l'empire d'une charte qui lui garantissait l'avenir.

» Le jour où cette charte fut brisée par la main du pouvoir le peuple rentra dans ses droits; il les soutint et les fit triompher par les armes: le monde sait l'usage qu'il fit de la victoire, et comment, en présence de la nation tout entière debout et armée, un contrat solennellement accepté et juré est devenu la base inébranlable d'une dynastie nouvelle.

» Dans ce moment où toutes les voix étaient libres, une seule voix s'est-elle élevée à l'appui des prétentions que l'on essaie de raviver aujourd'hui. Le grand nom du héros a-t-il valu un suffrage à son fils?

» Et c'est, messieurs, dix ans après cette grande révolution, l'un des événements les plus mémorables et les plus féconds de notre histoire, que, sans être découragé par le déplorable dénoûment de deux tentatives insensées, Louis Bonaparte vient proclamer jusque devant vous nous ne savons quel droit d'anéantir nos institutions par ses décrets, et de convoquer un congrès national pour organiser de nouveau le gouvernement du pays ! Ce n'est plus aujourd'hui la légitimité impériale qu'il revendique; ce n'est pas une restauration qu'il veut faire : c'est une dictature dont il se saisit de son chef par devoir envers la patrie, et pour la conduire, sous ses auspices, à de meilleures destinées.

» Mais, en vérité, qui donc êtes-vous pour afficher de si extravagantes prétentions? Qui donc êtes-vous pour vous ériger en représentant de la souveraineté du peuple, sur cette terre où règne un prince que la nation a choisi, et auquel elle a remis elle-même le sceptre et l'épée? Qui donc êtes-vous pour vous donner en France comme un représentant de l'empire, époque de gloire et de génie, vous qui étalez tant de misères dans vos entreprises, qui donnez par vos actes tant de démentis au bon sens?

« L'empereur, apprenez-le, n'a pu léguer à personne le sceptre tombé de sa main puissante avant que ses destins fussent accomplis; sa gloire est l'héritage de la France, et pour elle les véritables représentants de l'empire, ce n'est pas vous, ce ne sont pas les amis obscurs dont les hommages vous entourent, et dont l'ambition in-

téressée exalte la vôtre; c'est le génie de l'empereur qui est encore dans nos lois; ce sont les hommes dépositaires de ses traditions, et qui, à la tête
de nos armées ou dans les conseils, sont l'honneur de la patrie et l'appui de la royauté qu'elle
a fondée de ses mains.

» Nous avons été sévère envers vous, prince Louis;
notre mission et votre crime nous en faisaient un
devoir; nous n'oublierons pas toutefois que vous
êtes né près d'un trône qui fut aussi national; que
vous avez été élevé dans l'une de ces cours de
l'exil où l'on ne peut interdire à l'espérance de
consoler l'infortune, où les regrets du passé s'a-
doucissent par les illusions de l'avenir.

» Peut-être avez-vous eu le malheur de vivre jusqu'ici sous l'influence de quelques hommes trop
associés à votre fortune, et qui prenaient pour des
réalités les rêves de leur dévouement. Sachez enfin
connaître cette France qui fut votre patrie, et d'où
vous a banni une loi dont vous avez su trop bien
justifier la prudence; appréciez ces institutions
éprouvées déjà, qu'elle aime pour leurs bienfaits,
et qu'elle défend comme sa conquête. Deux fois
coupable envers le pays, vous l'avez mis dans la
nécessité d'invoquer contre vous les lois qui pro-
tégent son repos et sa sécurité. Traduit à la barre
de la plus haute de ses juridictions, ne dites pas
que vous êtes traîné vaincu devant les hommes
du vainqueur. C'est une prétention devenue tri-

viale parmi les factieux, et qui n'a jamais relevé
ni justifié personne. Il ne suffit pas de nier la justice pour l'abolir, ni de braver pour s'absoudre
la loi qui condamne.

» Puissiez-vous reconnaître, au contraire, que la
France a eu le droit de vous demander compte de
son territoire violé, du sang français versé par votre main, et vous souvenir que le repentir atténue
toutes les fautes et convient à toutes les conditions. » (Un profond silence accueille ce réquisitoire.)

LE PRÉSIDENT : La séance est suspendue pendant un quart d'heure.

L'audience est reprise à trois heures.

LE PRÉSIDENT : La parole est au défenseur du
prince Louis-Napoléon. (Vif mouvement d'attention.)

Mᵉ BERRYER : « Tout à l'heure M. le procureur-
général s'est écrié : Voilà un triste et déplorable
procès! Et moi aussi je n'ai pu assister à ce grave
débat sans qu'il s'élevât de douloureuses réflexions
dans mon cœur. Quel n'est pas le malheur d'un
pays où, dans un si petit nombre d'années, tant
de révolutions successives, violentes, renversant
tour à tour des droits proclamés, établis, jurés,
ont jeté une si profonde et si affligeante incertitude dans les esprits et dans les cœurs sur le sentiment et la consistance des devoirs! Eh quoi! dans
une seule vie d'homme nous avons été soumis à

la république, à l'empire, à la restauration, à la royauté du 7 août. Cette acceptation de gouvernements, si rapidement brisés les uns sur les autres, ne s'est-elle pas faite au grand détriment de l'énergie des consciences, de la dignité de l'homme, et je dirai même de la majesté des lois? (Vive sensation.)

» Pardonnez-moi cette réflexion qui me saisit chez un peuple où de tels événements se sont succédé : serait-il donc vrai que les hommes qui ont le plus d'énergie, un sentiment plus élevé des devoirs, un respect plus profond pour la foi jurée, un sentiment plus religieux des engagements pris, une fidélité plus invincible aux obligations contractées, soient précisément les hommes les plus exposés à être considérés comme des factieux et de mauvais citoyens, et que l'on compte au nombre des citoyens les plus purs et les plus vertueux ceux qui, dans ces révolutions diverses, se sentent assez de faiblesse dans l'esprit et dans le cœur pour ne pas avoir une foi et un principe? Et, pour la dignité de la justice, quelle atteinte, messieurs, quand elle se trouve appelée à condamner comme un crime ce que naguère il lui était enjoint d'imposer comme une loi, de protéger comme un devoir !

» Dans une telle situation sociale, les hommes d'état et les moralistes se peuvent affliger, ils se doivent alarmer; mais les hommes de justice, juges et avocats, quand ils se trouvent jetés dans l'un de ces procès politiques, de ces accusations criminelles, où la vie des hommes est en jeu, se doivent armer de vérité et de courage, protester énergiquement, et avant d'accorder à la société ou au pouvoir les satisfactions, les vengeances qu'ils demandent, ils doivent se rappeler la part qu'ils ont eue dans les actions, les résolutions dont ils viennent requérir le châtiment. (Vive adhésion.)

» Le devoir qui m'est imposé aujourd'hui, je l'ai rempli loyalement au début de ma carrière. En 1815, des ministres méconnaissant la véritable force de la royauté légitime, infidèles à son caractère auguste, poursuivirent devant les tribunaux les hommes débarqués en France avec Napoléon et échappés au désastre de Waterloo. J'avais adopté les principes politiques que j'ai gardés et défendus toute ma vie. J'étais ardent et sincère dans les convictions que le spectacle offert à mes yeux fortifie de jour en jour. Royaliste, j'ai défendu les hommes restés fidèles à l'empereur. Pour sauver leur vie j'ai fait la part des événements, des lois, des actes, des fautes même du gouvernement, et les juges du roi ont acquitté Cambrone. Aujourd'hui l'accusé qui a fait à mon indépendance et à ma bonne foi l'honneur de me venir chercher pour sa défense, dans un parti si différent du sien, ne me verra pas faillir à sa confiance. Aussi, quoique les questions que soulève ce procès touchent profondément aux points fondamentaux de nos luttes politiques, veuillez croire, messieurs, que je ne les aborderai que sous le point de vue du seul pouvoir que vous soyez appelés à exercer ici, sous le point de vue judiciaire.

» Le 6 août dernier, le prince Louis Bonaparte est parti de Londres sans communiquer ses projets, ses résolutions. Accompagné de quelques hommes sur le dévouement desquels il devait compter, il s'est embarqué, et à l'approche des côtes de France il les a fait armer; il est descendu en France; il a jeté sur le territoire ses proclamations et un décret proclamant que la maison d'Orléans a cessé de régner, que les chambres sont dissoutes, qu'un congrès national sera convoqué, que le président actuel du ministère sera chef du gouvernement provisoire. Tous ces faits sont avoués; vous êtes appelés à les juger; mais, je vous le demande, dans la position personnelle du prince Napoléon, après les grands événements qui se sont accomplis en France et qui sont votre propre ouvrage; en présence des principes que vous avez proclamés et dont vous avez fait les lois du pays, les actes, l'entreprise du prince Napoléon, sa résolution, présentent-ils un caractère de criminalité qu'il vous soit possible de déclarer et de punir judiciairement? S'agit-il donc, en effet, d'appliquer à un sujet rebelle et convaincu de re-

bellion des dispositions du Code pénal? Le prince
a fait autre chose : il a fait plus que de venir attaquer le territoire, que de se rendre coupable de
la violation du sol français : il est venu contester
la souveraineté à la maison d'Orléans; il est venu
en France réclamer pour sa propre famille les
droits à la souveraineté; il l'a fait au même titre
et en vertu du même principe politique que celui
sur lequel vous avez posé la royauté d'aujour-
d'hui. Dans cet état, il ne s'agit pas pour vous de
vous prononcer entre les deux principes dont la
lutte a si profondément agité et déchiré notre
pays depuis cinquante années. Il ne saurait être
question, pour la défense du principe qui domine
aujourd'hui tous les pouvoirs en France, d'appliquer les lois existantes contre un principe contraire; c'est votre principe même qui est invoqué.
Deux mots d'explication.

» Tant que les princes de la branche aînée de
Bourbon ont été assis sur le trône, la souveraineté en France résidait dans la personne royale;
la transmission était réglée dans un ordre certain,
invariable, connu de tous, maintenu au dessus
de toutes les préventions rivales par des lois fondamentales contre lesquelles rien ne pouvait se
faire qui ne fût nul de droit. Ainsi consacré par
le temps, par les lois, par la religion, le droit souverain était à la fois le titre et la garantie de tous
les droits des citoyens dans l'état; c'était le patri-

moine du passé promis en héritage à l'avenir. La
légitimité, elle n'est point en cause dans ce débat; mais en 1830 le peuple a proclamé sa souveraineté, il a déclaré qu'elle résidait dans les
droits et dans la volonté de la majorité des citoyens; vous l'avez consacrée en tête de la nouvelle loi fondamentale.

« On nous disait tout à l'heure : Depuis vingt-
cinq ans la France poursuit sa carrière; elle veut
le règne des lois, la défense et le maintien de ses
institutions. Messieurs, n'est-ce rien que ce qui
s'est passé depuis 1830, ou ne veut-on plus le savoir? N'est-ce rien que de changer tout le système
des droits publics d'un pays? N'est-ce rien que de
renverser le principe des lois fondamentales et
d'en substituer un autre? N'est-ce rien que de
proclamer à la face d'un peuple intelligent et hardi
des principes qui lui apportent l'exercice des
droits de tous? n'est-ce rien, messieurs? Qu'a dit
le prince Napoléon : « La souveraineté nationale
est déclarée en France, et cette souveraineté de la
nation comment se peut-elle transmettre? Comment cette délégation peut-elle être constatée, si
ce n'est par une manifestation certaine, incontestable de la volonté nationale? » En votre présence
il dit : « Cette manifestation incontestable est la
volonté des citoyens. Je ne la vois pas dans la résolution des deux cent dix-neuf députés et d'une
partie de la chambre des pairs en 1830.

» Le principe qui vous gouverne aujourd'hui, que vous avez placé au dessus de tous les pouvoirs de l'état, c'est le principe de 91, c'est le principe qui régnait en l'an 8, c'est le principe en vertu duquel j'ai fait appel à la nation pour qu'elle se prononçât régulièrement. Par les votes constatés sur l'adoption des constitutions de l'empire, quatre millions de votes, en 1804, ont déclaré que la France voulait l'hérédité dans la descendance de Napoléon ou dans la descendance de son frère Joseph, ou, à défaut, dans la descendance de son frère Louis. Voilà mon titre.

« Le sénat en 1814 a aboli cette hérédité ; mais que s'est-il passé en 1815 ? Qu'a fait la chambre des représentants ? Qu'a-t-on fait au Champ-de-Mai ? Combien de votes recueillis sur l'acceptation de l'acte additionnel tendaient à renouveler encore la manifestation de la volonté du pays ! Et depuis, messieurs, soyez de bonne foi, quand un système contraire, quand une souveraineté autrement basée a régné pendant quinze ans sur le pays, parmi ceux qui vont siéger combien y en a-t-il qui, pendant ces quinze années, ont travaillé et se sont efforcés de rétablir le principe que le retour de la maison de Bourbon avait effacé de nos lois ! Combien qui sont descendus jusque dans les engagements et la fièvre des partis, dans les ardeurs individuelles les plus passionnées, pour rétablir ce dogme de la souveraineté du peuple, pour remettre en vigueur cette protestation de la chambre des représentants, dont, je n'hésite pas à le dire, j'ai entendu souvent beaucoup de ceux qui m'écoutent réclamer la consécration comme le testament en quelque sorte de la nation française, comme l'acte auquel il fallait rendre la vie.

« Vous l'avez fait en 1830 ; et pour un moment, messieurs, détournons la pensée du caractère des circonstances et des préparatifs de l'entreprise, nous verrons plus tard à quel moment et dans quels sentiments le prince Napoléon s'est élancé témérairement des côtes d'Angleterre sur les côtes de France. Ne pensons ici qu'au droit de juger, qu'au droit de régler par un arrêt des contestations de la nature de celle qui est portée devant vous ; qu'à la possibilité, qu'en présence de vos principes de droit national, au nom du pouvoir établi, vous jugiez le débat entre ce pouvoir et celui qui se prétend un droit qui, après tout, n'est pas un rêve. (Sensation.)

« Est-ce donc un fantôme, messieurs, est-ce donc une illusion que l'établissement de la dynastie impériale ? Ce qu'elle a fait retentit assez dans le monde et parle assez haut, non seulement en France, mais chez tous les peuples de l'Europe. Non, ce ne fut pas un rêve que l'établissement de l'empire.

« L'empereur est mort, et tout a fini avec lui.

Qu'est-ce à dire ? Cette dynastie fondée , établie, jurée au nom de la souveraineté nationale, est-ce à dire qu'elle ne promette de durée au pays que celle de la vie d'un homme ? C'est ainsi qu'il vous faut attaquer les garanties mêmes du pouvoir que vous venez défendre pour repousser celui qui avait été fondé par la consécration de la volonté nationale, consécration unanime plus éclatante que celle de 1830, par la nation appelée tout entière à émettre son vote.

» Au moment où a succombé le dogme politique sur lequel l'empire était fondé, qu'avez-vous fait? Vous avez relevé ce dogme, vous avez restitué cette souveraineté populaire qui fait l'hérédité de la famille impériale. L'héritier est devant vous ; et vous allez le juger, dans un pays où tous les pouvoirs de l'état sont sous le principe de la souveraineté nationale, vous allez le juger sans interroger le pays? Ce n'est pas une de ces questions qu'on vide par un arrêt. Un arrêt, des condamnations, la mort, les têtes qui tomberaient!.. Mais vous n'aurez rien fait. Tant qu'un reste de sang se transmettra dans cette famille , la prétention d'hérédité, appuyée sur le principe politique de la France , se transmettra également. Vous aurez des supplices affreux, injustes, vous serez usurpateurs dans l'exercice de la qualité de juges, et tout cela aura été complétement inutile.

» Voyons, messieurs, le véritable état de la question. Est-ce ici la matière d'un jugement? N'est-ce pas là une de ces situations uniques dans le monde où il ne peut y avoir de jugement, mais un acte politique? Il faut défendre les pouvoirs, il faut maintenir l'ordre public, il faut préserver l'État de commotions nouvelles, de désordres nouveaux, je le reconnais; c'est gouverner. Mais juger dans des questions de cet ordre, prononcer un arrêt, c'est impossible! On aura beau dire, ce ne sont pas là des phrases qui viennent au secours de tous les factieux. Non, messieurs, dans le débat actuel le droit d'hérédité a été établi, consacré par vous, dans un principe que vous avez posé. Ce droit d'hérédité est reclamé par un héritier incontestable, vous ne pouvez pas le juger. Il y a entre vous et lui une cause victorieuse et une cause vaincue; il y a le possesseur de la couronne et la famille dépossédée. Mais encore une fois, je le répéterai toujours, il n'y a pas de juges parcequ'il n'y a pas de justiciables. (Vive agitation sur les bancs de la pairie.)

» Juger, messieurs! mais il faudrait nier l'unité de la justice, sa majesté. Au milieu des révolutions, qui ont tant fatigué notre pays, laissons quelque chose d'inaltéré qui conserve sa sainteté dans la pensée des peuples. Le véritable caractère de la justice, messieurs, c'est l'impartialité. Vous venez ici pour juger. Mais y a-t-il un de vous qui se soit dit, entrant dans cette enceinte :

Je serai impartial, je peserai les droits de chacun, je mettrai dans la balance la royauté de juillet et et la souveraineté transmise par la constitution de l'empire ; je serai impartial. Mais vous n'avez pas le droit de l'être ; vous êtes aujourd'hui un pouvoir du gouvernement. une révolution ne peut s'opérer qu'en vous brisant. Par ce fait la chambre des Pairs et la chambre des Députés sont dissoutes (Agitation.)

» Vous venez défendre le gouvernement dans la latitude de vos pouvoirs. Si vous ne pouvez être impartiaux sous l'empire d'un droit politique consacré, que voulez-vous être juges? Que restera-t-il de l'unité sainte de la justice si vous couvrez les besoins du gouvernement du manteau de la justice? Songez-y, quand tant de choses saintes et précieuses ont péri, laissez au moins la justice au peuple, afin qu'il ne confonde pas un arrêt avec un acte du gouvernement.

» Vous venez juger, et pourquoi? pour protéger le gouvernement, pour le défendre, pour venger un affront, une attaque qui le menace, qu'il a reçue. Des actes récents qui se sont exercés sur le premier des accusés, sur le prince lui-même, ne manifestent-ils pas quelle inconséquence il y a de la part du gouvernement à vous appeler aujourd'hui à juger? On a parlé de reconnaissance, j'y répondrai ; mais en attendant je vous dis : En 1836, on a appliqué au prince Napoléon les maximes professées par nos ministres : « En pareille matière il n'y a que de la politique et pas de jugement. » Et dans un autre instant un ministre disait encore : « Les formes judiciaires ne sont qu'une comédie solennelle. » N'y a-t-il pas aujourd'hui une flagrante inconséquence à venir poser des principes contraires?

» Vous parlez de reconnaissance! N'a-t-il pas été interdit au prince de mettre le pied sur le territoire français? n'y a-t-il pas une loi qui le défend? Et pourquoi cela ? Parcequ'il est en dehors du droit commun, parcequ'il ne peut être traité comme les autres. En 1830, à deux reprises différentes, j'ai demandé que cette loi fût abolie pour rendre hommage à ce grand dogme politique de la souveraineté nationale ; vous avez fait une loi tout opposée à ce principe pour mettre le prince hors du droit commun ; et ailleurs encore n'était-il pas mis hors de ce droit quand vous exigiez d'un état voisin qu'il chassât le prince, alors auprès de sa mère mourante ? (Vive sensation)

» Vous diriez donc : Oui, nous n'avons pas de droits, point de patrie, point de liberté pour lui ; mais nous avons des lois pour qu'il reçoive la mort. Voilà ce qui révolte la raison, le bon sens, la logique, la justice, en un mot toutes les idées de droit. Que si les principes que vous avez consacrés, que si les actes les plus solennels de votre gouvernement mettent en dehors de la juridiction de la chambre des Pairs le prince Louis-Napoléon ; que si vous voulez être juges, au moins jugez humainement les choses humaines. Rendons-nous compte des circonstances au milieu desquelles a éclaté l'entreprise de Boulogne. Je ne fais ici ni de la politique, ni de l'hostilité, je prends des faits incontestés.

» Le pouvoir en France est aujourd'hui confié à un ministère dont l'origine est récente. Ce ministère a lutté avant de se constituer pendant plusieurs années dans une ardente et vive polémique.

» Il a gémi profondément sur la politique qui avait été suivie au nom du gouvernement de la France à l'égard de l'étranger ; il a vu de la timidité, je ne veux pas me servir d'un autre mot, dans toutes nos relations avec les états de l'Europe ; il a gémi de ce délaissement de la Belgique jusque dans la question du Luxembourg ; il a gémi avec le ministère qui gouverne aujourd'hui de l'abandon d'Ancône sans condition ; il a accusé l'exigence funeste qui nous avait aliéné la Suisse, et le sentiment d'attachement qu'elle avait depuis tant de siècles pour la France ; il a récusé cette politique désolante qui, renfermant toute la pensée de la France dans les intérêts matériels, dans les calculs des besoins privés, frémissait à l'idée de guerre, et laissait effacer la grande influence

de la France sur les Espagnes devant l'influence
ennemie de l'Angleterre. (Très bien.)-

» Qu'est-il arrivé? Apeine ce ministère a-t-il
touché le pouvoir qu'il a senti l'état politique de
l'Europe, qu'il a vu se préparer et s'ourdir des
plans injurieux pour sa dignité, menaçants peut-
être pour ses intérêts ; qu'il a vu se préparer quelque chose comme la réunion de presque tous les
états de l'Europe contre la France isolée et reje-
tée du congrès et des transactions des rois. Il
s'est alarmé d'une pareille situation. Il a senti
qu'il fallait affranchir cette France dévouée à l'é-
goïsme, à l'individualisme, du joug matériel qui
éloignait toute pensée de sacrifice ; qu'il fallait
d'autres sentiments dans cette fière et glorieuse
patrie. Il a voulu réveiller des souvenirs, et est
allé invoquer la mémoire de celui qui avait promené
la grande épée de la France depuis l'extrémité du
Portugal jusqu'à l'extrémité de la Baltique. Il a
voulu qu'elle fût montrée à la France cette grande
épée qui avait presque courbé les Pyramides, et
qui avait presque entièrement séparé l'Angleterre
du continent européen. Toutes les sympathies
impériales, tous les sentiments bonapartistes ont
été profondément remués pour réveiller en
France cet esprit guerrier. La tombe du héros,
on est allé l'ouvrir, on est allé remuer ses cendres
pour les transporter dans Paris, et déposer glo-
rieusement ses armes sur son cercueil.

» Vous allez juger, messieurs ; est-ce que vous ne comprenez pas ce que de telles manifestations ont dû produire sur le jeune prince? Est-ce dans cette enceinte, où je vois tant d'hommes décorés de titres qu'ils n'ont pas reçus avec la vie, qu'il me sera interdit de dire ce que cette grande provocation au souvenir de l'empereur a dû remuer dans le cœur de l'héritier d'un nom héroïque.

» Soyons hommes, messieurs; et comme hommes jugeons les actions humaines. Faisons la part de toutes choses. Jusqu'où a-t-on été? Sous un prince qui, dans d'autres temps, avait demandé à porter les armes contre les armées impériales et à combattre celui qu'il appelait l'usurpateur corse, on a senti un tel besoin de réveiller l'orgueil de ce nom en France et les sentiments qui sont liés au souvenir de l'empire que le ministère a dit : « Il fut le légitime souverain de notre pays. » (Mouvement d'assentiment.)

» C'est alors que le jeune prince a vu se réaliser ce qui n'était encore que dans les pressentiments des hommes qui gouvernent. Il a vu signer le traité de Londres ; il s'est trouvé au milieu des hommes qui ourdissaient ce plan combiné contre la France, et vous ne voulez pas que ce jeune homme, téméraire, aveugle, présomptueux tant que vous voudrez, mais avec un cœur dans lequel il y a du sang, et à qui une haine a été transmise;

sans consulter ses ressources, se soit dit : « Ce nom qu'on fait retentir c'est à moi qu'il appartient! c'est à moi de le porter vivant sur les frontières ! il réveillera la foi dans la victoire. » Ces armes, qui les déposera sur son tombeau? Pouvez-vous disputer à l'héritier du soldat ses armes? Non, et voilà pourquoi, sans préméditation, sans calcul, sans combinaison, mais jeune, ardent, sentant son nom, sa destinée, sa gloire, il s'est dit : « J'irai et je poserai les armes sur sa tombe, et je dirai à la France : Me voici.... voulez-vous de moi? » (Vive sensation.)

» Soyons courageux! disons tout avant de juger. S'il y a eu un crime, c'est vous qui l'avez provoqué par les principes que vous avez posés, par les actes solennels du gouvernement; c'est vous qui l'avez inspiré par les sentiments dont vous avez animés les Français, et, entre tout ce qui est Français, l'héritier de Napoléon lui-même.

» Vous voulez le juger, et pour déterminer vos résolutions, pour que plus aisément vous puissiez vous constituer juges, on vous parle de projets insensés, de folle présomption..... Eh! messieurs, le succès serait-il donc devenu la base des lois morales, la base du droit? Quelle que soit la faiblesse de l'illusion, la témérité de l'entreprise, ce n'est pas le nombre des armes et des soldats qu'il faut compter, c'est le droit, ce sont les principes au nom desquels on a agi. Ce droit, ces principes, vous ne pouvez pas en être juges. (Vive adhésion.)

» Et ici je ne crois pas que le droit au nom duquel était tenté le projet puisse tomber devant le dédain des paroles de M. le procureur-général. Vous faites allusion à la faiblesse des moyens, à la pauvreté de l'entreprise, au ridicule de l'espérance du succès ; ou bien, si le succès fait tout, vous qui êtes des hommes, qui êtes même des premiers de l'état, qui êtes les membres d'un grand corps politique , je vous dirai : Il y a un arbitre inévitable, éternel, entre tout juge et tout accusé ; avant de juger, devant cet arbitre et à la face du pays qui entendra vos arrêts, dites-vous, sans avoir égard à la faiblesse des moyens, le droit, les lois , la constitution devant les yeux : « La main sur la conscience, devant Dieu et devant mon pays, s'il eût réussi, s'il eût triomphé, ce droit, je l'aurais nié, j'aurais refusé toute participation à ce pouvoir, je l'aurais méconnu, je l'aurais repoussé. » Moi, j'accepte cet arbitrage suprême, et quiconque devant Dieu, devant le pays, me dira : « S'il eût réussi, je l'aurais nié, ce droit ! » celui-là je l'accepte pour juge. (Mouvement dans l'auditoire.)

» Parlerai-je de la peine que vous pourriez prononcer? Il n'y en a qu'une, si vous vous constituez tribunal, si vous appliquez le Code pénal : c'est la mort! Eh bien! malgré vous , en vous disant et en vous constituant juges, vous voudrez faire un acte politique ; vous ne voudrez pas froisser, blesser dans le pays toutes les passions, toutes les sympathies, tous les sentiments que vous vous efforcez d'exalter ; vous ne voudrez pas le même jour attacher le même nom, celui de Napoléon, sur un tombeau de gloire et sur un échafaud. Non, vous ne prononcerez pas la mort !

» Vous ferez donc un acte politique, vous entrerez dans les considérations politiques, vous mettrez la loi de côté. Ce n'est plus ici une question d'indulgence, c'est la raison politique qui déterminera le corps politique... Pourrez-vous prononcer selon vos lois la détention perpétuelle, une peine infamante !.. Messieurs, j'abandonne tout ce que j'ai dit ; je laisse de côté l'autorité du principe politique ; je ne parle plus de l'impossibilité de prononcer sans que le peuple soit convoqué et ait prononcé entre le droit constitué par vous et le droit consacré par les constitutions de l'empire et renouvelé dans les cent jours ; je laisse de côté les considérations prises de ce qu'a fait votre gouvernement, je ne parle plus des sentiments si naturels, si vrais qui repoussent la condamnation, et je me borne à dire que vous ne jetterez pas une peine infamante sur ce nom. Cela n'est pas possible à la face du pays ; cela n'est pas possible en ces jours et en ces temps.

» Une peine infamante sur le nom de Napoléon,
serait-ce là le premier gage de paix que vous auriez à offrir à l'Europe? (Vive sensation).

» Sortez des considérations générales du devoir
et du législateur, et redevenez hommes, et croyez
que la France attache encore un prix immense,
un bonheur immense aux sentiments naturels à
l'homme.

» On veut vous faire juges, on veut vous faire
prononcer une peine contre le neveu de l'empe-
pereur; mais qui êtes-vous donc? Comtes, ba-
rons, vous qui fûtes ministres, généraux, sénateurs, maréchaux, à qui devez-vous vos titres,
vos grandeurs?

» A votre capacité reconnue, sans doute; mais
ce n'est pas moins aux munificences mêmes de
l'empire que vous devez de siéger aujourd'hui
et d'être juges... Croyez-moi, il y a quelque
chose de grave dans les considérations que je fais
valoir... Une condamnation à une peine infamante n'est pas possible : en présence des bienfaits de l'empire ce serait une immoralité.

» En présence des engagements qui nous sont
imposés par les souvenirs de votre vie, des causes
que vous avez servies, des services que vous avez
reçus, je dis qu'une condamnation aurait quelque chose d'immoral, et j'ajoute qu'il y faut penser sérieusement, qu'il y a une logique inévitable
et terrible dans l'intelligence et les instincts du

peuple, et que le jour où l'on brise la loi morale on risque de voir le peuple violer à son tour toutes les lois. »

Il serait impossible de rendre l'effet produit par ce discours. L'éloquence même du grand orateur paraît faire moins d'impression que la puissance de sa logique, et la valeur incontestable des motifs qu'il fait valoir. (Les pairs semblent frappés des hautes considérations que l'orateur vient de soumettre au jugement de la France.)

M. LE PRÉSIDENT : La parole est au défenseur du général Montholon.

M. MONTHOLON : Je demande la parole. (Mouvement d'attention.)

M. LE PRÉSIDENT : Vous avez la parole.

M. MONTHOLON se lève et lit d'une voix très faible quelques lignes qui ne parviennent pas jusqu'à la Cour.

M. LE COMTE DE PONTÉCOULANT : Il est impossible de juger sans entendre, et nous n'avons pas entendu un seul mot.

M. LE PRÉSIDENT : M. de la Chauvinière va relire :

M. DE LA CHAUVINIÈRE lisant :

« Messieurs les pairs :

» J'étais allé en Angleterre, où m'appelaient des intérêts de famille ; je vis le prince Louis-Napoléon ; il me communiqua ses idées sur les intérêts et l'avenir de la France ; il me dit qu'il était déterminé à convoquer un congrès national pour rétablir en France l'ordre politique que l'empereur avait fondé. Dans toutes les circonstances le prince manifestait son amour pour la France, et dans ses conversations je retrouvais les impressions de Sainte-Hélène.

» Jamais le prince ne m'a parlé de son dessein de tenter en France une expédition à main armée.

» Lorsque je me suis embarqué j'ai cru aller à Ostende; ce n'est que plus tard que j'ai connu le but de l'expédition; mais il était trop tard. Je ne pouvais pas délaisser le neveu de l'empereur. Je suis allé à Sainte-Hélène avec l'empereur Napoléon, c'est moi qui lui ai fermé les yeux; cela explique ma position ici. Je laisse apprécier ma conduite à MM. les pairs, convaincu que je suis qu'ils auraient agi comme moi. » (Sensation.)

M. BERRYER : « Le général Montholon ne pouvait pas laisser le neveu de l'empereur exposé sur le territoire français.

» Est-il vrai, est-il possible que le général Montholon n'ait pas su les projets du prince ? Le prince l'a déclaré dès le premier moment. Il n'y a pas un fait, un indice qui puisse faire présumer même que le général ait eu avec le prince d'autres rapports que des conversations générales sur les intérêts de la France. Quant à l'entreprise, il n'y a eu aucune part. Je dépose sur le bureau de M. le président des lettres adressées à Paris par le général pendant son séjour à Londres, lettres qui ont rapport à une affaire importante, et dans lesquelles le général annonce qu'il va faire un voyage à Ostende, et qu'il arrivera à Paris le 2 ou le 3 août. »

M. LE PRÉSIDENT : La parole est au défenseur du colonel Voisin.

Mᵉ FERDINAND BARROT : Je demande à la Cour le renvoi à demain ; je ne suis pas prêt en ce moment, à cause du réquisitoire de M. le procureur-général.

M. LE PRÉSIDENT : Alors la parole est au défenseur de l'accusé Mésonan.

Mᵉ DELACOUR : je prie la Cour de me permettre de ne parler qu'après Mᵉ Ferdinand Barrot.

M. BERRYER : La défense s'est divisé le travail. Mᵉ Ferdinand Barrot, avant de porter la parole pour quatre des accusés, doit plaider la question générale relative à la participation de tous à l'affaire de Boulogne ; je prie la Cour de ne pas intervertir l'ordre et le système de la défense.

M. LE PRÉSIDENT : La Cour ne peut pas refuser ce que demande la défense. L'audience est renvoyée à demain.

La séance est levée à quatre heures et demie.

Audience du 1ᵉʳ octobre.

Le lieutenant Aladenize est aujourd'hui revêtu du petit uniforme du 42ᵉ, sans épaulettes ; il porte sur sa capote la décoration de juillet.

Nous remarquons en ce moment les ambassadeurs d'Autriche et d'Angleterre dirigeant leurs binocle sur le prince.

M. LE PRÉSIDENT : La parole est au défenseur du colonel Voisin.

Mᵉ FERDINAND BARROT prend la parole en ces termes :

« Messieurs les pairs,

» Le procès qui vous occupe renferme d'assez hauts enseignements pour qu'il soit utile de les recueillir et d'en prendre acte au nom des idées de l'avenir.

» D'une part les princes reconnaissent que de notre temps ils relèvent de la nation ; d'une autre part, vous, messieurs les pairs, comme juridiction, vous vous êtes résolument saisis d'un débat qui jusqu'à présent s'était agité, s'était vidé dans l'élément des faits et non dans le prétoire de la loi. C'est-là un acte grand et solennel dont vous connaissez toutes les conséquences, et vous êtes prêts sans doute à accuser juridiquement tous ces débris de dynasties que le mouvement social

dans sa marche rapide a pu laisser derrière lui.
Il est donc convenu qu'en France on jugera, on
fera passer sous le niveau de la loi commune tous
les droits invoqués, toutes les prétentions soute-
nues par les divers représentants des dynasties
passées, soit que ces représentants s'appuient sur
le droit divin, soit qu'ils se basent sur la souveraineté nationale. Quand vous aurez fait cela,
messieurs les pairs, vous aurez fait un grand acte,
car vous vous serez interposés, vous, corps politique, entre la nation, dont vous reconnaissez
la souveraineté, et les prétendants qui lui font
appel.

» Du reste, messieurs, j'ai voulu seulement re-
tenir, au bénéfice des doctrines avancées, le résultat de la position que vous avez prise en
vous engageant dans ce procès, et je me hâte
d'abandonner ce point, auquel il a été admirable-
ment pourvu par la plus éloquente parole des
temps modernes; par cette parole qui sait aller
à toutes les convictions, et qui a si puissamment
défendu la dignité d'un prince que je nomme Napoléon, d'un prince qui a dans ses veines le sang
de l'empereur.

» Quant à moi, il ne m'appartient pas, comme à
l'orateur que vous avez admiré à la séance d'hier,
d'aller établir l'aire de ma cause au-delà des ré-
gions communes; je viens défendre de simples
citoyens auxquels ne peut s'appliquer l'exception

qui doit garantir le prince Napoléon, je viens défendre de simples citoyens qui doivent compte de leur conduite à la loi et à votre justice.

» C'est donc le procès en lui-même, le procès dans toutes ses conséquences judiciaires, que je viens débattre devant vous. J'invoquerai votre raison ; j'invoquerai l'impartialité qui distingue votre intelligente et haute pratique des choses de ce monde, et, que mes clients me permettent de le dire sans que leur dévouement en soit blessé, j'essaierai de tenter votre indulgence.

» Le crime de Boulogne n'a pas commencé par le fait en lui-même ; il faut donc rechercher, au nom de l'ordre et de la sûreté publique, les causes de ce crime, afin de découvrir pourquoi les accusés qui sont devant vous ont risqué leur vie dans une telle entreprise.

» L'affaire de Boulogne est, dit l'accusation, une tentative insolente d'usurpation. L'accusation vous a dit que le prince Napoléon était venu sur le territoire français apporter le désordre et l'anarchie. Son acte, c'est, dit-on, le résultat d'une ambition personnelle et d'un égoïsme sans portée. Plus cette accusation est grave, plus le prince repousse avec toute la puissance de son âme une telle interprétation de ses actes.

» Je ne veux pas assurément louer l'acte de Boulogne ; mais je veux lui restituer son véritable esprit.

» C'est une pensée d'ordre, une pensée généreuse qui a donné naissance à un acte de désordre.

» Est-il vrai que Louis-Napoléon, en posant le
pied sur le territoire français, soit venu redeman-
der pour lui un sceptre et une couronne? Non,
messieurs, sa pensée allait plus haut.

» Ah! messieurs, quelle est donc de notre temps
la pauvre ambition que peuvent tenter un sceptre
et une couronne?

» Vous savez tous que c'est un lourd fardeau
qu'on ne recherche pas, mais qu'on accepte et
qu'on supporte par suite d'une impérieuse nécessité, et par un pénible devoir, et non par suite
d'ambition personnelle.

» M. le procureur-général n'a pas vu dans la pensée du prince son vœu pour la gloire du pays,
vos frontières reconquises et la France tenant dans
les congrès du monde le rang qui doit toujours
lui appartenir. (Sensation.)

» Messieurs, depuis cinquante ans, sous le régime de liberté que nous avons voulu établir, il y
a des esprits qui s'effraient de nos luttes ; mais
aussi, lorsque chacun des systèmes politiques
vient à son tour nous apporter sa forme comme
la forme normale en se produisant par une révolution, on comprend qu'il y ait incertitude dans
beaucoup d'esprits. Ce qu'il importe aujourd'hui,
c'est de mettre dans les esprits le respect et le

sentiment de la loi; ce qu'il faut c'est de faire croire aux institutions et aux lois, et faire comprendre que le gouvernement c'est l'épée et le bouclier de la loi.

» Ce sont là des questions qui ont préoccupé les idées du prince Louis, et dans son exil il recherchait ce qui pouvait donner et conserver aux lois le respect des peuples.

» Le prince n'est pas dans une position où l'on puisse lui dire avec hauteur son avis ; mais je crois pouvoir lui dire que le moyen d'établir solidement l'ordre et la tranquillité en France c'est de se rallier au régime constitutionnel que nous avons, et qui doit être le terme des crises politiques qui nous ont agités depuis cinquante ans.

» Que le prince soit venu en France demander l'hérédité de la couronne qu'il croyait lui appartenir ; qu'il se soit trompé sur son droit, il n'en est pas moins vrai qu'il est venu avec des idées d'ordre, qu'il n'a pas fait appel à la force, et qu'il ne voulait que consulter le passé. Mais, messieurs, il n'est pas venu sur le sol de la France dans un but de spéculation et d'ambition personnelle comme le lui reproche M. le procureur-général. Je ne viens pas, disait le prince, faire une révolution pour revendiquer un sceptre et une couronne, mais pour réaliser les pensées écrites dans le testament de Sainte-Hélène.

» Son acte est un de ceux qui ne peuvent être

qualifiés que le lendemain. Si l'on échoue dans une telle entreprise c'est un crime ; si l'on réussit on a reconquis son droit.

» Quoi qu'il en soit, le prince Napoléon est un prince français, et le canon a salué à sa naissance sa bienvenue. Nous qui le défendons et vous qui le jugez, nous serons tous heureux de rendre au prince ce témoignage qu'il n'a pas manqué à la gloire du nom qu'il porte.

» Je vous ai dit les idées qui ont amené le prince à la fatale entreprise qui a amené devant nous le neveu de l'empereur Napoléon. Il ne venait pas faire une révolution ; il venait demander à son pays le droit d'y vivre et la cessation de son exil, et rétablir en France les idées d'ordre et de stabilité sociale.

» Maintenant je passe à une tâche plus facile, je viens défendre les accusés Voisin, Parquin, Desjardins et le jeune Bataille.

» Parmi les accusés vous avez distingué ce brave militaire, sur lequel M. le procureur-général n'a pu s'empêcher de laisser tomber quelques paroles de bienveillance. (Sensation.)

» Voisin est un soldat de l'empire entré dans l'artillerie comme simple canonnier ; tous ses grades, messieurs, il les a acquis au prix de son sang. La meilleure défense du colonel Voisin serait de lire ses états de service.

» Ce fut à Austerlitz qu'il fut nommé lieutenant. Je parle de ce fait parcequ'il y a parmi vous, messieurs, un illustre général qui pourrait se rappeler que, colonel du 5e lanciers, il proposa à la fois le lieutenant Voisin pour la croix et pour un grade, et que Voisin refusa d'accepter ces deux récompenses à la fois. (Sensation.)

» Je dois vous signaler un fait héroïque du colonel Voisin. En 1813, il venait d'être fait lieutenant-colonel; c'était en Italie, l'armée française avait écarté de Libourne l'armée anglaise, qui était débarquée sur la plage pendant la nuit. Il s'agissait de faire un passage à l'artillerie, et pour cela il fallait arriver à un pont nécessaire au passage. Le colonel Voisin comprit l'importance d'occuper le pont avant les Anglais ; aussi s'élança-t-il à la tête de douze hussards pour occuper ce pont ; mais il trouve un corps de six cents Anglais. Sans compter le nombre, il soutint le choc de l'ennemi assez de temps pour que l'armée française s'emparât du pont. Les douze hussards furent tués ou blessés : Voisin fut aussi blessé et revint seul. (Sensation.)

» C'est là, messieurs, un glorieux souvenir qui pourra servir de leçon et d'exemple à nos jeunes soldats.

» A la restauration, Voisin était lieutenant-colonel ; il était un des derniers soldats de l'empereur, et, fidèle à son serment et à ses souvenirs, il ne voulut pas prendre de service, et s'occupa d'industrie. Ce ne fut qu'en 1830 qu'il rentra dans l'armée ; ce fut en 1831 qu'il fut nommé colonel du 3e lanciers. Vous savez, messieurs, vous qui êtes militaires, quelle discipline il sut établir dans ce beau corps. Le talent et l'aptitude du colonel ont été appréciés de tous, et cependant, après trente années de service, en 1837 on a brisé dans ses mains son épée, qu'il était encore en état de soutenir. Ce n'était pas parcequ'il était trop vieux, mais par suite d'une calomnie, d'abord sourde, mais qui plus tard devint haute, et détruisit son avenir. »

L'avocat explique ici que le prétexte de la mise à la retraite de M. Voisin eut pour cause une retenue faite par ses ordres sur les rations des chevaux pour acheter des licous.

« Le colonel, dit-il, fut accusé de concussion ; il demanda justice, réparation ; il voulait un conseil de guerre, un conseil d'enquête pour qu'on lui rendît l'honneur qu'il avait acquis au prix de tant de blessures. On lui répondit qu'il était fou. « Oui, dit-il, fou de l'honneur que vous m'avez enlevé. »

» Aujourd'hui, il est près de se réjouir d'être sur ces bancs pour obtenir la réparation de son honneur, qu'on a voulu compromettre, et donner un éclatant démenti devant vous à ceux qui l'ont odieusement calomnié.

» Le colonel Voisin est allé en mai dernier à

Londres pour ses affaires. Dégagé du service militaire, il désira voir le prince ; il fut bientôt gagné par cette amabilité, cet esprit et ce courage
que le neveu de l'empereur avait montrés dans
tant d'occasions.

» Voisin se dévoua aux intérêts du prince ;
mais celui-ci cependant ne lui expliqua pas ses
desseins. Exilé de sa patrie, le prince entretenait
le colonel de son exil, de la France, de ses projets d'avenir ; il n'y avait pas là, certes, de crime ;
on ne peut pas imputer à crime au colonel les
consolations données à la douleur d'un proscrit.

» Le prince dit au colonel : « Le général Montholon part pour Ostende pour remplir une mission dont je l'ai chargé ; voulez-vous l'accompagner ? » Voisin accepta. Arrivé sur le paquebot,
il y trouva le prince, qui lui expliqua son entreprise et lui remit les brouillons d'ordre qu'il lui
demanda de copier, et lui confia le dangereux
honneur de rédiger sur les idées du prince le
plan de campagne.

» Voisin avait à choisir entre la raison et le
prince. Son dévouement ne pouvait le faire ba-
lancer un instant ; il fit cependant des observations ; mais elles ne furent pas admises, et Voisin dut suivre le prince. Il débarqua à Boulogne
à la suite du prince. Il le suivit partout, à la
Haute-Ville, à la Colonne, où le prince au désespoir voulait périr sous les balles françaises

» On arracha le prince au danger, on le porta sur le rivage ; le colonel Voisin et ses amis essayaient de mettre à flot un canot pour sauver le prince. Mais déjà le paquebot *la Cité d'Edimbourg* était saisi par la douane, aucun moyen de salut ne restait aux insurgés. Cependant c'est en ce moment que le colonel Voisin reçut deux balles par derrière ; Voisin se retourna en disant : « Ce n'est pas ainsi que périt un soldat ; » il présenta sa poitrine, et fut frappé d'une troisième balle.

» Il s'est passé entre la Cour et moi, hier, un incident sur lequel je dois revenir. En effet, je ne croyais pas qu'on pût revendiquer les droits de la guerre au profit des luttes politiques, et je ne croyais pas qu'on en pût user : c'est là ce que je voulais dire lorsque j'ai été interrompu. Je voulais vous dire que si Voisin est coupable, il a été déjà assez puni par ces balles françaises qui sont venues effacer les cicatrices des balles étrangères. (Vive sensation.)

» Je vais maintenant parler du commandant Parquin.

» En 1813 l'empereur Napoléon passait une revue. Un jeune lieutenant de chasseurs à cheval se présenta sur le front de bandière d'un régiment d'infanterie ; trois fois l'empereur passa et interrogea du regard l'officier. Enfin le jeune officier s'approcha de l'empereur et dit : « Sire, j'ai vingt-cinq ans, onze campagnes, douze blessures et onze années de service ; cela vaut bien la croix, je la demande, on me la doit. — Cela est vrai, répondit l'empereur. Je ne veux pas qu'on me fasse plus longtemps crédit ; » et en même temps il détacha sa décoration et la plaça sur la poitrine du jeune officier. Cet officier était Parquin.

« Je ne veux pas citer tous les états de service, les drapeaux enlevés, la vie du maréchal duc de Raguse sauvée ; je ne veux citer qu'un seul fait. En 1813, en Portugal, un maréchal d'empire était entouré d'ennemis ; sa vie était menacée ; le capitaine Parquin s'élança avec quelques soldats, et délivra le maréchal. Messieurs, ce maréchal siége parmis vos juges. Je ne veux pas, certes, troubler la conscience d'un juge par ce souvenir d'un service rendu ; je n'ai voulu que faire connaître à la Cour le service que Parquin rendit à la France en sauvant la vie d'une de ses gloires les plus pures et les plus illustres, la vie du duc de Reggio. (Vive sensation.)

M. le duc de Reggio, avec émotion : Ce que vous dites est vrai, monsieur. (Sensation.)

M⁰ F. BARROT : Le commandant Parquin a de beaux faits d'armes qui ne sont pas sur ses états de service. Je lui demande pourquoi ; voici sa réponse : « C'est que la feuille est trop petite. » Pour des hommes de cette trempe il faudrait des feuilles faites exprès.

» La restauration survint ; Parquin ne voulut pas servir, et en 1819 il comparut devant la Cour des pairs pour conspiration bonapartiste.

» En 1837 Parquin était chef d'escadron dans la garde municipale ; le prince, voulant tenter à Strasbourg ce qu'il a fait à Boulogne, appela Parquin, et celui-ci quitta son grade, et suivit le prince en qualité d'aide-de-camp dans sa tentative. Mais pouvait-il refuser ? Non. Il avait été habiter la Suisse, et là il avait connu la reine Hortense, il avait été comblé par elle d'attentions et de prévenances, et il avait juré de suivre la fortune de ses fils, il s'était identifié avec cette famille proscrite dont il ne comprenait pas le malheur immérité.

» M. Parquin avait épousé en Suisse mademoiselle Cochelet, sœur du consul de France à Alexandrie ; de son union il avait obtenu une fille, et vous savez, messieurs, comme ces hommes deviennent faibles devant les affections de famille, devant leur amour pour leurs enfants. Eh bien ! en 1837, le prince l'appela ; il quitta tout, il laissa derrière lui ces affections si vives, si puissantes, qui s'étaient emparées de son existence. Voilà quel est Parquin : c'est un homme dont le dévouement ne connaît pas de bornes.

» Aujourd'hui, messieurs, Parquin ne comprend pas qu'on lui fasse un crime de son dévouement à la personne du prince, et il donne pour toute explication qu'il était son aide-de-

camp ; il ne pense pas que l'on puisse le condamner, et cela est une conviction si bien arrêtée
chez lui, qu'il n'y a que peu de jours il écrivait
à M. le président de la Chambre des pairs :

« M. LE CHANCELIER,

» Je suis aide-de-camp du prince ; je suis par-
» faitement dans la position de Drouot et de
» Cambronne qui avaient accompagné l'empe-
» reur à son retour de l'île d'Elbe ; vous avez ac-
» quitté Drouot et Cambronne , je demande ma
» liberté immédiate. »

« Tout cela vous explique, messieurs les pairs,
pourquoi le commandant Parquin est sur ces
bancs.

» Maintenant faut-il que je recherche la participation active du commandant Parquin aux
faits de Boulogne ? Faut-il que je recherche s'il
a été initié aux résolutions du prince ? Cela ,
messieurs, me paraît inutile. En effet, Parquin
vous dit : « J'étais aide-de-camp du prince; je
n'étais jamais appelé dans les conseils ; on savait
qu'aux jours de l'exécution on me trouverait toujours prêt. » Parquin était l'homme le plus dévoué au prince ; celui-ci lui eût dit : « Parquin
va là te faire tuer pour moi ! » Parquin y eût été
sans hésiter. Voilà Parquin tout entier.

» Il y a un fait dont l'accusation s'est emparée
pour jeter de l'équivoque sur la position de Par-

quin ; ce fait, c'est le voyage qu'il fit à Paris depuis 1837. L'accusation prétend que, dans ce
voyage, Parquin avait pour but d'embaucher,
par ordre du prince, des personnes pour concourir à la tentative de Boulogne. Messieurs, sur ce
point vous avez entendu M. Durat-Lassalle, qui
vous a formellement déclaré que le dernier voyage
de Parquin à Paris avait été entrepris dans le but
unique de recouvrer un arriéré de sa pension militaire.

» On a relevé deux faits que Parquin ne conteste pas :

» Le premier fait c'est l'envoi d'un chasseur,
du nommé Brigaud, au prince Louis-Napoléon ;
mais, messieurs, vous avez entendu la réponse
du commandant Parquin ; je ne puis mieux
faire que de vous la reproduire ; elle est courte
et logique : « J'avais besoin d'un chasseur, pour
cela il me fallait un bel homme, et pour avoir
un bel homme je me suis adressé à la garde municipale. » D'ailleurs, messieurs, Brigaud a rempli en effet l'office de chasseur auprès du prince,
puisque plus tard le commandant Parquin a été
servi à table par ce même chasseur.

» Quant au second fait, c'est à dire l'envoi
auprès du prince du capitaine Desjardins, je vous
dirai à cet égard que le commandant Parquin
a été ce qu'on appelle à l'armée un bon compa-

gnon ; les officiers savaient qu'ils trouveraient toujours près de lui une assistance assurée.

« Il y avait donc à Paris un pauvre capitaine, le capitaine Desjardins, qui avait été mis en 1838 à la retraite. Le capitaine Desjardins était parti simple soldat ; il était devenu capitaine ; il avait mérité le grade d'officier de la Légion-d'Honneur par ses nombreux services et ses nombreuses blessures. Après avoir servi autant qu'il le pouvait, puisque l'épée était sa seule ressource, il fut, comme je l'ai dit, mis à la retraite en 1838. Sa pension de retraite s'élevait à la somme de 1,360 f. Il avait une femme et cinq enfants. Il demanda de l'emploi ; mais les emplois sont tellement courus qu'il n'en obtint pas. Le capitaine Desjardins se trouvait dans la misère la plus profonde : sa femme tomba malade. Tant que la maladie dura, la famille ne prenait qu'un repas, afin de se ménager des ressources pour fournir aux besoins de la malade. Enfin sa femme mourut. Dans cette circonstance, il s'adressa au commandant Parquin. Le commandant Parquin lui dit : « Allez voir le prince ; je vais lui écrire. Il est généreux, il viendra à votre secours : Allez-y, il vous emploiera comme secrétaire ; le prince écrit beaucoup, vous copierez, vous serez utile. Le capitaine Desjardins fut à Londres ; il vit le prince, s'attacha à lui, et enfin un jour il est devenu justiciable à la Cour des pairs pour sa participation à une tentative qu'il ne connaissait pas à l'avance.

» M. le procureur-général a prononcé hier une parole que je n'oublierai pas, ni vous non plus, messieurs, je l'espère. Il a dit que le capitaine Desjardins est digne de votre bienveillance. Vous avez vu, messieurs, le capitaine Desjardins pleurer à l'espérance d'être rendu à sa pauvre famille : c'est une espérance que vous serez heureux de ne pas démentir.

» Messieurs les pairs, j'ai encore à défendre l'accusé Bataille, un bon et loyal jeune homme qui n'a pas, lui, de vieux souvenirs de gloire à apporter pour sa défense, qui n'est pas ce qu'on appelle une vieille moustache ; mais il a le cœur chaud.

» Bataille est un ancien élève de l'école Polytechnique, et c'est un titre qui ne manque jamais de recommander celui qui le porte à l'estime publique. A sa sortie de l'école il se livra avec assiduité et avec succès à des études industrielles. Je ne veux pas entrer dans le détail de toutes les entreprises dans lesquelles il a été employé : seulement vous avez entendu hier un témoin déclarer qu'il s'était constamment occupé de la question des chemins de fer.

» Il y quelque temps l'emploi vint à manquer ; alors Bataille se livra à l'étude d'une question politique qui était à l'ordre du jour. C'était la question d'Orient. Bataille connaissait le pays, il comprenait les intérêts divers de la France dans cette question ; il était partisan de l'alliance russe. Une personne qui siége ici comme juge et que je pourrais nommer lui conseilla d'écrire sur la question d'Orient dans les journaux. Bataille s'adressa d'abord au *Journal des Débats*, mais il ne s'y trouvait pas de place. Il y avait à Paris un autre journal, c'était *le Capitole*, qui était partisan de l'alliance russe ; c'est dans ce journal que Bataille écrivit quelques articles.

« Voilà le fait que l'accusation relève pour prouver les rapports de Bataille avec le prince Louis. Bataille, par la nécessité de ses affaires industrielles, fut amené à faire un voyage à Londres. Là il désira, je dois le dire, être présenté au prince. Le prince le reçut avec son affabilité ordinaire. Bataille trouva le prince penché sur les mêmes études, cherchant comme lui les spéculations politiques ; ils se trouvèrent d'accord sur la question d'Orient, et le prince lui mit le doigt sur les passages du *Mémorial de Sainte-Hélène* où le grand capitaine traite la question avec les prévisions qui ne se réalisent que trop aujourd'hui. Ce fut une filiation naturelle entre le jeune Bataille et le jeune prince ; ce fut un lien qui le rattacha davantage aux souvenirs de l'empire, et il se laissa aller insensiblement à un dévouement fort grand pour Napoléon-Louis.

» Voilà comment les rapports s'établirent entre ces deux jeunes hommes. Voilà comment Bataille se dévoua au prince. Voila comment il fut entraîné àprendre part à la tentative de Boulogne.

» J'arrive au fait.

» Un jour Bataille était à Boulogne ; il y était allé, non par ordre du prince, mais après en avoir averti le prince. Dans ses rapports avec ce dernier il n'en était pas encore à lui demander une autorisation. On a suivi ses relations à Boulogne : elles étaient toutes innocentes. Bataille donc étant à Boulogne reçut un ordre du prince, un ordre qu'il devait transmettre à Aladenize. Voilà le commencement de cette série de faits qui peuvent tourner un jour contre Bataille.

» Maintenant, messieurs, Bataille devra-t-il transmettre l'ordre ? Oui, il le fera. Le prince est son ami, il lui est dévoué ; le prince lui envoie un ordre duquel dépend peut-être la destinée d'un Napoléon. Je vous le demande, devait-il déchirer l'ordre ? pouvait-il discuter avec lui-même ? Non, il envoya l'ordre au lieutenant. Bataille accompagna le prince, cela est vrai, le lendemain. Le lendemain, c'est encore vrai, il était sur les bords de la mer quand on tirait sur le prince, et là il cherchait à lui faire un abri de son corps.

» Voilà sa position ; voilà quels sont les entraînements auxquels il a cédé. Ce noble jeune

homme m'écrivait il y quelques jours : « Monsieur, faut-il donc que, si jeune, je voie mon
avenir perdu par une condamnation politique? »
Je ne lui ai pas répondu ; mais j'ai pensé que
dans votre justice il y avait, pour ainsi dire, un
mélange du droit de grâce qui aurait une grande
part à votre indulgence. J'ai pensé que je pourrais avec succès recommander tout cet avenir à votre raison, à votre conscience. J'ai pensé
que peut-être bien vous calculeriez que, pour
un jeune homme intelligent comme Bataille,
l'avertissement solennel de cette accusation qui
le menace suffirait pour le maintenir à jamais
dans la ligne du devoir d'un bon citoyen.

» Je n'ai pas voulu vous entretenir longuement
de chacun de mes clients. Je sais avec quel soin
vous étudiez dans la procédure le caractère de
chacun, et je m'en rapporte à votre sagesse.

» Je termine par une considération.

» D'ordinaire on repousse votre juridiction
politique. C'est, au contraire, une raison pour
moi de l'accepter avec confiance.

» En effet, je dis que précisément parceque
vous êtes hommes politiques, vous ne vous ef-
frayez pas outre mesure des ardeurs et des impa-
tiences des hommes de parti ; que, précisément
parceque vous êtes des hommes politiques, vous
savez mesurer la peine et l'utilité sociale de cette
peine, et qu'alors vous pouvez, dans votre haute

raison, faire dans la distribution de votre justice une large part à l'indulgence. »

LE COMMANDANT PARQUIN : Je désire dire quelques mots.

M. LE PRÉSIDENT : Parlez.

M. PARQUIN : Messieurs les pairs, j'avais promis à une illustre princesse expirant dans l'exil de ne pas abandonner son fils dans la position difficile où le sort l'avait placé ; j'ai rempli ce pieux devoir ; et si du haut du ciel, où l'ont fait monter sa religion, sa vertu et ses bienfaits, la reine Hortense voit son fils assis devant vous, elle me verra partageant l'infortune du fils auquel j'ai consacré tout le dévouement dont la nature a pu remplir le cœur d'un homme.

Mᵉ DELACOUR, défenseur de M. de Mésonan : « Messieurs les pairs, ce n'est pas dans un sentiment d'amour-propre que j'ai puisé le courage nécessaire pour venir affronter cette éclatante publicité à laquelle m'expose la solennité de votre juridiction. Ce qui m'a déterminé à embrasser la défense de M. de Mésonan, c'est la connaissance que j'avais de son noble caractère. Alors que j'admirais les vertus privées de M. de Mésonan, je ne prévoyais guère les circonstances si graves qui m'amènent devant vous.

» La défense de mon client pourrait se résumer tout entière dans l'exposé de son utile et modeste carrière. »

Ici le défenseur retrace la carrière militaire de son client ; il dit comment cette carrière, commençant sous les plus heureux auspices et de la manière la plus brillante, fut brusquement interrompue par une cruelle captivité en Angleterre, et lorsqu'il venait de recevoir les épaulettes de capitaine ; il dit par quelle fatalité M. de Mésonan, ayant perdu son brevet sur les pontons anglais, ne put faire reconnaître son grade à son retour en France.

« En 1820, ajoute le défenseur, M. de Mésonan fut nommé capitaine au corps d'état-major. En 1823 il fit la campagne d'Espagne en qualité d'aide-de-camp du général Bourke, aujourd'hui pair de France et notre juge, qui, malgré son crédit, ne put parvenir à le faire nommer commandant.

» En 1830 M. de Mésonan était aide-de-camp du général Morin ; en 1833 il tomba en disgrâce : je n'en pourrais pas dire le motif. En 1837, pour prix de ses services, il fut mis brutalement à la retraite.

« Permettez-moi de vous mettre à même de juger d'une manière plus intime le caractère de l'excellent homme qui m'a confié sa défense. Voici un fragment d'une lettre confidentielle écrite par M. de Mésonan, alors qu'il était en service à Lyon sous les ordres du général Aymar. »

Le défenseur donne lecture de cette lettre, dans laquelle on remarque les sentiments les plus nobles et l'attachement le plus scrupuleux à ses devoirs.

« Ce n'est pas nous, dit l'avocat, que l'on pourra confondre avec ceux qui n'agissent que guidés par un intérêt personnel : notre vie, toujours modeste et désintéressée, atteste le contraire.

» La correspondance de M. de Mésonan avec le prince est loin d'être aussi étendue qu'on a bien voulu le dire ; quoi qu'il en soit, son dévouement pour le prince est bien connu, ce dévouement est presque devenu un culte absolu. Mais, messieurs, M. de Mésonan est-il le seul qui ait pour Louis-Napoléon un dévouement sans bornes ? Non, messieurs, je dois le dire, et chacun doit le reconnaître, ce procès a révélé chez le prince une haute qualité, celle de se faire des amis. S'il eût été sur le trône, il n'eût été entouré que d'amis et non de serviteurs. (Sensation.)

Le défenseur aborde l'examen de la déposition du général Magnan, et il s'exprime ainsi :

« Les choses ne se sont pas passsées tout à fait comme M. le général Magnan vous les a rapportées à la dernière audience. Le général a déclaré devant M. le chancelier qu'il lui avait été offert une somme de 400,000 francs s'il voulait se mettre du parti du prince. C'est là sa déclaration bien positive. Cependant M. Cabour-Duhay, auquel le général a fait ces confidences, a déclaré dans sa déposition écrite avoir entendu dire qu'il avait été proposé à M. Magnan, outre le titre de maréchal de France, une somme de 600,000 francs et 15,000 livres de rentes, c'est à dire un capital de 300,000 francs. Cette contradiction évidente suffit à elle seule pour déconsidérer à vos yeux l'autorité de la déposition ; et d'ailleurs la conduite ambiguë du général Magnan à Lyon l'a déjà fait tomber dans une disgrâce, et il veut peut-être s'assurer contre une nouvelle.

» Mais, messieurs, nous devons aller plus loin ; la logique et le raisonnement sont pour nous ; du côté de la déposition les invraisemblance abondent de toutes parts. M. de Mésonan, le 12 juin, dîna chez le général Magnan, en compagnie du capitaine Gueurel, qui était venu déposer devant le conseil de guerre. Il est étrange que M. le général, dans sa déposition, n'ait jamais bien pu fixer l'époque précise où il donna son dîner ; car un général ne peut pas se tromper sur le jour où un capitaine étranger à la ville est venu déposer devant un conseil de guerre. Quoi qu'il en soit, d'après la lettre d'invitation que j'ai lue à la Cour, c'était le 12 juin que le dîner eut lieu. Or, d'après les certificats du directeur des messageries et de l'hôtellier de Courtray, dont j'ai donné hier connaissance, il est prouvé que M. de Mésonan partit le 13 au matin de Lille ; donc il ne put pas faire ce jour-là des propositions corruptrices à M. le général Magnan. »

Le défenseur, après avoir prouvé que son client ignorait les projets du prince avant son embarcation sur *la Cité d'Edimbourg*, termine en ces termes :

« Je vous ai dit, messieurs, quels services avait rendus M. de Mésonan, quels malheurs il avait éprouvés, avec quelle brutalité il avait été mis à la retraite en 1837. Je ne crois pas invoquer une maxime dangereuse en demandant comme compensation pour mon client toute votre indulgence. »

M. le général Magnan se lève et paraît vouloir parler ; mais en ce moment le président suspend l'audience.

Il est deux heures et quart.

Pendant la suspension, M. le général Magnan s'entretient avec le défenseur, qui paraît persister dans l'opinion qu'il a émise dans son plaidoyer.

On s'attend à des explications de la part du général à la reprise de l'audience.

A deux heures et demie l'audience est reprise.

M. le général Magnan ne vient donner aucune explication.

LE PRÉSIDENT : La parole est à Mᵉ Barillon.

Me BARILLON : M. Persigny désirerait parler à la Cour.

M. LE PRÉSIDENT : L'accusé a la parole.

M. PERSIGNY : Messieurs les pairs, il y a bien des années que l'étude approfondie de l'époque du consulat et de l'époque de l'empire m'a fait consacrer ma vie au culte des idées napoléoniennes ; ce culte explique mon dévouement à la race qui poursuivait cette idée. Pour assurer le triomphe des idées napoléoniennes, je n'ai pas hésité un seul instant à me faire le soldat d'un homme, d'une famille. A l'époque où nous vivons, c'est faute d'un homme qui représente une idée que nous n'avons ni véritable autorité, ni liberté.

M. LE PRÉSIDENT interrompant : Je ne puis laisser pousser plus loin les doctrines de l'accusé. Il a dit qu'il n'y avait pas en France de véritable autorité, ni de liberté. Je suis obligé de l'interrompre. Accusé, n'aggravez pas votre position.

M. PERSIGNY continuant : Je suis fier d'avoir engagé ma liberté dans le but d'agrandir la liberté de mon pays.

Il faudrait une voix plus éloquente que la mienne pour faire entendre l'idée napoléonienne ; ce n'est pas à un soldat qu'il appartient de se faire l'apôtre de cette idée devant un si illustre auditoire.

Sénateurs de l'empire, quelle n'aurait pas été la grandeur de la France sans les désastres de 1814 et de 1815 ! Que ne seriez-vous pas vous-mêmes aujourd'hui ! Rappelez-vous, en effet, le rôle qui vous était assigné dans la constitution impériale, et songez à celui qui vous est réservé !....

M. LE PRÉSIDENT : Tout cela est complétement étranger à votre défense. Savoir quelle aurait été la grandeur de l'empire sans la *catastrophe* de 1815, qu'est-ce que cela veut dire relativement à votre cause ? Vous lisez là une brochure qui n'a nul rapport à votre situation. La Cour est ici pour entendre votre défense et non pour entendre une brochure.

M. PERSIGNY continuant : Comment dérouler devant vous le triste tableau de la situation du pays ? N'en êtes-vous pas les premières victimes ?

M. LE PRÉSIDENT : Accusé, tout cela est étranger à votre affaire ; je ne puis vous laisser continuer.

M. PERSIGNY : J'ai mis dans mes paroles toute la modération possible ; si la Cour avait voulu m'écouter, elle aurait pu s'en convaincre. (Persigny s'asseoit.)

M. LE PRÉSIDENT : Vous ne voulez pas arriver à une conclusion. (M. Persigny garde le silence.)

La parole est M° Barillon.

M° BARILLON, défenseur de Lombard, Persigny et Conneau :

» Messieurs les pairs, si la destinée des hommes dépend des premières impressions qu'ils ont reçues, il est facile de prévoir celle de mes clients,

Lombard, de Persigny et Conneau. En effet, leurs premiers regards rencontrèrent le nom du grand homme, inscrit de toutes parts sur les monuments et dans les fastes. La France impériale ne présentait-elle pas à la jeunesse étonnée de cette époque un spectacle bien digne de l'attacher aux idées napoléoniennes ? Messieurs les pairs, mes clients ont grandi sous l'influence de ces premières impressions.

» MM. Lombard et Persigny embrassèrent la carrière des armes ; mais ils y entrèrent par des chemins différents. M. Persigny entra, en 1825, à l'école de Saumur, et en devint l'élève le plus distingué ; car il en sortit avec le premier numéro pour entrer dans le 4ᵉ régiment de hussards, où il servit avec honneur. Quelque temps après, il quitta l'épée pour la plume. Dans ce siècle de controverse et de discussion politique, il essaya ses forces dans une nouvelle carrière. Ce fut en 1834 qu'il devint le fondateur d'une brochure intitulée : *l'Occident français*, qui était destinée à l'examen impérial. Cette publication se faisait remarquer par des aperçus philosophiques et des théories élevées.

» En 1836, Persigny fit la rencontre et la connaissance du prince Louis, se dévoua à sa personne et le suivit à Strasbourg.

» L'expédition du prince à Strasbourg devait être diversement jugée : des hommes pouvaient

y voir le signe d'un entraînement irréfléchi ;
d'autres, l'audace d'un caractère ferme et per-
sévérant. Mais, messieurs, ce que l'on peut constater, c'est que le prince est doué de ce regard
sympathique qui fut une des puissances de l'empereur ; c'est qu'il exerce sur ceux qui l'appro-
chent un ascendant irrésistible ; c'est qu'il possède au plus gaut degré cette cordialité qui n'ex-
clut pas la dignité, et qui commande à la fois
l'affection et le respect ; c'est que tous les accusés lui ont voué un attachement sans bornes ;
c'est qu'il sait attirer à lui et conserver des amis ;
c'est qu'il sait les choisir, et vous allez voir, en
effet, s'il a été heureux dans son choix.

» Lombard est le second dont je dois parler.

» Lombard n'est pas un ancien soldat vieilli
dans les camps, illustré par des batailles ; il n'a
pas à vous présenter d'éclatants services ; mais,
en revanche, il peut vous montrer bien des vertus
modestes.

» Etant à Belle-Ile-en-Mer, Lombard, employé
en qualité d'aide-major dans un hôpital militaire,
entend un coup de canon parti d'un vaisseau qui
n'avait pu entrer dans le port, parceque l'équipage était infecté par le choléra. Il fallait aller
faire à bord une amputation ; Lombard n'hésite
pas, et quoique son service ne l'exige point, il
porte des secours à bord du vaisseau.

» Lombard, messieurs, ne remplissait pas auprès du prince les fonctions de médecin, mais seulement des fonctions d'officier. Le poste de médecin était occupé par un homme qui avait reçu de la reine Hortense la sainte mission de veiller sur son fils. »

Après avoir déroulé devant la Cour toute la vie du docteur Conneau, vie entièrement dévouée à la famille impériale, et après avoir énuméré tous les titres que cette famille avait à sa reconnaissance, le défenseur continue ainsi :

« Messieurs, j'arrive à une dernière considération qui domine le procès, et qui me dispensera de vous fatiguer par de longs discours.

» Que reproche-t-on aux accusés Lombard, Conneau et Persigny ? On leur dit : « Vous vous étiez tellement attachés au prince qu'il n'est pas vraisemblable que vous ayez ignoré ses desseins ; par conséquent vous l'avez accompagné avec préméditation, et dans la folle et ridicule pensée de renverser un gouvernement. »

» Messieurs, je sais qu'on n'a rien négligé pour réduire ce procès aux mesquines proportions d'un procès correctionnel ; qu'on a voulu verser le ridicule à profusion. Je sais enfin toute la logique du réquisitoire : il lui a été plus facile de tourner tout en ridicule que de répondre à des arguments.

» On vous a dit que quelques-uns des hommes qui avaient accompagné le prince s'étaient affublés du costume militaire, mais que sous ce costume on retrouvait les galons de la domesticité. On aurait pu pousser les investigations plus loin, et on aurait retrouvé sous les galons de la domesticité, d'anciens soldats couverts d'honorables cicatrices. Il ne faut pas, messieurs, que ceux-là mêmes qui ont eu le bénéfice d'un acquittement anticipé restent sous le coup de la trop grande sévérité d'un réquisitoire. Nous nous sommes présentés avec une poignée d'hommes, dites-vous. S'il y a quelque chose en faveur de mes clients, c'est l'exiguité du nombre. La tentative aurait-elle donc été moins coupable à vos yeux si, faisant appel non à notre droit, mais à notre force, nous nous fussions présentés en grand nombre ? Je le répète, notre excuse est dans l'exiguité du nombre. Etant en petit nombre, l'affaire était honorable, car elle était tentée par des hommes honorables, des hommes qui avaient honorablement servi le pays.

M. LE PRÉSIDENT : Je ne puis vous passer l'expression d'*affaire honorable* ; un attentat n'est jamais honorable.

» Messieurs, le prince rassemble sur le paquebot ses compagnons, et leur dit : « Il ne s'agit plus d'aller à Ostende, nous allons débarquer à Boulogne. » Croyez-vous donc qu'il fût possible qu'on reculât ?

» Quant à moi, messieurs, je le déclare, j'aurais honte de défendre le lâche compagnon du prince qui se fût caché à fond de cale au lieu de se présenter bravement, courageusement, lorsqu'il connut le danger

» Parmi ces quatre clients il en est un qui semble avoir pris à tâche d'aggraver sa cause, celui-là, c'est Persigny.

» Messieurs les pairs, vous l'avez entendu il y a quelques jours vous dire avec énergie : « Vous ne savez pas à quelles odieuses calomnies j'ai été en butte. » Vous concevez alors son exaltation, surtout lorsqu'il a été l'objet de préventions calomnieuses que j'ai un moment partagées moi-même, et dont je connais aujourd'hui toute l'injustice. »

L'avocat s'attache à disculper son client de l'usurpation du nom de Persigny, que le procureur-général l'a accusé d'avoir usurpé; il soutient que M. Fialin a le droit de prendre le nom de Persigny, puisque son aïeul le portait.

« J'arrive, continue l'avocat, au dernier de mes clients, que j'ai besoin de défendre contre les insinuations du ministère public, au colonel Bouffet de Montauban. L'accusation n'a qu'un grief contre M. de Montauban : c'est sa vie aventureuse; mais c'est la vie aventureuse de cet officier qui est le meilleur argument de la défense. Cette vie aventureuse explique sa position et son existence à Londres, et les motifs par lesquels il a été entraîné dans l'entreprise.

» M. Bouffet de Montauban est un de ces jeunes Français qui, à l'époque de notre gloire militaire, s'arrachèrent au collége pour les champs de bataille avant d'avoir terminé leurs études. Il alla rejoindre en Italie le régiment dans lequel il s'était engagé en qualité de fourrier. Son avancement fut rapide, et il dut à cette circonstance qu'il fut attaché au prince Eugène Beauharnais, vice-roi d'Italie. Le prince le plaça dans un régiment de chasseurs italiens; il fit un rapide chemin; il devint successivement sous-lieutenant, lieutenant et adjudant-major. Telle était la situation de M. Montauban à l'ouverture de la glorieuse et fatale campagne de Russie; il prit part à cette expédition; il fut blessé en combattant avec honneur. Lorsqu'en 1814 il reçut son congé, il avait bien besoin de reposer ses membres brisés.

» Au retour de l'île d'Elbe, il fut un des premiers à se présenter à la rencontre de l'empereur, et fit partie du bataillon sacré. Après les cent jours il fut licencié avec l'armée de la Loire; vous savez, messieurs, quelle était la qualification donnée alors à ces glorieux débris.

» M. Bouffet de Montauban alla demander un asile à l'étranger; de là vient sa vie aventureuse. Il ne pouvait rester en France où il était opprimé; il alla chercher ailleurs la carrière des armes puisqu'il ne pouvait la trouver dans sa patrie; il alla en Colombie. Les guerres sanglantes de ce pays

luï permirent de se distinguer ; il devint aide-de-
camp de Bolivar et colonel, et s'il eut un regret,
ce fut de n'avoir pas acquis cette position au service de la France.

» En juillet 1830 M. Bouffet de Montauban était
à l'étranger ; il fut des premiers à accourir se
mettre à la disposition du gouvernement provisoire ; il offrit ses services et ceux des Français que
l'exil retenait en Belgique.

» Il fut placé par le choix de ses camarades,
peut-être par suite du tumulte du moment, pour
commander les volontaires parisiens, et dans ce
poste il fit preuve de capacité et de dévouement.
La légion parisienne fut bientôt dissoute ; M. Bouffet, ne pouvant rentrer avec son grade dans l'armée
française, alla chercher à l'étranger une autre
carrière, et là il contracta un mariage honorable
et se créa par son industrie une position convenable. On conçoit qu'habitant Londres il ait connu
le prince, lui qui avait dû sa fortune militaire au
prince Eugène, et certes il était peu disposé, lors
de l'affaire de Boulogne, à croire qu'il allait re-
commencer une troisième fois sa carrière politique.

» Il s'était embarqué en habit de bal et en bas de
soie ; il croyait faire une partie de plaisir. À terre
il n'a pris aucune part à l'action ; il n'a fait que
couvrir le prince de sa personne.

» Messieurs, on vous l'a dit, le prince seul counaissait le but de l'expédition. Croyez-vous donc que Napoléon, lorsqu'il confia sa fortune au brick *l'Inconstant*, eût dit à l'avance à ses soldats le but de son voyage? Non. Si Napoléon eût échoué dans son entreprise, si on eût traduit à la barre tous ceux qui l'avaient accompagné, auriez-vous pu dire qu'ils savaient le but de l'expédition? Auriez-vous pu les condamner?

» Une voix éloquente vous l'a dit hier : Jugez humainement les choses humaines. Demandez-vous si le neveu de l'empereur a pu faire autrement que Napoléon avait fait dans la circonstance qui le ramena aux Tuileries?

» Je dis que le prince Louis n'a pas dû dire à l'avance quel était le but de l'expédition; il devait compter que ceux qui l'accompagnaient céderaient à son influence; et, comme Cambronne et ses compagnons, les accusés, entraînés par le prince, seront acquittés. »

M. DE MONTAUBAN : Ce que mon avocat a dit est la vérité ; si j'avais su qu'il s'agissait d'une expédition militaire, j'aurais revêtu mon uniforme de lancier que j'ai toujours conservé, et non une capote d'infanterie, lorsque jamais je n'ai servi dans cette arme.

M. LE PRÉSIDENT : La parole est au défenseur de Laborde.

Mᵉ NOGUET SAINT-LAURENT : « Le colonel Laborde est un ancien officier de l'île d'Elbe, c'est assez dire qu'il ne vous présentera pas une défense sans vraisemblance et sans courage ; une telle défense, il la répudierait comme indigne de lui. Le colonel Laborde ne renie ni ses sympathies ni son dévouement ; c'est un homme d'honneur qui est incapable de mensonge ou de faiblesse. Parti soldat il y a plus de trente ans, il est arrivé, par son courage et sa conduite, au grade de lieutenant-colonel. »

Après avoir raconté la vie militaire de M. Laborde, l'avocat rappelle qu'il y a dix-huit mois il fut privé tout à coup de son commandement de la place de Cambrai. « Depuis lors, dit-il, il vivait dans la banlieue de Paris, sa retraite. Une circonstance le fit passer en Angleterre, à la recherche de sa femme, qui y était allée utiliser ses talents ; le colonel fut présenté au prince et reçu comme devait l'être un ancien adjudant-major de la vieille garde. Le prince l'engagea à l'accompagner à Ostende, il accepta ; mais, comme vous l'ont dit MM. de Montholon et Voisin, le colonel Laborde ignorait le but de l'expédition ; et l'eût-il su, vous n'avez pas ici à juger un complot, mais un attentat. Laborde accepte aujourd'hui la solidarité de l'acte contre lequel il a protesté dans le paquebot et à votre audience ; mais il l'accepte pour s'associer à la destinée du prince.

» Le colonel Laborde est un homme qui ne recule jamais ; aussi dans la campagne de France le vit-on , avec six cents hommes, exterminer douze cents Autrichiens. Cambronne le désigna pour faire partie du bataillon de l'île d'Elbe, avec lequel il revint en France pour continuer à servir son pays. »

L'avocat cite une lettre des plus honorables adressée pendant le siége d'Anvers à M. Laborde par le général Schramm, dans laquelle il le désignait sur sa demande pour commander le bataillon d'assaut.

« Messieurs, dit Me Saint-Laurent en terminant, j'en appelle à votre justice ; déjà vous avez renvoyé les subalternes, vous ne leur avez pas demandé compte d'une obéissance passive ; faites plus, pardonnez à ceux qui n'ont pu oublier la religion des souvenirs.

M. LE PRÉSIDENT : La parole est au défenseur d'Aladenize.

Me FAVRE se lève. (La Cour garde le plus profond silence.) « Messieurs les pairs, je sais en prenant la parole tout ce qu'a de grave la position du jeune lieutenant Aladenize.

» Officier de l'armée, il a mis son épée au service d'une dynastie que le sort a condamnée.

» Aladenize est un cœur généreux, qui a déjà eu le bonheur de verser son sang pour l'indépendance et la liberté de son pays. De ces antécédents vient toute sa position. Ce cœur, que vous avez déjà su apprécier dans les interrogatoires ,

n'est pas celui d'un traître, et les sentiments qui
l'ont égarés peuvent s'avouer, et tous dans cette
assemblée peuvent les comprendre. C'est la faute
d'un patriotisme exagéré, c'est une opinion politique exaltée qui l'a fait sortir de la ligne du
devoir.

» Si Aladenize était traduit devant un conseil
de guerre, je le soustrairais, je n'en doute pas,
à la rigueur de la loi ; ne doit-il pas en être ainsi
lorsqu'il comparait devant un corps politique qui
par son caractère et son élévation puise ses déci-
sions bien plus dans les maximes d'état que dans
la loi criminelle ?

» Si les accusés sont dépouillés devant vous
des garanties d'une pénalité connue à l'avance,
d'une procédure fixe, ils savent du moins qu'en
les frappant vous n'appliquez que des peines politiques à des actes politiques. (Sensation.)

» Il faut ici expliquer comment le lieutenant
Aladenize a pu se trouver à côté et sous les ordres
de l'homme qu'on vous a signalé comme un rebelle. Je trahirais l'intention d'Aladenize si je l'hu-
miliais devant vous par de lâches paroles ; mais
aussi je méconnaîtrais son cœur si je venais ici
glorifier son acte et lui faire un piédestal de
son malheur. Il vous a dit avec franchise que,
s'il y avait dans cette triste et fatale journée quelques faits qui militassent en sa faveur, les témoins
les rappelleraient, et que vous les peseriez dans

votre justice. Ce ne sont point les sévérités de votre justice qui l'épouvantent, ce n'est ni la mort ni les fers qu'il redoute ; c'est son nom voué à l'ignominie et taché à jamais. C'est là ce qu'il redoute plus que le dernier supplice.

» Mais, messieurs, Aladenize mérite-t-il donc toute votre sévérité et ne peut-il donc rien espérer? Ma voix sera-t-elle donc impuissante pour détruire les terribles paroles du réquisitoire? Non, messieurs, je ne puis le croire. Si notre constitution vous a chargé de défendre la stabilité de l'état, elle ne vous oblige pas à le faire avec cruauté. (Sensation.)

En 1830 Aladenise avait été blessé dans les rangs du peuple; il ne réclama d'autre récompense que la faveur de conserver l'épée qu'il avait saisie pour la défense de la liberté. C'est avec de tels sentiments qu'il est entré dans l'armée. Il ne crut pas seulement que 1830 avait été l'affranchissement du peuple, il croyait que c'était la réhabilitation de la France pour toutes les humiliations de 1815. Tels étaient ses sentiments, et il pensait plus tard que ses espérances n'avaient pas été accomplies, et que la France ne tenait pas en Europe une situation digne de sa grandeur. Ce sont là des sentiments qu'on peut partager sans être un mauvais citoyen; on peut rougir de voir la France méprisée par les cabinets européens, et désirer qu'elle soit plus puissante et plus respectée partout (Rumeurs). Ces sentiments généreux sont ceux d'Aladenize ; il supportait impatiemment la situation politique du pays, et appelait de ses vœux un avenir qui pût réaliser ses pensées et ses désirs.

» Comment alors un cœur comme le sien n'eût-il pas ajouté foi aux paroles de celui qui se présentait comme l'héritier de l'homme qui avait porté si haut la gloire de la France? Il crut que le prince venait pour effacer du sol de la nation les traces des étrangers.

LE PRÉSIDENT vivement : Je ne crois pas qu'il y en ait.

Mᵉ FAVRE : Cependant les résultats des traités de 1815 ont ravi à la France une partie de son territoire.

LE PRÉSIDENT : Grâce aux traités de 1815, la France est respectée partout; et il me semble que le défenseur ne devrait pas, devant la chambre des pairs, attaquer ces traités continuellement.

Mᵉ FAVRE : J'ai beau descendre au fond de ma conscience, je ne vois pas que j'aie blessé en rien les convenances et le respect dû à la chambre; j'expliquais les sentiments d'Aladenize; je disais qu'il regrettait que la France n'eût pas les limites d'avant 1815.

ALADENIZE : J'approuve les paroles de mon défenseur.

PLUSIEURS PAIRS : Que dit-il? que dit-il?

M. LE PRÉSIDENT, d'une voix forte : Il dit qu'il approuve les paroles de son défenseur. (Agitation.)

Me FAVRE : Ces sentiments que je viens d'exprimer étaient ceux d'Aladenize, ce fut ce qui le fit donner ses sympathies au prince. Mais quelle a été sa conduite? Il ne fait rien pour entraîner les militaires; il se renferme dans un dévouement solitaire; il conserve pour lui ses espérances, et il attend le moment favorable. Ici il faut que je me hâte d'expliquer ma pensée pour qu'elle ne soit pas mal comprise. Par le moment favorable, il entendait le jour où le vœu national consulté rendrait au prince le pouvoir, le jour où il serait salué par les acclamations du pays. Ce moment, vous le savez, n'arriva pas : vous connaissez les événements de Boulogne. Vous savez qu'Aladenize essaya d'enlever deux compagnies. M. le procureur-général vous a dit qu'avant l'arrivée du paquebot Aladenize aurait dû briser son épée. Eh bien! s'il ne l'a pas fait, c'est qu'il n'était pas dans la confidence du complot. (Sensation.)

» Aladenize était à Saint-Omer le 5 août. Une lettre lui est apportée par un courrier pendant qu'il est à table avec ses camarades. Toute la vie d'Aladenize est en jeu; un complot va éclater, il sera dénoncé : que doit-il faire? descendre sur la place, enlever sa compagnie, il ne le fait pas.

» Il part pour Boulogne, où il est appelé; il y trouve Bataille, qui lui annonce ce qui allait se passer. Le secret avait été gardé; il était dans la tête seule du prince. Aladenize l'ignorait. La preuve, c'est qu'il ne figure dans les ordres du jour, dans les proclamations pour aucun grade. On l'a appelé parcequ'on connaissait son dévouement. On lui dit : Le prince va débarquer; il va en habit de ville près du prince, et combat son projet; le prince répond : « J'ai compté sur vous ; vous avez deux compagnies de votre régiment, il faut les enlever. »

» Aladenize compromis cède par dévouement et par les sentiments qui vous ont été exprimés par le colonel Laborde. A la vue du prince exposé au danger, il se hâta de revêtir son uniforme, de se rendre à la caserne et d'enlever les compagnies. Vous savez ce qui se passa; lorsque le prince arriva, Aladenize avait fait former le carré, le drapeau était au centre, salué par le roulement des tambours. Le capitaine Col-Puygellier arrive ; il est menacé, ainsi que le lieutenant Maussion : les fusils sont dirigés contre eux. Aladenize s'écrie: Ne tirez pas, ce sont mes camarades. Une seconde fois, lorsque la collision éclate, il couvre le capitaine de son corps, et lorsqu'il voit le mauvais succès de l'entreprise, il brise son épée. M. le procureur-général, vous avez dit qu'il avait reculé devant la responsabilité de son acte et qu'il n'avait pas voulu aggraver sa position. Vous avez mal apprécié son cœur; il n'a pas en légiste calculé les résultats de sa position; il a senti que le sang de ses camarades allait couler, et sa poitrine les a protégés.

» Quel que soit le sort réservé à Aladenize, il sera heureux d'avoir empêché le sang français de couler; et c'est là un souvenir qui restera aussi dans vos esprits lorsque vous prononcerez sur son sort.

» Il me faut ici défendre Aladenize contre la sévérité de l'accusation. N'est-il donc aucune atténuation? A Dieu ne plaise que je veuille contester la sainteté du serment militaire; cependant, permettez-moi de dire que plus d'une fois la morale a reçu d'éclatants démentis, et souvent des événements qualifiés sévèrement par M. le procureur-général ont été justifiés par le succès, et l'on a vu récompenser par des palmes triomphales ceux qu'on avait traités de malfaiteurs.

» Messieurs, Napoléon lui-même, dont vous avez vanté la gloire, s'il n'eût pas triomphé, que fût-il devenu lorsqu'il abandonna ses soldats sans ordres, et que, porté sur l'aile de la victoire, voyant les infirmités d'un gouvernement qui ne garantissait ni la sécurité au dehors, ni les intérêts au dedans, il se ménagea des intelligences à Paris? Augereau, Berthier, Murat, Saint-Réal, le colonel Sébastiani, lui promirent leur concours, et la constitution du pays fut renversée par les baïonnettes.

» S'il n'eût pas réussi, si le succès eût échappé à son entreprise, il eût expié sur l'échafaud le crime de son insuccès.

» Messieurs, lorsque le pays est depuis cinquante ans labouré par tant de révolutions, lorsque les principes sont obscurcis, les règles altérées, et le champ de bataille ouvert à toutes les opinions, est-ce à dire que les pouvoirs doivent abdiquer? Non, qu'ils se défendent ; mais qu'ils fassent usage de leurs forces en sachant les tempérer par la longanimité et l'humanité. Qu'ils n'aillent pas surtout verser le sang, de peur que sur l'échafaud le condamné ne se redresse et dise : « J'ai conspiré, mais vous avez conspiré avant moi ; vous m'avez condamné pour vous faire oublier. » (Agitation.)

« Si la faute de ses coaccusés pouvait être rachetée par le sang d'Aladenize, il en ferait le sacrifice, et moi, son défenseur, qui donnerais la meilleure partie de mon sang pour le sauver, je rassemblerais mes forces pour l'aider à mourir. Mais cela n'est pas nécessaire : vous apprécierez que ce qui les a perdus c'est un sentiment exalté de dévouement pour leur patrie. (Agitation.)

» Si l'armée était consultée, je suis sûr qu'elle viendrait vous demander la vie d'Aladenize.

» Messieurs, si notre patrie, et cela n'est pas loin peut-être, était menacée, elle n'aurait pas trop de tous ses enfants ; vous rendriez à Aladenize l'épée

qu'il a brisée pour ne pas la tourner contre ses camarades, et soyez sûr qu'il la ferait sentir à l'ennemi. Je sais que si la France a besoin de défenseurs, des milliers de ses enfants se lèveront et se
presseront à la frontière, et qu'à côté de ces dévouements nombreux une vie n'est rien. Mais une
vie d'homme dévoué à son pays peut-elle, dans
de telles circonstances, appartenir au bourreau ?
Non, vous la réserverez pour marcher à la suite de
ces vieux généraux qui sont devant moi, et qui
savent si bien le chemin qui conduit aux capitales
de l'Europe. Vous permettrez à Aladenise de suivre
le brave capitaine Col-Puygellier, et de recon-
quérir son drapeau ou de périr en le défendant. »
(Vive agitation.)

LE PRÉSIDENT : M. le général Magnan a demandé
la parole.

M. MAGNAN avec feu : Au moment où l'avocat du
commandant Mésonan a cessé de parler, j'avais
demandé la parole; mais la chambre me l'a refusée alors, et je l'en remercie, car j'avais oublié
la modération. Hier j'ai rempli un devoir rigoureux et contre mon cœur ; le défenseur a voulu
réfuter ma déposition, je réfuterai son discours
par les paroles du commandant Mésonan devant
M. le chancelier, paroles dans lesquelles il me
rend justice.

J'arrive à ce qui me fait demander la parole.
L'avocat a dit qu'à Lyon ma conduite a été équi-

voque ; l'avocat a manqué de convenance. (Hilarité et murmures.) Puisqu'il en est ainsi, il m'aura fourni l'occasion de parler de ma conduite à Lyon devant le tribunal le plus auguste. Vous avez dit, monsieur…

LE PRÉSIDENT : Parlez à la Cour.

M. DE MAGNAN : L'avocat a dit que ma conduite avait été équivoque. Je lui dirai que je reçus ordre de me rendre à Lyon (j'étais à Saint-Étienne, et ma troupe et moi nous fîmes dix-huit lieues en seize heures) ; nous occupâmes les hauteurs de Fourvières. Je reçus une députation de trois ouvriers qui m'apportèrent l'ordre de me retirer : ce que je refusai, ayant été appelé de Saint-Étienne par le général Rogniat. Ainsi je n'ai pas agi sans ordre.

LE PRÉSIDENT : Ces détails sont inutiles.

M. DE MAGNAN : L'avocat a dit que ma conduite était équivoque.

LE PRÉSIDENT : Vous avez répondu victorieusement.

M. DE MAGNAN : Ma conduite fut méconnue : on m'ôta mon régiment, sous le prétexte que j'étais entré à Lyon sans ordres ; mais peu après on m'en a rendu un autre. Plus tard j'ai été fait général ; et le roi m'a dit : « Général, votre conduite a été honorable. »

LE PRÉSIDENT : La confiance du roi vous est acquise.

La séance est levée et continuée à demain.

Audience du 2 octobre.

M. le comte Portalis prend place sur le siége du président.

M. Cauchy, secrétaire de la Cour, procède à l'appel nominal, qui constate une absence, celle de M. le chancelier Pasquier.

M. LE PRÉSIDENT : La parole est à M⁰ Lignier.

M⁰ LIGNIER : « Messieurs les pairs, tout procès, toute lutte juridique se résume, pour ceux qui y assistent, en une idée principale. Pour moi, et d'après mes impressions, le caractère saillant de ce procès, le caractère qu'il faut lui restituer avec d'autant plus d'énergie que l'accusation a fait plus d'efforts pour le lui enlever, a été la franchise avec laquelle chacun des prévenus s'est posé devant vous, la loyauté avec laquelle chacun d'eux a accepté la responsabilité de ses actes, sans forfanterie comme sans faiblesse.

» A ce caractère, vous, messieurs, vous avez pu, vous avez dû reconnaître que les compagnons du prince Napoléon ne se considèrent point comme des conspirateurs qui attendent sous le poids de leur crime que la main de la justice les frappe.

» D'où leur viennent donc ce calme et cette tranquillité ? est-ce de leur aveuglement, ou n'est-ce pas plutôt du témoignage de leur conscience et de leur confiance dans vos lumières?

» Ils ont voulu, dit-on, eux citoyens français, apporter dans leur patrie le fléau de la guerre civile!

» Mais qu'ont-ils donc fait pour encourir une aussi terrible accusation, qui les vouerait non seulement aux rigueurs de la loi, mais encore à la haine du pays? est-ce qu'ils ont fait appel à la violence? est-ce qu'ils ont engagé un combat?

» Et quand vous voyez que tant de courages éprouvés ont cédé tout d'abord à la résistance d'un seul homme, dites, si vous voulez, que le prince Napoléon s'était exagéré les vœux qui le rappelaient en France; dites, vous son accusateur, que le pays n'avait pas besoin d'autres maîtres pour le gouverner; mais ne dites pas que le prince et ses amis ont, dans leur folle ambition, voulu livrer la France au désordre de l'anarchie.

» Non, non; si le colonel Voisin, si le colonel Laborde, si le commandant Parquin, si le commandant Mésonan, suivis d'une troupe nombreuse et bien armée, ont fléchi devant le capitaine Col-Puygellier, seul et en présence de ses soldats, dont la fidélité était ébranlée, c'est qu'ils ne voulaient pas triompher par la violence.

» Et maintenant que le reproche d'attentat qui devait réussir par l'anarchie est écarté, que reste-t-il au service de l'accusation?

» Une descente sur la place de Wimereux et une promenade dans la ville de Boulogne.

» Singulière contradiction de M. le procureur-général ! lorsqu'il s'adresse à vous, nos juges, à vous qui devez prononcer sur notre sort, il enfle le complot jusqu'à l'énormité, représente l'armée travaillée par des agents nombreux, les chefs tentés par de grandes récompenses, la presse achetée ; et lorsqu'il livre l'expédition de Boulogne à la risée de la multitude, il en rapetisse les moyens aux plus mesquines proportions !

» Il faut choisir pourtant, et nous ne pouvons vous laisser le bénéfice de ces deux versions contradictoires.

» Où est la vérité, messieurs ? je l'ignore, car je ne suis point initié aux secrets du prince. Lui seul peut connaître quelles étaient ses ressources ; lui seul pourrait nous dire si sa tentative reposait sur des engagements pris envers lui par des hommes puissants, ou si elle ne reposait que sur de simples espérances.

» Mais, ce que je sais, c'est que les accusés, c'est que mes clients surtout, Ornano, Galvani, Bure, d'Almbert et Orsi, ont été étrangers aux projets du prince. Ils n'ont point eu à contrôler ces projets, car le prince ne les leur a point soumis. Ce sont des soldats à qui le prince a dit à l'instant du péril : « Mes amis, voulez-vous me suivre ? » et qui l'ont suivi.

» Voilà en deux mots tout leur crime et toute leur histoire. Est-ce qu'alors il s'agit pour eux de voir dans le débarquement sur le sol français un attentat contre la sûreté de l'état, une violation des constitutions du pays ? Ils n'ont vu qu'une chose, le prince se précipitant dans un péril, et leur honneur intéressé à l'y suivre.

» Pour ceux qui n'ont pas éprouvé l'influence du prestige qui entoure le prince Louis-Napoléon, un tel dévouement peut paraître exagéré. Pour moi, au contraire, j'en comprends la générosité, et j'ai le cœur assez haut placé pour ne pas me sentir le courage de la blâmer dans les autres.

» Je le répète, messieurs, les accusés que je défends n'ont pas délibéré sur l'expédition à laquelle ils ont concouru, et leur participation n'a pas été le résultat d'un concert politique dès longtemps mûri et arrêté dans le silence.

» C'est là la vérité, je l'invoque, je la saisis, et place mes clients sous son patronage.

» On a dit : Les accusés étaient au moins des conspirateurs en disponibilité, enrôlés à l'avance pour un complot dont ils ne connaissaient peut-être ni l'heure ni le lieu d'exécution, mais se tenant prêts pour toute entreprise et à tout événement.

» Mais où est donc la preuve, où est donc la vraisemblance d'une pareille allégation?

» Quoi! Ornano et Galvani, qui, quinze jours

avant l'expédition de Boulogne, n'avaient jamais vu le prince, Orsi, livré à Londres à ses spéculations commerciales, d'Amlbert et Bure, qui remplissaient dans la maison du prince un emploi ostensible, réel, étaient des prétoriens dévoués d'avance à se lancer aveuglément au premier signal dans toute expédition aventureuse.

» Votre haute raison, messieurs, a déjà rejeté, j'en suis sûr, ces accusations; et je constate ici, bien plus que je ne le provoque, le travail de vos esprits.

» Laissons-donc de côté toutes ces superfétations de la cause, et revenons aux faits de l'attentat. Ceux-là ne sont que trop avérés, et ce sont ceux-là seuls que vous avez à apprécier.

» Et même je me trompe : les faits de l'attentat dépouillés de toute circonstance extérieure, la coopération pure et simple à l'exécution de Boulogne vous échappent.

» Dès que vous avez mis en liberté tous ceux des prévenus qui, en même temps qu'ils avouaient leur participation matérielle à l'entreprise, ont prouvé n'en avoir pas d'avance connu le projet, vous avez nécessairement préjugé que cette participation matérielle ne suffisait pour constituer la criminalité, ou plutôt vous avez préjugé que vous ne vouliez atteindre que les instigateurs ou les chefs.

» Si donc j'établis que mes clients n'ont connu

les projets du prince Louis-Napoléon que sur le paquebot ; si j'établis en outre que leur position vis-à-vis du prince, l'ardeur de leur courage, leurs antécédents leur faisaient un devoir de ne pas l'abandonner sur la plage de Wimereux, je vous aurai forcément conduits à les renvoyer absous.

» Vous ne pouvez avoir deux poids et deux mesures ; et votre justice, si elle cessait d'être égale pour tous, deviendrait une iniquité.

» Arrivé à ce point de ma plaidoirie, si je n'avais à répondre qu'à ce qu'a dit M. le procureur-général contre mes clients, leur justification serait bien courte, car il s'est borné à les nommer, sans relever contre eux aucune charge particulière. M. le procureur-général n'a été si sobre de détails que parceque l'accusation s'était à l'avance formulée dans les pièces que vous avez sous les yeux, tandis que la défense peut se faire entendre pour la première fois. »

Ici le défenseur, examinant la position particulière d'Ornano, établit que cet accusé était démissionnaire de son grade d'officier de l'armée française et non pas déserteur, comme le dit l'accusation ; qu'en effet quelques mois avant l'événement de Boulogne il était en congé ; que ce congé étant expiré, il ne rejoignit pas son corps ; mais qu'en temps de paix, ne pas rejoindre son corps cela veut dire simplement donner sa démission et non pas déserter.

« Après avoir quitté son corps, continue le défenseur, Ornano vint à Paris, non pas pour embaucher des soldats, comme le prétend l'accusation ; car il ne resta que peu de jours dans la capitale, et se hâta de louer une maison de campagne à Meudon.

» Quelque temps après, Ornano fit un voyage à Londres ; il y vit le prince : celui-ci lui proposa de s'embarquer pour faire une partie de campagne. Ornano accepta, s'embarqua, descendit à Boulogne et suivit le prince par dévouement ; mais dans tous ces faits pas le moindre indice qu'il connût à l'avance les projets du prince Louis. Si Ornano, en effet, fût parti de Londres connaissant les projets de la tentative, il eût certainement pris des armes : eh bien ! il a été constaté qu'abord de *la Cité d'Edimbourg* Ornano n'avait qu'un habit de bal et une épée de ville.

» Mon client, avez-vous dit, a déclaré dans l'instruction qu'il avait *voulu suivre le prince partout.* Sans doute il a fait cette déclaration. Vouliez-vous qu'il reniât le prince au moment où celui-ci était vaincu et pris ; qu'il abandonnât le prince, son parent, lui, Ornano, un jeune officier ? Ah ! combien vous le mépriseriez s'il eût fait cette lâche action. (Sensation.)

» Que dirai-je de Galvani ? Galvani, messieurs, est né en Corse. Pour lui, dès son jeune âge, la famille impériale est quelque chose de plus qu'un dieu ; c'est une idole.

» Maintenant quelle part a-t-il prise à l'expédition ?

» Vous le savez, Galvani a été en Angleterre quinze jours pour son plaisir ; pendant quinze jours il vit le prince, fut entraîné sur le paquebot, et, par une conséquence de son culte pour tout ce qui porte le nom de Napoléon, il suivit le prince dans son expédition de Boulogne. Mais il connaissait si peu les projets du prince avant de s'embarquer que, lorsque le juge d'instruction lui demanda, le lendemain du jour de cette expédition, s'il connaissait les intentions du prince, il répondit qu'il ne les avait apprises que sur le bateau, et qu'il en fut frappé de stupeur. Voyez si dans une pareille réponse vous pouvez trouver l'indice que Galvani connût les projets du prince ?

» Mais pourquoi, dit-on à Galvani, lorsque vous avez connu les projets du prince, avez-vous débarqué ? Pourquoi, messieurs ? c'est que pour lui les traditions de sacrifice pour la famille impériale sont puissantes : Galvani a été mêlé à un fait historique que vous connaissez tous et que je vais vous rappeler.

» Vous connaissez quels événements funestes ont précipité du trône le roi Murat, et comment, chassé de l'Italie, il se réfugia en France. Vous savez qu'à cette époque de désastreuse mémoire, des bandes d'assassins étaient organisées partout, et que la première victime de ces assassins fut le maréchal Brune; vous savez que Murat, menacé dans sa vie, était sur le point d'être atteint, alors que quatre hommes, au péril de leur vie, conduisirent le roi de Naples en Corse, je ne dirai pas dans un bateau, mais dans un baquet. Galvani était un de ces quatre hommes.

» J'arrive à mon client d'Almbert; celui-là était secrétaire de Louis-Napoléon. L'accusation prétend qu'il devait connaitre à l'avance les projets de ce prince, et que c'était pour concourir à leur exécution qu'il s'était embarqué sur la *Cité d'Édimbourg*. Messieurs, un seul fait prouvera l'ignorance où était d'Almbert des projets du prince; ce fait c'est que d'Almbert, tout secrétaire du prince qu'il était, n'a écrit ni les proclamations, ni les lettres préparées pour différents chefs militaires, proclamations qui ont été saisies à bord du paquebot. Si d'Almbert a suivi le prince dans son expédition, l'unique cause c'est son dévouement pour sa personne.

» Quant à Bure, messieurs, c'est le frère de lait du prince. Le prince l'avait pris, commis d'un magasin à Paris, pour en faire l'intendant d'une de ses maisons de campagne auprès de Londres. Il reçut un jour l'ordre du prince d'embarquer des chevaux, des voitures et de s'embarquer lui-même. Bure exécuta ces ordres sans en avoir le but. S'il a suivi le prince dans sa tentative, les liens qui l'unissent au prince justifient bien son dévouement.

» J'arrive maintenant à Orsi, qui se recommande à vous par la générosité du mobile qui a déterminé sa participation à l'attaque de Boulogne, et par ses malheurs.

» Orsi, messieurs, est un proscrit italien qui a sacrifié à la liberté de son pays une brillante existence et une grande fortune. Obligé de fuir sa patrie, il est venu se réfugier à Londres, où il fut chargé par le prince, dont il avait été banquier à Florence, de quelques affaires d'intérêt.

» Ses rapports avec lui ne furent ni bien intimes ni bien fréquents.

» Vous connaissez, messieurs, les événements d'Italie en 1831; vous savez comment les insurgés italiens ont été abandonnés à la merci des armées autrichiennes; vous savez comment les deux fils du roi Louis, pressés de se mettre à la tête des patriotes dispersés, prêtèrent à leur cause leur nom et leur courage, eux qui n'avaient rien promis, qui n'avaient rien à tenir; vous savez enfin comme l'aîné des deux frères laissa la vie dans une rencontre avec les troupes ennemies.

» Or, croyez-vous donc que de pareils sacrifices s'oublient, et vous sentirez-vous maintenant le courage de punir dans Orsi son dévouement pour le prince?

« Orsi doit au prince Louis-Napoléon le prix du sang de son frère tué pour la cause italienne, et il ne payait pas trop cher cette dette en l'accompagnant sur les côtes de Boulogne.

» En résumé, messieurs les pairs, les deux points culminants de la cause se réduisent à savoir si les accusés ont connu les projets du prince avant l'embarquement, et quelle part ils ont prise aux faits mêmes de l'expédition. Je crois avoir prouvé leur ignorance complète des projets du prince, et avoir justifié à vos yeux leur noble dévouement à un membre de la famille impériale.

» Messieurs, nous vivons dans un siècle de tempêtes où les plus haut placés sont les plus exposés aux coups de la foudre : tel qui triomphe aujourd'hui sera peut-être demain abattu dans la poussière ; et c'est surtout aux rois de ce temps-ci qu'on peut appliquer ces sublimes paroles : « Je n'ai fait que passer, ils n'étaient déjà plus. »

» La justice seule, parcequ'elle tient aux racines mêmes de la société, est restée inébranlable et sacrée. Soyez, messieurs, inébranlables comme elle ; soyez justes, mais songez qu'ici, dans ce procès, vous ne pouvez, pour être justes, être assez indulgents. »

M⁰ DUCLUZEAU, défenseur de Forestier, s'exprime ainsi :

« Forestier, si l'on en croit l'accusation, est l'agent le plus actif du prince Louis. Il sait avant tous les autres les desseins du prince ; c'est lui qui embauche les hommes dans le parti du prince ; c'est lui qui distribue des brochures napoléoniennes dans toutes les casernes ; c'est lui qui envoie les habillements qui devront servir à déguiser les conjurés ; c'est lui enfin qui participe à tous les actes qui ont précédé ou accompagné la tentative de Boulogne.

» Eh bien ! messieurs, quelle n'a pas été votre surprise lorsque, cherchant sur ces bancs ce redoutable conspirateur dont vous parlait l'accusation, vous avez aperçu le jeune, le si jeune Forestier !

» Des antécédents politiques, Forestier n'en a pas, et jamais dans sa vie il n'eut un instant la prétention de se produire sur le terrible théâtre des révolutions politiques.

» Forestier est issu d'une famille honorable. Il est resté longtemps sous le toit paternel, où il a toujours reçu les meilleurs principes de vertu.

» Voilà quel est Forestier. C'est le hasard, le hasard seul qui l'a conduit sur ces bancs.

» Forestier était étranger à toute cause politique, lorsqu'une dame vint le trouver et lui demander un service ; ce service c'était de faciliter le passage de Persigny à Londres. Forestier rendit en effet ce service en procurant un passeport à Persigny, et il fut inquiété pour ce fait. Dans la suite une correspondance s'établit entre les deux jeunes gens, et enfin, lorsque Forestier alla à Londres, dans un motif dont je vous entretiendrai tout à l'heure, il fut présenté au prince.

» Messieurs, pour que l'on soit fondé à reprocher à Forestier d'avoir embauché dans les casernes des militaires pour le parti du prince, il faudrait prouver qu'il connaissait les projets du prince. Sur ce point, messieurs, vos convictions ne sont-elles pas arrêtées? N'avez-vous pas entendu les hommes les plus dévoués à la cause impériale vous avouer qu'il ne savait rien de l'entreprise?

» Comment alors supposer que Forestier, qu'un jeune homme fût au courant des desseins du prince, lorsque des hommes vieillis au service de la cause impériale les ignoraient entièrement. Or, s'il est prouvé que Forestier ignorait les projets du prince, à plus forte raison il ne pouvait embaucher des hommes pour l'exécution de ces mêmes projets. Voilà la première pierre de l'édifice de l'accusation qui croule d'elle-même.

» Le second reproche que l'accusation adresse à mon client, c'est l'envoi en Angleterre de quelques domestiques.

» Examinons ce fait. Persigny écrit à Forestier de lui envoyer deux domestiques à Londres. Pour choisir ces domestiques Forestier se cache-t-il? Du tout. On lui avait demandé de préférence d'anciens militaires. Eh bien! il s'adresse directement au major d'un régiment, et lui demande de lui indiquer deux hommes d'une bonne conduite, dont le temps de service soit près d'expirer. Je vous le demande, messieurs, est-ce là la conduite d'un embaucheur?

» On adresse un troisième reproche à mon client; on lui fait un crime d'avoir distribué une brochure napoléonienne. Cette brochure, c'était les *Lettres de Londres*. Cette brochure avait paru dans des journaux; sa distribution comme sa lecture avait donc été jugée innocente : Forestier donc se chargea d'en distribuer un certain nombre, non pas dans des casernes, mais à des personnes qui lui étaient désignées; parmi ces personnes, il se trouvait des officiers; mais on ne distribuait pas spécialement à des officiers.

» Vous voyez, messieurs, comment cette terrible accusation, élevée laborieusement contre Forestier, comment tout cet échafaudage tombe en présence de la simplicité des faits, et ces faits ne peuvent constituer aucune culpabilité. »

Ici le défenseur rend compte de l'emploi du temps de Forestier pendant les trois mois qui ont précédé la tentative de Boulogne; il en résulte que Forestier, pendant tout ce temps, ne fut occupé que du soin de sa santé.

« On a prétendu que Forestier n'avait été à Londres que pour conspirer avec le prince. Messieurs, il a été établi au procès que Forestier avait été à

Londres pour y acheter des ardoises en porcelaine dont on fait usage pour le dessin, c'est un produit nouveau qu'il voulait importer en France. Vous avez entendu à ce sujet la déposition d'un témoin auquel avait été commandé 100,000 cadres. »

Le défenseur termine par l'examen des faits de Boulogne et de la participation que son client y aurait prise; il représente Forestier comme entraîné par les circonstances et presque à son insu; il fait observer que, d'après l'instruction elle-même, Forestier dans les événements de Boulogne était moins acteur que spectateur.

M. LE PRÉSIDENT : La parole est à M. le procureur-général.

M. LE PROCUREUR-GÉNÉRAL : « Nous le savons, messieurs les pairs, il est dans les nécessités d'un certain parti politique de s'attaquer avec autant d'obstination que d'impuissance au principe de cette révolution, et toutes les habiletés oratoires du langage que vous avez entendu se sont appliquées à faire comprendre, sans l'exprimer, cette pensée que notre gouvernement, issu d'une insurrection, n'a pas en lui cette autorité légitime qui imprime à ses ennemis le caractère de rebelles. Nous avons trop le sentiment de nos devoirs, messieurs, pour accepter une discussion sur ce terrain; la révolution de juillet n'aura jamais besoin d'être défendue, et le gouvernement qu'elle a fondé ne se laissera jamais mettre en cause par qui que ce soit. Mais nous sommes heureux et fiers, messieurs, quand l'occasion s'en offre à nous, de rappeler ces grandes circonstances, et d'en montrer à tous le caractère.

» Ceux qui ont parlé d'une comédie de quinze années ont calomnié le pays ; la France a pris au sérieux le gouvernement de la restauration ; elle n'aimait pas son origine ; elle redoutait ses tendances, mais elle avait accepté la charte de 1814 avec son véritable caractère, celui d'un contrat formé entre le passé et l'avenir. On avait bien pu écrire dans cette charte le principe d'un droit que le pays ne reconnaissait pas, et rayer d'un trait de plume le consulat et l'empire, Bonaparte et Napoléon. On avait pu se donner la satisfaction de dire qu'on l'octroyait de sa pleine puissance et par un acte de bon plaisir; elle n'en restait pas moins aux yeux de la France, et dans la vérité, comme le pacte qui unissait la nation à la dynastie régnante, comme l'inévitable condition de l'avénement de cette dynastie.

» C'est là, messieurs, qu'était la force du gouvernement de la restauration ; ses fautes et ses malheurs sont venus de ce qu'elle n'a pas compris cette vérité : elle a cru à la toute-puissance de ce qu'elle appelait son principe, et quand, dans son égarement, elle a voulu demander à ce principe le droit de déchirer de ses mains ce contrat qui seul la soutenait, et d'en

lever au pays sa constitution, deux jours ont suffi
à sa chute ! Tant il est vrai que le principe de
souveraineté inhérent à la personne royale, et les
anciennes lois fondamentales qui avaient pu faire
autrefois la stabilité de la monarchie, n'étaient
plus ni le titre ni la garantie constitutionnelle ;
tant il est vrai que ce n'était pas en vertu de ses
droits anciens et d'une légitimité préexistante,
mais bien plutôt malgré son obstination à les invoquer, que cette dynastie a gouverné quinze
ans le pays.

» Eh bien ! cette force que la restauration a
repoussée, le gouvernement de juillet la possède
et saura la conserver. Mais il a de plus une origine nationale et pure, et des tendances libérales
et généreuses. Il n'a pas eu le malheur d'arriver
après une invasion étrangère, mais après le
triomphe des lois sur la révolte du pouvoir ; il est
le produit de la volonté nationale librement ex-
primée par les mandataires légaux du pays, en
présence du pays lui-même tout entier. Voilà ce
qui a fait la grandeur et la force de ce gouvernement ; c'est précisément parceque son origine repose sur la victoire de l'ordre et des lois, parcequ'il est ainsi la négation la plus formelle du
principe de l'insurrection, qu'il possède à un plus
haut degré qu'aucun autre cette puissance et cette
autorité légitimes qui donnent le droit et la force
de réprimer et de punir la rébellion par la justice.

» Nous le savons, messieurs, jamais le pouvoir judiciaire n'a encore réalisé plus explicitement qu'il est appelé à le faire dans ce procès le grand et nouveau principe de l'égalité de tous devant la loi ; et dans cette circonstance, d'ailleurs si pénible, nous sommes fier par là de nous associer à son œuvre.

» Cependant, messieurs, le défenseur vous a contesté le droit de juger, et c'est en réalité une incompétence politique qu'il a soutenue devant vous.

» Vous ne pouvez juger, parceque Louis Bonaparte n'a pas seulement commis un attentat, mais parcequ'il est venu contester la souveraineté à la maison d'Orléans

» Vous ne pouvez juger, parceque Louis Bonaparte est placé par une loi du pays en dehors du droit commun.

» Vous ne pouvez juger enfin, parceque l'impartialité est la première condition de la justice, et que dans une telle cause vous ne pouvez pas, vous ne devez pas être impartiaux.

» Reprenons, messieurs, en peu de mots, et discutons rapidement chacune de ces propositions.

» Louis Bonaparte est venu contester la souveraineté à la maison d'Orléans.

» Messieurs, l'accusé et son défenseur ont reculé devant la pensée d'une revendication de la

légitimité impériale. Quelles que fussent les prétentions personnelles, les ambitions cachées,
on a compris qu'après vingt-cinq années écoulées,
après trois règnes, après une grande révolution
qui depuis dix ans a fondé un trône national, on
ne pouvait sérieusement invoquer un droit d'hérédité absolu qui donnât l'empire par lui-même,
qui fît par lui-même à la nation un devoir d'o-
béissance ; on a bien voulu se borner à chercher
dans ses anciens suffrages le droit de la consulter
de nouveau. C'est comme un litige dont l'objet est
le trône de France, et où le compétiteur, ses
titres à la main, vient demander jugement.

« Messieurs les pairs, poursuit M. Franck-
Carré, tous les faits sur lesquels repose l'accusation ont été acceptés par la défense, et la tâche
du ministère public serait accomplie, si le premier orateur que vous avez entendu s'était,
comme il l'avait annoncé lui-même, renfermé
dans son rôle judiciaire ; mais ses préoccupations
politiques l'ont enlevé à ce rôle malgré lui, et ses
paroles nous ont fait sortir pour un instant de
cette enceinte. Ce n'est pas seulement l'avocat,
c'est aussi l'homme politique qui est devenu notre contradicteur. Dédaignant les faits de la cause,
il n'a cherché ni à enlever au crime que vous êtes
appelés à juger le caractère de l'attentat, ni à le
dépouiller des circonstances qui l'ont accompa-
pagné.

» On ne trouvait pas sans doute ce procès assez élevé ; on s'est efforcé de l'agrandir, et,
comme s'il y avait nous ne savons quel intérêt
à venir derrière l'intérêt actuel engagé dans ce
combat, on a réclamé devant vous, au nom d'un
principe dont on exagérait à dessein les conséquences, le privilége d'une inviolabilité judiciaire
en faveur de ces prétentions ambitieuses qui se
traduisent en attentats.

» Pour nous, messieurs les pairs, nous n'ac-
ceptons pas la position qu'on nous veut faire. Mais
nous suivrons la défense sur le terrain qu'elle a
choisi ; nous sommes prêts à entrer avec elle dans
l'examen des questions qu'elle a soulevées, et
nous démontrerons sans peine que la raison, la
justice et la loi sont d'accord pour justifier cette
accusation.

» Assurément, messieurs, notre adversaire a
fait preuve de peu de bienveillance pour le gouvernement de juillet ; il ne lui a pas cependant refusé
le droit de se défendre, et ne l'a pas condamné à
subir, sans les repousser, toutes les attaques de
ses ennemis.

» Ne voulût-on voir en effet dans l'ensemble de
nos institutions qu'un gouvernement de fait, ceux
même qui croiraient avoir conservé le droit de
l'attaque, lui reconnaîtraient encore le droit naturel de défense qui, dans ce monde, appartient à
tout ce qui a vie, à tout être collectif ou individuel.

» Le droit de défense d'un gouvernement, songez-y, c'est la raison politique ou la loi ; c'est l'arbitraire ou la justice.

» Si vous ne voulez pas de la justice, si vous récusez la plus haute juridiction du pays, c'est donc l'arbitraire que vous réclamez. Vous voulez être traité sans doute par ce gouvernement libéral comme vous l'eussiez été il y a trente ans, il y a vingt ans peut-être.

» Eh bien ! le gouvernement de juillet ne fait pas d'injonction aux citoyens de courir sus à ses ennemis ; il ne les a pas condamnés d'avance sur une reconnaissance d'identité ; il appelle la justice à décider ; il les juge, il ne les proscrit point : cela est nouveau, nous en convenons, dans l'histoire des gouvernements, et c'est pour cela que nous sommes fondés à dire que ce gouvernement est le plus libéral qui fût jamais. »

Après avoir discuté ce point que ce sont les accusés qui ont voulu le procès, et que la pairie réunit toutes les conditions pour être juge et juge impartial, M. l'avocat-général s'efforce de tracer l'historique des hauts faits de l'empereur, puis il termine ainsi :

« Mais reconnaître la légitimité du pouvoir qu'il exerça était-ce justifier les prétentions de ses héritiers ? Croyez-vous, messieurs, que la France de 1830 niât la légitimité de l'empire ? Elle a montré pourtant ce qu'elle pensait des droits de sa dynastie. C'est que les temps avaient marché ; c'est que les événements avaient prononcé. Ce n'était pas aux cris de vive l'Empereur ! c'était aux cris de vive la Charte ! que le peuple avait combattu dans les rues de Paris, et le génie de la liberté s'élevait même au dessus du génie de la victoire. Le grand empereur avait survécu à son règne, à ses conquêtes, aux constitutions de son empire, et il n'apparaissait plus que comme une individualité puissante qui s'était élevée à son tour pour une mission désormais accomplie.

» Chose remarquable, messieurs, il avait fait triompher au dehors l'esprit nouveau, en montrant au monde le soldat couronné, entouré d'un cortége de rois ; mais au dedans il l'avait comprimé en rendant de jour en jour son pouvoir plus absolu. Le peuple ne s'est rappelé que ses victoires : l'empire n'est plus aujourd'hui pour lui un mode de gouvernement, une constitution politique, une forme d'organisation sociale ; c'est le nom d'une époque devenue presque poétique, où brille la gloire des armes sous les auspices d'un héros.

» Eh quoi ! parceque le gouvernement de juillet s'associe à toutes les sympathies publiques, et, dépositaire de l'honneur du passé comme du destin de l'avenir, admire ce que la France admire, et se plaît à lui rappeler le souvenir de sa grandeur, vous avez pu penser que ces hommages vous appelaient, et que cette popularité du grand homme vous frayait un chemin vers l'empire? Quoi! parcequ'un prince français traverse les mers pour ramener, au nom de la patrie, sur les rives de la Seine, les cendres glorieuses que le rocher de Sainte-Hélène avait gardées, vous avez pu penser que vous aviez seul le droit de les recevoir au sein de la France par vous régénérée! Non, non! les gouvernements qui préparent leur ruine et qui ouvrent les voies à leurs ennemis, ce sont ceux qui luttent avec effort contre les généreuses tendances de l'esprit public, et qui s'usent à les comprimer : ce ne sont pas ceux qui unissent aux suffrages des citoyens les mêmes admirations, les mêmes volontés, les mêmes sentiments d'indépendance et de nationalité. Tout condamnait donc vos prétentions surannées et vos criminelles entreprises ; tout vous présageait le dénouement où est venue s'ensevelir une présomptueuse ambition. Vous êtes venu en France pour un crime ; vous vous y trouvez devant la justice! Elle vous infligera comme à tous les coupables le châtiment légal que vous avez encouru. »

LE PRINCE, d'une voix émue :

« Messieurs, M. le procureur-général vient de
» prononcer un discours très éloquent, mais complètement inutile.

» En priant M° Berryer d'expliquer devant vous
» mes intentions et mes droits, j'ai voulu remplir

» un devoir que m'imposaient ma naissance , ma
» famille et mon pays : M° Berryer a admirable-
» ment bien rempli cette tâche.

» Maintenant qu'il ne s'agit que de mon sort
» personnel, je ne veux pas me mettre à l'abri
» d'une exception ; je veux partager le sort des
» hommes qui ne m'ont pas abandonné au jour
» du danger.

» Je prie M° Berryer de ne pas continuer ma
» défense. »

Ces paroles, prononcées avec dignité, ont fait
une grande impression.

M° BERRYER : « Les nobles sentiments que le
prince Napoléon vient d'exprimer rendent plus
précieux pour moi l'honneur qu'il m'a fait en me
choisissant pour son avocat, et je suis heureux
d'avoir apporté tout le zèle, toute la franchise et
toute l'énergie dont je suis capable pour sa défense. Je lui obéirai. (Sensation.) Qu'aurais-je à
faire pour répondre au réquisitoire que vous venez
d'entendre ? on a discuté une autre cause que
celle qui vous est soumise. On a discuté, combattu les opinions politiques du défenseur. Ré-
pondrai-je à ma propre accusation ? Non , messieurs ; pour un tel débat une autre tribune m'est
ouverte. » (Vive sensation.)

Les membres de la Cour se lèvent ; le président ne peut réussir à leur faire reprendre leurs
places ; la séance se trouve suspendue de fit, et

une vive agitation se fait sentir dans l'assemblée.

La Cour ren re au bout d'un quart d'heure.

LE PRÉSIDENT : L'audience est reprise.

La parole est à M. le procureur-général.

M. FRANCK-CARRÉ se lève et donne lecture des conclusions suivantes : Le procureur-général du roi près la Cour des Pairs requiert qu'il plaise à la Cour :

Attendu qu'il résulte de l'instruction et des débats que Louis Napoléon,

Charles-Tristan de Montholon,

Voisin,

Louis Le Duff de Mésonan,

Charles Parquin,

Hippolyte Bouffet de Montauban,

Jules Lombard,

Jean-Gilbert Fialin de Persigny,

Jean-Baptiste Forestier,

Eugène Bataille,

Jean-Baptiste Aladenize,

Etienne Laborde,

Prosper-Alexandre dit Desjardins,

Henri Conneau,

Napoléon Ornano,

Matthieu Galvani,

Alfred d'Almbert,

Joseph Orsi,

Se sont rendus coupables le 6 août dernier, d'un attentat ayant pour but de changer la forme du gouvernement, de provoquer à la guerre civile en excitant les citoyens à s'armer les uns contre les autres; crimes prévus par les articles 87, 88 et 89 du Code pénal;

Faire application aux sus-nommés des peines portées par la loi.

S'en rapportant à la sagesse de la Cour pour faire droit au réquisitoire, et tempérer la rigueur des peines s'il y a lieu.

M. LE PRÉSIDENT : Prince Louis-Napoléon, avez-vous quelque chose à ajouter à votre défense ?

LE PRINCE LOUIS : Non, monsieur.

Le président fait successivement cette question à tous les accusés. Tous font la même réponse : Non, M. le président.

M. LE PRÉSIDENT : La défense étant complète, je déclare les débats terminés, et la Cour va se retirer dans la salle de ses délibérations pour y être délibéré, et l'arrêt ultérieurement prononcé en audience publique.

L'audience est levée.

La foule, avide de voir le prince, ne se résout à quitter la salle que lorsque le prince Louis-Napoléon a disparu.

————

Audience du 6 octobre.

A midi la foule est déjà nombreuse aux portes du palais du Luxembourg.

La Cour principale était remplie de personnes munies de cartes qui devaient les faire admettre dans les tribunes privilégiées.

Chacun attendait avec anxiété cet arrêt, fruit de cinq jours de vives discussions, cet arrêt qui devait fixer le sort du neveu de l'empereur Napoléon et de ses dévoués compagnons.

A deux heures les portes qui conduisent à la salle d'audience sont ouvertes.

A deux heures un quart un huissier annonce la Cour.

M. LE PRÉSIDENT : Monsieur le secrétaire de la Cour va faire l'appel nominal.

M. Gauchy, secrétaire, procède à l'appel nominal des membres qui composent la Cour.

Cette formalité remplie, M. le président, au milieu du plus profond silence, prononce l'arrêt de la Cour.

Cet arrêt est ainsi conçu :

ARRÊT.

« La Cour des Pairs, vu l'arrêt du 16 septembre dernier, ensemble l'acte d'accusation dressé en consequence contre :

» Le prince Charles-Louis-Napoléon Bonaparte,

  » Charles Tristan de Montholon,

  » Voisin,

  » Louis Le Duff de Mésonan,

  » Charles Parquin,

  » Hippolyte Bouffet de Montauban,

  » Jules Lombard,

  » Jean-Gilbert Fialin de Persigny,

  » Jean-Baptiste Forestier,

  » Eugène Bataille,

  » Jean-Baptiste Aladenize,

  » Etienne Laborde,

  » Prosper Alexandre, dit Desjardins,

  » Henri Conneau,

  » Napoléon Ornano,

  » Mathieu Galvani,

  » Alfred d'Almbert,

  » Joseph Orsi,

  » Jean-Baptiste Bure.

» Ouï les témoins en leurs dépositions et con-
frontations avec les accusés ;

» Ouï le procureur général du roi dans ses dires
et réquisitions, lesquelles réquisitions par lui dé-
posées sur le bureau de la Cour sont ainsi conçues :

» Le procureur-général près la Cour des pairs
requiert qu'il plaise à la Cour donner acte de ce
qu'il s'en rapporte à la sagesse de la Cour en ce
qui touche :

» Prosper-Alexandre, dit Desjardins,

» Et attendu qu'il résulte de l'instruction et des débats que

» CHARLES-LOUIS-NAPOLÉON BONAPARTE,

Charles-Tristan de Montholon,

» J.-B. Voisin,

» Louis Le Duff de Mésonan,

» Jules Lombard,

» Jean-Gilbert Fialin de Persigny,

» Jean-Baptiste Forestier,

» Eugène Bataille,

» Jean-Baptiste Aladenize,

» Etienne Laborde,

» Henri Conneau,

» Napoléon Ornano.

» Matthieu Galvani,

» Alfred d'Almbert,

» Joseph Orsi,

» Jean-Baptiste Bure,

» Se sont rendus coupables, le 6 août dernier, d'un attentat ayant pour but de détruire ou de changer la forme du gouvernement, d'exciter les citoyens à s'armer contre l'autorité royale, et d'exciter les citoyens à s'armer les uns contre les autres, crimes prévus par les articles 87, 88, 89 et 91 du Code pénal;

» Faire application aux susnommés des peines portées par la loi.

» S'en rapportant à la sagesse de la Cour pour

faire droit au réquisitoire et pour la rigueur des peines, si elle le juge convenable.

» Fait au parquet de la Cour des pairs, le 2 octobre 1840.

> » Le procureur général.
>
> » *Signé* FRANCK-CARRÉ. »

« Après avoir entendu :

» Le prince CHARLES-LOUIS-NAPOLÉON BONAPARTE, et M° Berryer, son défenseur;

» Charles-Tristan de Montholon, et M° Ferdinand Barrot, son défenseur;

» Jean-Baptiste Voisin, et M° Ferdinand Barrot, son défenseur :

» Louis Le Duff de Mésonan, et M° Delacour, son défenseur;

» Charles Parquin, et M° Ferdinand Barrot, son défenseur;

» Le vicomte Bouffet de Montauban, et M° Barillon, son défenseur;

» Jules Lombard, et M° Barillon, son défenseur;

» J. Gilbert Fialin de Persigny, et M° Barillon, son défenseur;

» Jean-Baptiste Forestier, et M° Ducluzeau, son défenseur;

» Eugène Bataille, et Ferdinand Barrot, son défenseur;

» Jean-Baptiste Aladenize, et M° Favre, son défenseur;

» Etienne Laborde, et M⁰ Nogent de Saint-Laurent, son défenseur;

» Prosper-Alexandre dit Desjardins, et M⁰ Ferdinand Barrot, son défenseur;

» Henri Conneau, et M⁰ Barillon, son défenseur;

» Napoléon Ornano, et M⁰ Lignier, son défenseur;

» Matthieu Galvani, et M⁰ Lignier, son défenseur;

» Alfred d'Almbert, et M⁰ Lignier, son défenseur;

» Jean-Baptiste Bure, et M⁰ Lignier, son défenseur, dans leurs moyens de défense; et les accusés interpellés, conformément au paragraphe 3 de l'art. 385 du Code d'instruction criminelle;

» Après en avoir délibéré dans les séances des 3, 4, 5 et 6 octobre courant;

» En ce qui concerne :

» Prosper-Alexandre, dit Desjardins,

» Matthieu Galvani,

» Alfred d'Almbert,

» Jean-Baptiste Bure,

» Attendu qu'il n'y a pas preuve suffisante qu'ils se soient rendus coupables de l'attentat ci-après qualifié,

» Déclare.

» Prosper-Alexandre, dit Desjardins,

» Matthieu Galvani,

» Alfred d'Almbert,

» J.-B. Bure,

» Acquittés de l'accusation portée contre eux ;

» Ordonne qu'ils seront mis en liberté s'ils ne sont retenus pour une autre cause.

» En ce qui touche :

» LE PRINCE CHARLES-LOUIS-NAPOLÉON BONAPARTE,

» Charles-Tristan de Montholon,

» Jean-Baptiste Aladenize,

» Jean-Baptiste Voisin,

» Louis Le Duff de Mésonan,

» Charles Parquin,

» Jules Lombard,

» J. Gilbert Fialin de Persigny,

» Jean-Baptiste Forestier,

» Napoléon Ornano,

» Hippolyte Bouffet de Montauban,

» Eugène Bataille,

» Joseph Orsi,

» Henri Conneau,

» Etienne Laborde ;

» Attendu qu'il résulte de l'instruction et des débats qu'ils se sont rendus coupables le 6 août dernier d'un attentat ayant pour but de détruire ou de changer le gouvernement, d'exciter les citoyens à s'armer contre l'autorité royale, et d'exciter les citoyens à s'armer les uns contre les autres, crimes prévus par les articles 87, 88 et 91 du Code pénal, ainsi conçus :

» Art. 87. L'attentat ou le complot contre la vie ou la personne des membres de la famille royale;

» L'attentat ou le complot dont le but sera, soit de détruire ou de changer le gouvernement ou l'ordre de successibilité au trône, soit d'exciter les citoyens ou habitants à s'armer contre l'autorité royale, seront punis de la peine de mort, et de la confiscation des biens.

» Art. 88. Il y a attentat dès qu'un acte est commis ou commencé pour parvenir à l'exécution de ces crimes, quoiqu'ils n'aient pas été consommés.

» Art. 91. L'attentat ou le complot dont le but sera, soit d'exciter la guerre civile en armant ou en portant les citoyens ou habitants à s'armer les uns contre les autres, soit de porter la dévastation, le massacre et le pillage dans une ou plusieurs communes, sera puni de la peine de mort, et les biens des coupables seront confisqués.

» Attendu que les peines doivent être proportionnées à la part que chacun des coupables a prise à l'attentat qu'ils ont commis;

» Condamne :

» Le PRINCE CHARLES-LOUIS-NAPOLÉON BONAPARTE à l'emprisonnement perpétuel dans une forteresse située sur le territoire continental du royaume;

» Jean-Baptiste Aladenize, à la peine de la déportation ;

» Charles-Tristan, comte de Montholon,

» Charles Parquin,

» Jules Lombard,

» Jules-Gilbert Fialin de Persigny, à vingt années de détention ;

» Jean-Baptiste Voisin,

» Jean-Baptiste Forestier,

» Napoléon Ornano, à dix années de détention.

» Eugène Bataille,

» Hippolyte Bouffet de Montauban,

» Joseph Orsi, à cinq années de détention.

» Ordonne, conformément à l'article 436 du Code pénal,

» Que les condamnés susnommés resteront toute leur vie sous la surveillance de la haute police ;

» Les déclare déchus de leurs titres, grades et décorations ;

» Henri Conneau, à cinq années d'emprisonnement;

» Etienne Laborde, à deux années d'emprisonnement.

» Ordonne qu'Henri Conneau restera sous la surveillance de la haute police pendant cinq années.

» Ordonne également qu'Etienne Laborde restera sous la surveillance de la haute police pendant deux années.

» Condamne :

» Le prince Charles-Louis-Napoléon Bonaparte,

» Charles-Tristan de Montholon,
» Jean-Baptiste Aladenize,
» Jean-Baptiste Voisin,
» Louis Le Duff de Mésonan,
» Charles Parquin,
» Jules Lombard,
» J. Gilbert Fialin de Persigny ;
» J.-B. Forestier,
» Napoléon Ornano,
» Hippolyte Bouffet de Montauban ;
» Eugène Bataille,
» Henri Conneau,
» Etienne Laborde,

» Solidairement aux frais du procès, lesquels seront liquidés conformément à la loi, tant pour la portion qui doit être supportée par l'état, que pour celle qui doit être à la charge des condamnés.

» Ordonne que le présent arrêt sera publié à la diligence de M. le procureur-général du roi, et affiché partout où besoin sera ;

» Ordonne en outre que le présent arrêt sera

lu aux condamnés par le greffier en chef de la Cour.

» Fait et délibéré à Paris, le mardi 6 octobre 1840, en la chambre du conseil. »